Christophe André

PRÁCTICAS
DE AUTOESTIMA

Traducción del francés
de Antonio Francisco Rodríguez

editorial Kairós

Numancia, 117-121
08029 Barcelona
www.editorialkairos.com

Título original: IMPARFAITS, LIBRES ET HEUREUX

© Odile Jacob, Mars 2006
© de la edición en castellano:
　2007 by Editorial Kairós, S.A.

Primera edición: Mayo 2007
Quinta edición: Abril 2017

ISBN: 978- 84-7245-648-8
Depósito legal: B-39.045/2010

Fotocomposición: Beluga y Mleka, s.c.p. Córcega 267. 08008 Barcelona
Impresión y encuadernación: Romanyà-Valls. Verdaguer, 1. 08786 Capellades

«Que mi libro te enseñe a interesarte en ti
más que en él mismo,
y después más en los demás
que en ti mismo.»
ANDRÉ GIDE,
Los alimentos terrestres

SUMARIO

Parte III: Vivir con los demás

INTRODUCCIÓN

Paso por un mal momento. Todos los libros me hastían. No hago nada. Advierto, más que nunca, que no sirvo para nada. Siento que no llegaré a nada, y estas líneas que escribo me parecen pueriles, ridículas e incluso, y sobre todo, absolutamente inútiles. ¿Cómo salir de esto? Tengo un recurso: la hipocresía. Permanezco horas encerrado, y creen que trabajo. Quizá me compadecen, algunos me admiran, y yo me aburro y bostezo, el ojo anegado en tristeza, en los reflejos de ictericia de mi biblioteca. Tengo una mujer fuerte y dulce, rebosante de vida, y un bebé que destacaría en un concurso, y carezco de fuerzas para disfrutar de todo ello. Soy consciente de que este estado anímico no durará. Recuperaré la esperanza y un valor renovado, me esforzaré de nuevo. ¡Si tan siquiera estas ideas me sirvieran! ¡Si más tarde me convirtiese en un gran psicólogo! Pero no creo tener el aliento suficiente. Moriré antes de tiempo o me rendiré, y me convertiré en un ebrio de sueños. Mejor sería picar piedra, arar los campos. Pasaré mi vida, larga o corta, diciéndome: hubiese sido mejor ser otra cosa. ¿Por qué esa oscilación de nuestra alma, ese vaivén de nuestras pasiones? Nuestras esperanzas son como olas en el mar: cuando se retiran dejan al descubierto un montón de cosas nauseabundas, conchas infectas y cangrejos morales y hediondos olvidados allí, que se arrastran de soslayo para volver al mar. ¿No es bastante estéril la vida de un hombre de letras que no logra serlo? Dios mío, soy inteligente, mucho más que otros. Es evidente, puesto que leo, sin adormecerme,

La tentación de san Antonio. Pero esta inteligencia es como agua que corre, inútil, desconocida, que aún no se ha utilizado en ningún molino. Sí, eso es: aún no he encontrado mi molino. ¿Lo encontraré alguna vez?

WILLIAM Y JULES

Estas líneas que acabas de leer pertenecen a un pasaje del diario íntimo de Jules Renard, fechado el 17 de marzo de 1890.[1]

Jules Renard era un hombre reservado e hipersensible, neurasténico, como se decía antes. Tras una infancia desgraciada, en la que se inspirará para escribir su obra más conocida, *Pelo de zanahoria*, conoció una cierta notoriedad, pero nunca fue feliz, nunca estuvo satisfecho de sí mismo ni de su existencia. A pesar de su lucidez y su talento, a pesar del afecto de su familia y sus amigos, nunca encontró la paz del alma. Su inteligencia era tan viva como incierta y dolorosa su autoestima.

Renard no utilizó nunca el término *autoestima*, que aún no era de uso común en la lengua francesa. Sin embargo, ese mismo año, 1890, en el otro lado del Atlántico, el médico, filósofo y psicólogo estadounidense William James publicó el primer tratado de psicología moderna, *Principles of Psychology*, que le llevó doce años de trabajo. Como el *Diario* de Renard, el tratado de James se lee con placer incluso hoy en día. La mayor parte de sus observaciones sobre la condición humana son de una gran actualidad. James fue el primero en utilizar y analizar el concepto de *self esteem*: «La autoestima es de dos tipos: la autosatisfacción y el autodesprecio».[2] Desgraciadamente, padecía severos trastornos depresivos que envenenaron su vida. Ni William ni Jules fueron capaces de vencer durante mucho tiempo sus demonios interiores.

Mucho después, la autoestima sigue presente en el corazón de nuestras modernas existencias, al margen de nuestra cultura y nacionalidad. Los dos hombres presintieron, gracias a su inteligencia y sensibilidad, la importancia que este concepto adoptaría, para bien y para mal, en nuestra sociedad. Este libro les tributa homenaje.

¿CÓMO TE ENCUENTRAS?

> «Los hombres se distinguen por lo que
> muestran y se parecen en lo que ocultan.»
> Paul Valéry

Todos estamos bien y todos estamos contentos con nosotros
mismos...

¿Quién irá al cielo?

Cuando se planteó esta cuestión –en 1997, con ocasión de un
sondeo realizado en Estados Unidos–, las personalidades que
obtuvieron más respuestas favorables fueron: Bill Clinton,
52%, lady Diana, 60%, y el jugador de baloncesto Michael
Jordan, 65%.

La madre Teresa, con un 79%, fue la que cosechó un
mayor número de respuestas favorables. ¿El máximo? En
absoluto... A la pregunta: «Y en tu opinión, ¿qué posibilidades tienes tú de ir al cielo?», ¡hubo un 87% de respuestas
positivas![1]

¿Humor respecto a uno mismo? Sin duda, en parte. Pero
podemos suponer que la mayoría de las respuestas eran evidentemente sinceras. Esta simpática autosatisfacción es bien
conocida en psicología social: la mayoría de nosotros se
siente siempre «un poco mejor que la media».[2] Así, el 90%

de los ejecutivos y profesores de universidad se consideran superiores a la media en el ejercicio de sus funciones. Más del 96% de los estudiantes se sitúan por encima de lo que se presenta como la media de las cualidades que debe poseer una persona de bien.[3] La mayoría de las personas se consideran ligeramente más competentes, más inteligentes y socialmente agradables que la media. Creen que conducen mejor, que tienen mejor gusto, etc.[4] En el conjunto de este tipo de estudios, entre un 67 y un 96% de las personas se sobrevaloran en relación a sus congéneres.[5] Y todo esto en una completa inconsciencia: la mayoría de las personas no creen sobrevalorarse, pero consideran que en su mayor parte sí lo hacen los demás. En esta actitud no hay un desprecio por el otro. No es necesario rebajar a los demás: no se les resta valor, sencillamente uno se sobrevalora.[6]

Así pues, estamos de acuerdo, me va bien, estoy bien, vas bien, estás bien. E incluso mejor que los demás. Todo marcha perfectamente en el mejor de los mundos.

¡Pero no tan rápido! ¡No es tan sencillo!

Todo va bien,
pero sólo cuando el mar está en calma...

Para empezar, esta sobre-valoración de uno mismo se manifiesta, en principio, ante las tareas fáciles y no tanto ante las difíciles. Así, probablemente consideras que conduces mejor que los demás en terreno seco, pero en una carretera helada ya no estás tan seguro. Enfrentados a situaciones delicadas, más bien tendemos a considerarnos un poco por debajo de la media.[7] Pero entonces, ¿qué valor tiene una autoestima que se desvanece ante las dificultades?

Otro problema: esta tranquila sobre-estimación puede

transformarse, en determinadas circunstancias, en amargura, mala fe y hostilidad. Por ejemplo, si hacemos fracasar a los individuos en tareas presentadas como simples, o les hacemos creer que son rechazados, no sólo dudarán de sí mismos, sino que tenderán a infravalorar a los demás, a ser más intolerantes y rígidos que al principio.

Las heridas de la autoestima nos sacuden con fuerza. A veces con tanta fuerza que no podemos evitar pensar que esa proclamada autosatisfacción, en la calma y lejos de toda dificultad, no es sino una endeble fachada en la mayoría de nosotros, que se agrieta en cuanto pasamos de la declaración a la acción, de lo fácil a lo difícil, de lo familiar a lo desconocido, de la calma a la amenaza, de la teoría a la práctica...

TEMPESTADES DE LA AUTOESTIMA

En cuanto la vida se pone difícil, las insuficiencias de nuestra autoestima se revelan despiadadamente.[8] En los más vulnerables de entre nosotros, debido a su funcionamiento psíquico o sus dificultades sociales (personas aisladas, en situación de precariedad o desempleo), estos fallos de la autoestima no perdonan y alimentan diversas formas de sufrimiento mental. Cuando se estudia el fenómeno de cerca se descubre un vínculo importante entre los problemas de autoestima y la mayoría de los trastornos psíquicos, ya se trate de manifestaciones depresivas[9] y ansiosas,[10] del recurso al alcohol, de las drogas en la adolescencia,[11] de trastornos en los hábitos alimentarios.[12] ¿El ciudadano occidental medio posee realmente una autoestima tan buena? No hay nada menos seguro.

¿Espejuelos?

Realmente, ¿cómo es la autoestima de esas personas que se sienten «ligeramente por encima de la media»?

¿Cómo explicar entonces esa absurda necesidad de poseer coches más grandes, más rápidos o más lujosos de lo necesario? Y una vez que los poseemos, ¿por qué ese irresistible deseo de mostrarlos, o de correr a más velocidad de la permitida? ¿Cómo explicar esa sumisión a la moda, que nos hace parecer anticuado un traje casi nuevo y que nos convence de que cada año hay que comprar otro? ¿Cómo explicar esa necesidad de poseer multitud de objetos inútiles si no es como consecuencia de todas las lisonjas a la autoestima de los consumidores que somos: «porque tú lo vales», «lo que quieras cuando quieras»...

¿Acaso sólo contamos con esta adulación servil para alimentar nuestro ego? ¿Somos tan débiles que no sabemos defendernos contra la dictadura de la apariencia, de la juventud, de la delgadez que nos imponen las revistas y los traficantes de espejismos? ¿O estamos tan imbuidos de nosotros mismos que no somos capaces de ver la facilidad con que caemos en unas trampas tan burdas?

¿Demasiado egocéntricos?

Si creemos a los filósofos, sociólogos y otros politólogos, nos ahogamos progresivamente en nuestro ego. El individualismo creciente del sujeto moderno nos conduciría siempre a una mayor pereza, incivismo, lasitud y complacencia respecto a nosotros mismos. ¿La autoestima, por tanto, no será tan sólo egotismo y egocentrismo? ¿No será narcisismo? ¿Un subproducto de la irresponsabilidad de las sociedades que, mediante sus violencias o mentiras, fabrican una cadena de individuos convencidos de que no sobrevivirán si su valor no es superior al de los demás? La valorización de la autoestima desembocaría entonces en el culto al yo, en detrimento de valores altruistas necesarios para toda vida en sociedad.

Estas críticas no son cosas de ayer. La preocupación excesiva por uno mismo siempre se ha considerado tóxica para el individuo y para la sociedad. Según Pascal: «El yo es odioso». O Kant: «El amor a uno mismo, sin ser siempre culpable, es la fuente de todo mal».

Entonces, ¿hay que renunciar al ego? ¿Hay que considerar como dañina toda forma de reflexión sobre la autoestima, toda tentativa por cultivarla, mejorarla y desarrollarla?

¿AUTOESTIMA U OBSESIÓN POR UNO MISMO?
«SI PIENSAS DEMASIADO EN TI ES QUE PIENSAS MAL»

Quizá estamos, en efecto, excesivamente preocupados por nuestro ser insignificante. Pero sobre todo, quizá nos relacionamos mal con nosotros mismos…

En principio, porque nos dejamos ganar fácilmente por valores y exhortaciones artificiales: resultado, abundancia, apariencia. Tres plagas de nuestra sociedad y nuestra mente.[13] El resultado: es normal querer hacer las cosas bien, pero no ver "retos" por doquier y querer ser un "ganador" hasta el punto de enfermar (es el clásico *cansancio de ser uno mismo* del sociólogo Alain Ehrenberg).[14] La abundancia: es normal querer disponer de un techo, de vestidos y alimentos, pero no comprar febrilmente (o desear comprar) todo lo que se agita ante nuestra nariz. La apariencia: es

normal que nuestro cuerpo nos reporte placer y lo cuide-
mos, pero no temblar ante la mínima arruga o la primera
cana.

A continuación, porque el lugar que en nuestra economía
personal adopta la construcción y el cuidado de uno mismo ha
pasado a tener un coste exorbitante. Ya no tenemos la posibilidad de no pensar en nosotros en una sociedad en la que la
imagen es tan importante. De ahí ese resultado: nuestro ego
está efectivamente hinchado, omnipresente, cabado de
influencias nocivas, de las que depende. Indudablemente, no
es casualidad que los trastornos de las conductas alimentarias,
como la bulimia y la anorexia, estén tan relacionados con los
problemas de la autoestima. Y es tentador llevar aún más lejos
la comparación: hay bulimias de uno mismo, inflaciones del
ego en las que nos anegamos de yo y luego hemos de vomi-
tar; también anorexias del ego, en las que nos refugiamos en
la ascesis y la privación, en las que creemos crecer y reforzar-
nos ignorándonos y maltratándonos. Sufrimientos inútiles
que no enseñan sino a sufrir más y castigarse mejor...

Recuperar el placer de uno mismo

Más adelante veremos, a propósito de los sufrimientos de la
autoestima, que un ego omnipresente es un ego mal encami-
nado. *La solución no consiste en pensar menos en uno
mismo, sino en hacerlo de otro modo.* Tanto más cuando, una
vez más, no tenemos opción: tenemos una necesidad vital de
autoestima, pero sin duda no bajo la forma que tiende a
adoptar en la actualidad.

Ahora trataremos de comprender cómo vive y respira la
autoestima, lo que la desestabiliza y la alimenta, lo que le
pone trabas y lo que la libera. La relación con uno mismo,

relación con los demás, relación con la acción: abordaremos todo lo relacionado con la autoestima. Para comprenderla, y a continuación transformarla. Veréis: no es tan complicado como parece...

PARTE I:
LA AUTOESTIMA ES TODO ESTO...

La vida concluirá comenzando...
¡Pero el nacimiento de nosotros mismos a veces es una larga
espera! Existir no lo es todo. ¿Cómo vivir de acuerdo con uno
mismo? ¿Cómo abandonar el yo-prisión, en el que nos
ahogamos, para encaminarnos a un yo-violín,
con el que aprenderemos tranquilamente a tocar?
¿Cómo descubrirnos, apreciarnos, construirnos?
La autoestima, su naturaleza, sus necesidades y su esencia, todo
esto puede comprenderse: es el objetivo de las páginas
que vienen a continuación. También se puede enseñar:
es lo que quiere aportar este libro en su conjunto.
Si la existencia, el azar, el destino no os han ofrecido antes
este aprendizaje, podemos emprenderlo, o proseguirlo,
a cualquier edad. Ahora, por ejemplo.
Para hacer nuestra vida más bella y plena.

1. UN PROGRAMA

La autoestima es mostrarse capaz de:

- Decir lo que pienso.
- Hacer lo que quiero.
- Insistir cuando me enfrento a una dificultad.
- No tener vergüenza de renunciar.
- No dejarme llevar por la publicidad o las modas, que quieren hacerme creer que no estoy en la onda si no llevo una determinada marca o pienso de cierta manera.
- Reír de buena gana si se burlan de mí amablemente.
- Saber que puedo sobrevivir a mis fracasos.
- Atreverme a decir «no» o «stop».
- Atreverme a decir «no lo sé».
- Seguir mi camino, aunque esté solo(a).
- Concederme el derecho a ser feliz.
- Sentirme digno de ser amado(a).
- Soportar dejar de ser amado(a), aunque esto me haga infeliz de momento.
- Sentirme tranquilo conmigo mismo.
- Decir «tengo miedo» o «soy infeliz» sin sentirme avergonzado(a).
- Amar a los otros sin vigilarlos o ahogarlos.
- Hacer lo que pueda para lograr mis deseos, pero sin someterme a presión.
- Concederme el derecho de decepcionar o fracasar.
- Pedir ayuda sin sentirme inferior por ello.

- No avergonzarme ni hacerme daño cuando no estoy contento(a) conmigo mismo(a).
- No sentirme envidioso(a) del éxito o la felicidad de los demás.
- Saber que puedo sobrevivir a mis desgracias.
- Concederme el derecho a cambiar de opinión tras reflexionar.
- Demostrar sentido del humor respecto a mí mismo(a).
- Decir lo que tengo que decir, aunque tenga miedo.
- Extraer lecciones de mis errores.
- Ponerme el bañador aunque mi cuerpo no sea perfecto.
- Sentirme en paz con las heridas del pasado.
- No tener miedo al futuro.
- Descubrir que soy una buena persona, con sus virtudes y sus defectos.
- Sentir que progreso y extraigo lecciones de la vida.
- Aceptarme tal como soy hoy, sin renunciar a cambiar mañana.
- Y, por último, pensar en otras cosas aparte de en mí mismo.

2. LO ESENCIAL DE LA AUTOESTIMA

«El objeto del espíritu es estar contento de sí ante sí mismo.
Esto apenas dura.»

PAUL VALÉRY

Somos una mezcla incierta. A veces somos uno con nosotros mismos, actuamos y pensamos en armonía. Otras padecemos de *heautoscopia*: nos observamos existir y actuar, como si fuéramos exteriores a nosotros mismos. Y decimos, hacemos o pensamos cosas que sabemos que no son buenas. A veces nos amamos y otras nos detestamos. Entonces, doctor, ¿qué me ocurre? Se trata de la autoestima.

¿QUÉ ES LA AUTOESTIMA?

La autoestima es:
1. Lo que pienso de mí,
2. cómo me siento con esos pensamientos,
3. cómo aplico todo ello a mi vida...

Es la mezcla de opiniones y juicios que realizo respecto a mí mismo, porque ninguna mirada es neutra, especialmente la que dirigimos hacia nuestro ser.

También es otra encrucijada: la del juicio respecto al *yo* y el juicio del *yo bajo la mirada de los demás*. Porque la autoestima sólo tiene sentido en el ámbito de las relaciones sociales.

MANIFESTACIONES DE LA AUTOESTIMA EN LA VIDA DIARIA

¿Cómo se expresa la autoestima? ¿A través de qué manifestaciones percibimos o no su existencia y su presencia?

A través de nuestras emociones: la autoestima pesa en nuestro bienestar interior, nuestra tranquilidad e inquietud. A través de nuestros comportamientos: los arrebatos y los bloqueos también se ciñen a su influjo, tanto en nuestras relaciones sociales como en nuestros actos materiales. A través de nuestros pensamientos: la autoestima hace que nuestra mirada tienda siempre, ante todo, a orientarse hacia las carencias o amenazas, o que se muestre capaz de ver *también* el resto de las cosas.

La autoestima es la resultante de todo ello, la mirada sobre uno mismo, las emociones que esto implica y los comportamientos que induce. Esta relación íntima con nosotros mismos es en buena parte automática, secreta e incontrolable; sería tan sencillo *decidir* quererse de una vez por todas. No obstante, es accesible a nuestros esfuerzos de introspección e inflexión.

LA AUTOESTIMA NOS ES CONSUSTANCIAL

Hay quienes, sin haber conseguido quererse a sí mismos, tratan de olvidarse y no pensar más en ellos. Tarea inútil porque la autoestima nos es consustancial, como la respiración, el hambre o el sueño: es inherente a la naturaleza humana. No hay un ser humano que no tenga una idea de sí mismo y de su valor a sus propios ojos y a los de los demás. ¿Por qué?

Para empezar, porque la autoestima es indisociable de la autoconciencia. Estamos dotados de la capacidad de reflexionar sobre nosotros mismos, de observarnos mientras actuamos. Esta "autoconciencia reflexiva" es una oportunidad extraordinaria que se ha brindado a nuestra especie: permite que mantengamos una distancia respecto a nosotros mismos, observarnos, analizarnos, y por tanto transformarnos, adaptarnos y mejorarnos. Pero también puede servir para detestarnos, despreciarnos y criticarnos. Para hacernos la vida imposible e incómoda, y a veces estéril, ya que estas agresiones sobre uno mismo pueden paralizar toda forma de acción.

Y además, porque la autoestima está ligada a nuestro estatus de *animal social*. En tanto humanos estamos condenados a una existencia en grupo, pues nuestra supervivencia sólo se concibe entre nuestros semejantes, en una relación más o menos estrecha con ellos. Y en la preocupación, a veces la aprensión, de lo que piensan y sienten respecto a nosotros. Estamos naturalmente dotados de un "sentido del otro" para poder, al menos levemente, descodificar sus necesidades: poder suponer e imaginar lo que piensa el otro es una suerte.[1] Esto nos permite ver si somos aceptados, y adaptarnos si no lo somos. A veces también es una desgracia, si esta función de detección se convierte en función de imaginación: empezamos a suponer y no a observar, a temer más que a esperar y ver qué ocurre. *Acabamos por ver en el otro tan sólo una mirada intrusa y un juicio severo. A temer el rechazo, en lugar de suscitar la aceptación. A recelar del fracaso en lugar de perseguir el éxito.*

LA AUTOESTIMA INFLUYE
EN NUESTRO MODO DE SER

La autoestima es una encrucijada. Es una fuente de información permanente sobre nuestra adecuación al ambiente. Dudar de uno mismo tiene la función de incitarnos a modificar nuestro modo de ser. Las informaciones que nos proporciona la autoestima son muy valiosas: disfrutar cuando todo va bien, activarse en caso contrario. *Un ego que funcione adecuadamente es una herramienta preciosa para la supervivencia y la calidad de vida.*

Por último, la autoestima es una especie de tablero de mandos de uno mismo, que influirá en nuestro estilo de conducción. Como el salpicadero de un coche, su misión consiste en señalarnos todo lo que funciona y lo que no en nuestro "motor psíquico". En el salpicadero de tu coche hay un indicador del combustible, un piloto que te indica la carga de la batería, etc. Del mismo modo, la autoestima nos muestra si nuestras necesidades fundamentales están satisfechas, si nuestras reservas de afecto o éxito están colmadas o próximas a agotarse. En efecto, los carburantes de la autoestima se reparten en dos grandes categorías. Por un lado, los signos de reconocimiento social: todas las manifestaciones de afecto, simpatía, amor, admiración y aprecio recibidas de otras personas. Por otro lado, los indicios de asertividad: todos nuestros logros y las acciones que han sido un éxito.

Sobre el salpicadero de un coche, los indicadores de alarma también nos informan de problemas: elevada temperatura del motor, falta de aceite, un depósito que pronto estará vacío. Lo mismo ocurre con la autoestima: los problemas pueden venir de muchos ámbitos, pero *la autoestima es especialmente sensible a los fracasos y al rechazo.* Un animal social como el hombre tiene dos maneras de ponerse en peligro: dejando de ser eficaz en su entorno (o no sintiéndose eficaz), o bien marginándose respecto al grupo.

En definitiva, en un automóvil el salpicadero debe facilitar la conducción. Tenemos presente la información que nos proporciona para ajustar nuestra velocidad: ¿podemos seguir así, hay que frenar, conducir de otro modo o acudir a un mecánico? De igual manera, la autoestima no es una simple herramienta de información sobre nuestros éxitos materiales o sociales. Desempeña un papel aún más importante en nuestra personalidad, porque influye en el "estilo de nuestra conducción" psico-comportamental: nos vuelve temerosos o valientes, nos induce a revelarnos o a retractarnos.

LA AUTOESTIMA ES MÁS NECESARIA QUE NUNCA

Antaño no elegíamos a nuestra pareja ni nuestro oficio: nuestra familia lo hacía por nosotros. No elegíamos nuestro destino; teníamos un lugar en la sociedad. En la actualidad evolucionamos en sociedades individualistas y competitivas. Hay que mostrarse capaz de conquistar un trabajo y un amor. Fácilmente podemos no tener un lugar: ni trabajo, ni amor, ni amigos… Podemos llegar al vacío relacional con una relativa indiferencia por parte de los otros: en la actualidad los vínculos sociales son más débiles que nunca en la sociedad humana. *Así pues, la construcción de uno mismo resulta indispensable en épocas como la nuestra, basadas en la autonomía y la eficacia personal.*

De paso, advirtamos que es vano echar de menos las sociedades antiguas, en las que el individuo estaba sometido al grupo de un modo asfixiante; la autoestima dependía de la conformidad a las normas. En pocas palabras, se trataba de ocupar el lugar que a cada cual correspondía. La tarea era más sencilla, pero al precio de una sumisión a reglas más explícitas y sobre todo más rígidas que las que hoy en día nos someten. Mejor tener la posibilidad de trabajar en la "invención de uno mismo", según la hermosa fórmula del sociólogo Jean-Claude Kaufman.[2]

Así pues, en el presente no podemos renunciar a la autoestima. Para sobrevivir en este mundo. Para cambiarlo eventualmente: es necesaria. Si no nos hacemos cargo de nosotros mismos, si no disponemos de un mínimo de autoestima y respeto hacia nosotros, no actuaremos, o lo haremos imperfectamente, con una menor lucidez y serenidad. Disponer de una buena autoestima no es, pues, bañarse en una aceptación satisfecha e ingenua respecto a lo que somos y lo que no somos. Al contrario, tal como veremos, es el motor de muchos cambios y progresos.

Sin autoestima, nuestra personalidad permanecerá sometida

Llegar a ser y seguir siendo uno mismo... La autoestima es la herramienta de nuestra libertad y autonomía psicológica. Es un moderno avatar del concepto de dignidad de los filósofos: la autoestima es lo que hace posible que, en tanto seres humanos, nos dotemos de un valor más allá de todo precio, más allá de todo uso. Es lo que nos permite resistir a las presiones y manipulaciones. Sin ella tan sólo seríamos el producto limitado y previsible de dos grandes grupos de influencias.

Ante todo, influencias de nuestro pasado: sin una buena autoestima seremos dirigidos por una especie de piloto automático, resultado, por ejemplo, de lo que aprendimos en nuestra infancia (cómo nuestros allegados se comportaban y se trataban respectivamente), o por el discurso (cómo nos tratan). Si no estamos alerta, si no desconfiamos, este piloto automático procedente de los aprendizajes del pasado influirá en nuestro juicio sobre nosotros mismos: «No valgo nada, no merezco nada, dependo de la buena voluntad de los demás», o en nuestro juicio sobre los demás: «No hay que esperar nada de la vida ni de la sociedad, todo lo que hace el ser humano es mediocre y absurdo». *La autoestima nos permitirá obtener lo mejor de las influencias de nuestro pasado, y asimismo emanciparnos de ellas para llegar a ser nosotros mismos.*

Influencias de nuestra sociedad: sin autoestima soy una víctima del bombardeo social respecto a todo lo que debo hacer, ser y comprar para merecer mi lugar y el reconocimiento de mis semejantes. Modos de vestir, pensar y vivir. Publicidad, conformismo, pensamiento prefabricado: seré el receptáculo ideal de esas exhortaciones puesto que no me investiré de ninguna confianza. *Una buena autoestima nos permite no ser el juguete de las influencias sociales.*

¿Cómo llegar a ser yo mismo emergiendo de todas estas influencias? ¿Cómo elegir lo que quiero ser? Y sobre todo, ¿cómo lograrlo? Trabajando tranquilamente la autoestima.

3. ¿QUÉ ES
UNA BUENA AUTOESTIMA?

«Nada me agita,
nada me estremece.»
LOUISE WEISS

–¡Pues sí que hay que saber cosas!

Mi hija menor (siete años) está impresionada por el montón de hojas, fichas, libros, revistas y otros documentos que invaden mi despacho.

–¿Todo esto es para tu nuevo libro?

–Sí.

–¿Dónde está?

Le enseño el manuscrito, que hojea educadamente.

–Pfff... Cuántas palabras. ¿Estás seguro de que hace falta todo esto para explicarte?

–Eh... Pues, sí, creo que sí... Sabes, es difícil explicar la psicología. Por ejemplo, aquí trato de explicar qué es una buena autoestima. ¿Se te ocurre alguna idea?

Reflexiona un momento. Observo que vacila entre la cortesía y la espontaneidad. Entonces me dedica una gran sonrisa; ha vencido la espontaneidad:

–Lo siento, papá, no me interesa en absoluto.

Por tanto, las observaciones que siguen se deben sólo a mí...

LAS SEIS DIMENSIONES DE UNA BUENA AUTOESTIMA

Disponer de una buena autoestima no consiste sólo en tener una alta consideración de uno mismo, convencerse de ello y transmitirlo. Hay seis puntos concretos que definen globalmente una buena autoestima.

ALTURA: podemos tener una autoestima alta (tendencia a apreciarse, estar seguro de uno mismo para actuar y ocupar el lugar que nos corresponde entre los demás, no derrumbarse antes los fracasos o dificultades, etc.) o baja (tendencia a infravalorarse, estar poco seguro de uno mismo, hasta el punto de evitar actuar u ocupar el lugar entre los demás, derrumbarse fácilmente o renunciar antes los fracasos o dificultades, etc.). Sin embargo, en la actualidad se cree que no es suficiente aprehender la autoestima sólo por su intensidad: buscar a cualquier precio una alta autoestima no puede ser un ideal, al menos no puede ser el *único* criterio de una *buena* autoestima. Muchos individuos con una autoestima elevada se revelan ansiosos, inflexibles y, por último, con un gran fracaso íntimo, emocional y relacional en numerosas circunstancias de la vida. Mientras que otros individuos, con una autoestima moderada, logran sentirse bien y consiguen grandes cosas. Es posible mentir (o mentirse) en cuanto a la intensidad de la autoestima. La autoestima no es sólo un problema cuantitativo, sino también cualitativo. Es inútil pretender siempre aumentar la autoestima en uno mismo y en la mirada de los demás; hay otros retos que proponerle: por ejemplo, conquistar la serenidad y la calma.

¿Cómo identificamos una alta (o baja) autoestima? Por el discurso que la propia persona elabora: el individuo es capaz de hablar positivamente de sí mismo, cuando las circunstancias lo llevan a ello, y de aceptar los elogios sin inco-

modidad. Por su actitud ante la acción: puede emprender, perseverar y renunciar sin sentirse humillado ni buscar excusas. Por sus expectativas y ambiciones: ajusta sus pretensiones a su valía, ni demasiado ni demasiado poco.

Estabilidad: un buen indicio de las características de la autoestima tiene que ver con las reacciones ante los acontecimientos de la vida. A veces la fachada de la autoestima se agrieta ante la dificultad. La intensidad y la amplitud de las reacciones emocionales frente a los reveses, pero también ante los éxitos, dicen mucho de la solidez íntima de la autoestima. He aquí el testimonio de Alice: «Ante los demás, guardaba la compostura. Pero una vez que llegaba a casa, sucumbía a mi estado. Mis familiares lo percibían de inmediato cuando algo me perturbaba. Durante mucho tiempo experimenté reacciones desaforadas al menor problema que evidenciaba mi imagen ante los demás. Era la misma obsesión del "qué dirán" de la burguesía, pero en este caso no era mi reputación moral, era mi valor social lo que me crispaba. Era completamente *perturbable*: noches de insomnio, crisis de llanto, ira absurda hacia mis hijos y la imposibilidad de pensar en otra cosa que no fueran las eventuales observaciones desfavorables que había recibido. Me atiborraba de somníferos y tranquilizantes, ¡hasta tal punto no controlaba mis emociones! La vida social normal se me fue haciendo progresivamente imposible. Tuve que empezar una psicoterapia».

¿Cómo identificamos una autoestima estable? Gracias al papel amortiguador que puede desempeñar ante los éxitos y fracasos, o ante la aprobación y la crítica. Nos alegramos o nos frustramos; no hay otro camino. La estabilidad de la autoestima también permite una relativa constancia del comportamiento y del discurso al margen del ambiente: en líneas

generales seguimos siendo los mismos independientemente del público o los interlocutores.

ARMONÍA: vistas desde fuera, algunas autoestimas parecen muy (¿demasiado?) centradas en un aspecto limitado de la vida personal. En el éxito profesional o en el mantenimiento de una apariencia "joven", por ejemplo. Cuando el individuo fracasa en este campo queda en una situación de gran vulnerabilidad. En materia de autoestima, la multi-cultura es preferible a la monocultura, aun cuando esta última conduzca a una cierta excelencia y a múltiples valorizaciones sociales. La autoestima se puede expresar en diversos campos, especialmente en la apariencia física, la conformidad (ser como los demás), la aceptabilidad y la popularidad (hacerse amable y apreciado), el éxito y el estatus (ser superior a la mayoría); en ciertos ámbitos (oficios manuales, patios de recreo o barrios problemáticos), la fuerza y la habilidad física también contribuyen a la autoestima.[1] Cuanto más numerosos sean estos ámbitos, más posibilidades habrá de que se sucedan reparaciones cruzadas: relativizar un mal momento profesional apoyándose en los amigos, o no ahogarse en penas de amor gracias al trabajo. Esto no anula el dolor, pero en parte lo calma y permite no limitarse ni hundirse en él.

¿Cómo se identifica una autoestima armoniosa? Por la multiplicidad de intereses de la persona, por el hecho de que es escasa, o no existe una gran distancia entre la persona privada (en familia o con los allegados) y el personaje público (lo que los otros ven). Por la capacidad para recuperarnos en un ámbito si hemos fracasado en otro, en lugar de denigrarlo todo en caso de dificultades en el ámbito en que centramos nuestro interés. Por la aptitud para no languidecer en la amargura si caemos en reiterados contratiempos o en una pérdida de notoriedad (véase el triste discurso que a veces

ofrecen las estrellas declinantes o los líderes que pierden su carisma).

Autonomía: algunas autoestimas dependen principalmente de factores externos como el éxito financiero o de estatus, o la apariencia física. Otras se centran en la consecución de valores, la práctica de virtudes (reales o imaginadas por la persona): mostrarse amable, servicial, solidario, generoso, honesto, etc. Aplicar la autoestima a objetivos internos parece conferirle mayor resistencia y solidez. Indudablemente porque esos objetivos "internos" permiten depender menos de la confirmación del entorno, e inducen un menor riesgo de inquieto conformismo.[2] Lo que en cada uno de nosotros compone el sentimiento de valor personal, descansa sin duda en una suerte de continuo más íntimo: práctica de lo que nos parece virtuoso,[3] además de la "extima" (exteriorización de la intimidad según la expresión del escritor Michel Tournier): éxito, apariencia física.

¿Cómo se identifica una autoestima autónoma? Es sobre todo autonomía en relación con las presiones sociales respecto a lo que hay que tener, hacer o mostrar (o sentirse, o creerse) para ser querido por los demás: coche, pareja, hijos, etc. Y aún peor: un coche de un modelo determinado, una pareja adecuada (bella, moderna o educada), hijos que cosechan éxito escolar, etc. La capacidad de soportar el rechazo o desacuerdo en términos de apoyo social, las "travesías del desierto", también es un buen marcador de la autonomía de la autoestima.

Coste: para permanecer en un nivel óptimo, la autoestima necesita estrategias de sostenimiento, desarrollo y protección: la mayoría de los recientes trabajos de investigación se han centrado en este aspecto. En efecto, parece que determinados individuos se ven impelidos a realizar un importante gasto de energía para proteger o promover la autoestima:[4] negación de la realidad, huida o evasión, agresividad hacia los demás, otras tantas estrategias disfuncionales que, con el fin de obtener un mínimo beneficio en la autoestima, sacrifican diversos aspectos de la calidad de vida y engendran estrés.

¿Cómo identificamos una autoestima "económica" en términos de energía psicológica? Fundamentalmente por el impacto emocional moderado de los pequeños acontecimientos de la vida cotidiana, por el bajo nivel general de estrés, la escasa crispación perceptible por el exterior en respuesta a las críticas, y las pocas justificaciones ofrecidas en caso de que el sujeto sea cuestionado. Por el contrario, una autoestima "económica" demuestra, como en las artes marciales orientales, una capacidad de alimentarse tranquilamente de las críticas y manifestar interés por ellas en lugar de pretender evitarlas o aniquilarlas.

LUGAR E IMPORTANCIA DE LAS CUESTIONES RELACIONADAS CON LA AUTOESTIMA EN LA VIDA DE LA PERSONA: ¿hasta qué punto otorgamos importancia a nuestra imagen, a la opinión que los demás tienen de nosotros, a nuestro amor propio (reaccionar a las criticas sin ofenderse, o a veces preferir no reaccionar…)? ¿Acaso la defensa o la promoción de nuestra imagen ocupa un lugar central en nuestro ánimo y esfuerzo? ¿O simplemente un lugar legítimo, sin excesos? En resumen, ¿hay en nuestro equilibrio vital, en lo que define nuestra identidad, algo que no sea autoestima? Más adelante veremos el ejemplo, que conviene no seguir, de las personalidades narcisistas, en las que la cuestión de la autoestima es central y vital, pero también abrumadora.

¿Cómo identificamos una autoestima no sobredimensionada? En el hecho de que las heridas en el amor propio no

contaminen el conjunto de nuestros pensamientos, actividades o estados emocionales. Por la capacidad de digerir los fracasos sin hacer de ellos una tragedia, de no vigilar permanentemente los mínimos indicios que reflejan nuestro estatus, contentarse con ser apreciado sin necesidad de ser encumbrado. Por la posibilidad de perseguir objetivos que no nos aportarán nada en cuanto a prestigio social o imagen. Actuar gratuitamente en términos de autoestima: algunos son incapaces de ello. Pero es algo que se puede aprender.

LOS BENEFICIOS DE UNA BUENA AUTOESTIMA

Son múltiples. En este libro hablaremos ampliamente de la autoestima como fuente de motivación interna, que facilita la acción y permite perseverar en la adversidad. También nos extenderemos en la necesaria resistencia a las influencias sociales y la protección de la propia identidad. Son otras dos manifestaciones beneficiosas de la autoestima que abordaremos aquí.

Para empezar, *el efecto de protección y de autorreparación*: la autoestima facilita la resistencia ante los acontecimientos adversos de la vida. No funciona de un modo mecánico, como lo haría un escudo indiferente a las dificultades, sino como una protección de tipo inmunitario, facilitando la rápida cicatrización de las heridas emocionales. Existen numerosos trabajos sobre el impacto emocional de los fracasos a corto y medio plazo: independientemente de la naturaleza de la autoestima, los fracasos siempre son desde el punto de vista emocional dolorosos. Cuando alguien se dice indiferente al fracaso, más bien nos muestra la fuerza de sus mecanismos de negación y no tanto los de su autoestima, porque las diferencias se manifiestan mediante la rapidez de la reparación:

algunos se reconstruyen muy rápido tras un fracaso, otros lo rumian durante mucho tiempo.⁵ La verdad de la autoestima reside en la función autorreparadora en el período inmediatamente posterior a la crisis, más que durante ésta.

Otro beneficio consiste en *el efecto favorable sobre la salud somática*, y no sólo en el plano psicológico, lo que no parece haber sido bastante valorado.⁶ Por ejemplo,⁷ un estudio reciente se centró en los beneficios psíquicos de la tendencia a la auto-valorización y de la inclinación refleja a forjarse espontáneamente una "ilusión positiva de uno mismo". Desde hace tiempo se sabe que esas ilusiones positivas, al menos en pequeñas dosis, forman parte de lo que compone la buena salud psíquica. En esta investigación de laboratorio se pedía a los voluntarios, entre otras cosas, que se sometieran a pruebas psicológicas de estrés: consistían en contar al revés de 7 en 7 a partir de la cifra 9.095, y a continuación, también al revés, de 13 en 13, a partir de la cifra 6.233. Algo exacto... Para darle un poco de color, y especialmente para activar los resortes de la autoestima, antes se informaba a los voluntarios de que este tipo de prueba era un buen marcador de la inteligencia general y que el test permitiría establecer baremos respecto a otros candidatos. Por simple que parezca, esto bastó para ejercer presión en la autoestima. Evidentemente, se pedía a los voluntarios que fueran lo más rápido posible... y se midió el impacto del ejercicio en variables cardiovasculares como la velocidad de aumento del ritmo cardíaco o la presión arterial y el ritmo en que volvía a su cota normal tras la prueba; también se estudiaron variables biológicas como el nivel de cortisol en sangre. En los 92 voluntarios estudiados, hombres y mujeres, existía un claro paralelismo entre las capacidades de autovalorización (extrañamente, los autores no utilizaron las escalas clásicas de la autoestima) y la buena resistencia física al estrés. Sin duda la autoestima es buena para la salud.

¿UNA AUTO-INTELIGENCIA?

Finalmente, la autoestima es una forma de auto-inteligencia, en todos los sentidos de la inteligencia, que es a un tiempo la facultad de conocer y comprender (autoestima estática) y la aptitud a la hora de adaptarse a situaciones nuevas y descubrir soluciones para las dificultades que encontramos (autoestima dinámica). Por último, es *lo que nos permite extraer lo mejor de nosotros mismos* en el momento presente, en función de nuestro ambiente.

La autoestima aparece en cada uno de nosotros de un modo variable. Evidentemente influyen en ella las desigualdades sociales, médicas, psicológicas. Por ejemplo, es más fácil tener autoestima si se ha nacido en una democracia, con buena salud, si se ejerce una profesión, si se recibió amor en la infancia, si en el presente somos queridos… Sin embargo, la autoestima porta en sí misma un factor de superación de las desigualdades: *gracias a ella somos capaces de no sucumbir a nuestras carencias y no limitarnos a ellas.* Podemos querernos pese a nuestros impedimentos. La autoestima también es lo que nos permite modificar esos impedimentos y no sólo adaptarnos a ellos, lo que puede ayudarnos a "superar" nuestro atraso. Muchas autoestimas presentan un desarrollo tardío, después de los treinta o cuarenta años, especialmente en las personas que han tenido que forjarse a sí mismas…

La inteligencia no existe para que despuntemos, sino para adaptarnos. Otro tanto ocurre con la autonomía: su razón de ser es el dominio ecuánime de los procesos de adaptación al entorno.

Una buena autoestima, ¿un ideal imposible de alcanzar?

Así definida en sus aspectos óptimos, una buena autoestima puede parecer un objetivo fuera del alcance del común de los mortales. Ahora bien, *es simplemente un ideal al que hay que acercarse, si así se desea.*

¿Qué es vivir sino acercarse a los propios ideales? Ideales de trabajo o lasitud, de descubrimientos o verificaciones, de aventuras o seguridad... También están los preferidos de los psicoterapeutas: los ideales de desarrollo personal, esos viajes interiores que nos hacen aprender, evolucionar y a veces curar nuestro pasado, nuestras heridas y carencias...

Nada de esto es penoso o molesto, y es perfectamente compatible con la vida cotidiana. Acercarse al propio ideal es aún más interesante, siempre y cuando se emprenda el camino adecuado, con los medios pertinentes, y se aprenda a superar ciertas malas costumbres que, como veremos, a menudo encontramos en él.

4. LOS DEFECTOS
DE LA AUTOESTIMA

«El amor propio encuentra en el flujo y reflujo de sus ondas
continuas una fiel expresión de la sucesión turbulenta
de sus pensamientos y sus eternos movimientos.»
LA ROCHEFOUCAULD

Un día nos queremos y al otro no.

Es normal tener altibajos en la relación con nosotros mismos. Estas oscilaciones de la autoestima son útiles y legítimas. Nos informan del éxito o fracaso de nuestros esfuerzos, de nuestro nivel de aceptación o del rechazo social. Por tanto, son valiosas, y es bueno albergar dudas sobre uno mismo: en este sentido, lo patológico es lo sistemático (verse siempre positiva o negativamente). Estas fluctuaciones reflejan constantes ajustes entre lo que nos sucede y nosotros: como nuestra respiración y el ritmo cardíaco, o nuestro estado anímico (con el que mantiene vínculos casi consanguíneos, pues en cierto modo es nuestro "yo emocional"), nuestra autoestima varía.

Puede cambiar en función de las "fuentes" que le ofrece la vida cotidiana, dos de las cuales son esenciales y contribuyen a la mayoría de movimientos de elevación o caída de nuestra autoestima.

En principio, el reconocimiento social, tanto manifiesto (obtener señales de afecto o estima) como indirecto (en forma de autorreconocimiento, en referencia a los ideales a los que creemos acercarnos). Ésta es, con diferencia, la fuente más importante para la autoestima.

Además, el sentimiento de la eficacia personal; su peso es menor y depende en parte del reconocimiento social (ser eficaz y que lo reconozcan así es tan importante como serlo simplemente). Sin embargo, también dispone de autonomía en relación con el reconocimiento: el placer de cultivar y consumir los propios tomates es bueno para la autoestima, aun si la persona no es consciente de ello y no lo sabe.

Tanto el reconocimiento como la eficacia son necesarios. La eficacia sin reconocimiento conduce al sentimiento de vacío que acompaña ciertos éxitos sociales: «¿Para qué ganar dinero si nadie me quiere?». Y el reconocimiento sin eficacia conduce a la frustración: «Me dicen que soy bueno, pero no me suben el sueldo»; «Todo el mundo me dice que soy inteligente, pero ¿por qué no logro encontrar un trabajo interesante?».

El modo en que cada uno de nosotros alimenta su autoestima a partir de ambas fuentes desempeña un papel fundamental en nuestro bienestar personal. Por supuesto, existen diferencias individuales entre una autoestima alta y baja, pero lo que importa es el modo en que orientamos nuestra existencia para buscar estas fuentes de autoestima, reconocimiento o control.

No obstante, los logros que representan estas fuentes también son forzosamente subjetivos: podemos sabotear los éxitos o maquillar los fracasos, caer en la ilusión de que controlamos nuestro entorno... Acciones, relaciones y *suposiciones*, pues. Esto origina errores y problemas:

• Al observarse, centrarse en lo que no marcha bien en lugar de forjarse una visión global (por ejemplo, el pro-

blema de los complejos, que abordaremos un poco más adelante);
- Al juzgarse, hacerlo con criterios de severidad, exigencia y perfeccionismo tan rigurosos que sólo podemos decepcionarnos a nosotros mismos (y por tanto afligirnos o avergonzarnos);
- Al compararse, hacer un mal uso de estas comparaciones (para tranquilizarse o infravalorarse, y no para aprender observando a los demás);
- Centrándose en la mirada y el juicio ajenos: preguntarse permanentemente qué piensan los demás de nosotros y nuestros actos. Y, sobre todo, no sólo preguntárselo (y buscar en los otros la respuesta planteándoles la cuestión u observándolos y escuchándoles realmente), sino responder uno mismo («¿Cómo soy? ¡Un inútil!»). Este encierro en sí mismo es una de las características más sólidas y negativas (pues bloquea toda evolución) de los problemas de la autoestima. Ciertos pacientes ansiosos parecen actuar a la inversa y buscar sin tregua el reconocimiento hasta el punto de hastiar a sus allegados, pero, en realidad, aunque planteen bien las preguntas, no escuchan las respuestas.

Por estas razones, a veces la autoestima evoluciona en un mundo desconectado de lo real: *hay personas que se subestiman cuando están dotadas de incontables méritos y virtudes; otras se sobrevaloran de un modo poco realista.* Por eso, estas oscilaciones, a veces más allá de las circunstancias vitales, pueden ser violentas (desesperación o euforia), excesivas (desencadenadas por detalles sin importancia o acontecimientos imaginarios) o temidas (empujan a la persona a hacer cualquier cosa para no experimentarlas, recurriendo a la evasión o el rechazo).

LOS SÍNTOMAS DE SUFRIMIENTO
DE LA AUTOESTIMA

Todas las manifestaciones de sufrimiento de la autoestima se consideran normales si se presentan ocasionalmente. El problema se plantea cuando se dan con cierta frecuencia o son constantes, intensas y desproporcionadas en relación con lo que las ha provocado. Entonces revelan un fallo en el mecanismo de regulación "normal" de la autoestima. Presentamos un primer bosquejo de estos síntomas, sobre los que volveremos.

• *Obsesión por uno mismo;* como todas las veces que nos acecha una preocupación que no ha sido resuelta, las preguntas acerca de nosotros mismos y nuestra imagen, su admisibilidad social, pueden ocupar un lugar obsesivo, angustioso y descomunal en la mente de la persona, tanto si ésta lo reconoce como si no. Nosotros mismos –o más bien nuestra imagen, nuestro yo social– nos convertimos en una preocupación para nuestro propio ser.

• *Tensión interior,* inseguridad en las situaciones sociales, con una sensación de desgaste mental relacionado con la impresión de que los demás nos vigilan y con inquietas dudas sobre si nos brindan su asentimiento.

• *Sentimiento de soledad,* impresión de ser un individuo diferente a los demás: más débil, menos competente, más vulnerable y aislado… En este sentido, una paciente me contaba: «Cuando estaba deprimida, veía dormir a mi bebé. Sufría por él: lo veía tan frágil, tan solo en el mundo. No veía todo el amor que lo rodeaba. Me sentía completamente sola, y de repente proyectaba en él todos mis temores. En esos momentos comprendí lo que los psicólogos llaman el "suicidio altruista", esa tentación de quitarse la vida y llevarse consigo a los hijos para evitar que se queden solos y sufran en este mundo implacable».

• *Sentimiento de impostura,* ocasional o frecuente, que se desencadena al menor éxito, al menor indicio de reconocimiento, y plantea la dolorosa pregunta: «¿Realmente merezco lo que me pasa?». O esta otra: «Y ahora, ¿estaré a la altura de este éxito?».[1]

• *Comportamientos inadecuados en relación con nuestros intereses* (mostrarnos desagradables cuando nos sentimos juzgados) o valores (tratar de impresionar o humillar a otro cuando esto no se corresponde con nuestros valores personales). Hacer lo que resulta inoportuno. Realizar actos que nos horrorizan, nos entristecen o nos exasperan: «No puedo evitar denigrar al otro o decir sandeces, es algo más fuerte que yo. Desde hace tiempo he comprendido que no era buena señal, que cuando peor me portaba, más se alejaban los demás. Es un mecanismo que se pone en marcha solo, salvo si le presto una especial atención». A veces, abandonarnos a nuestras "malas inclinaciones" puede proporcionarnos un placer sombrío y paradójico: el hábito de enfangarnos puede ser casi tranquilizador porque nos resulta familiar (hace tantos años que actuamos así) y poco costoso en energía.

• *Tendencia a hundirnos en el problema cuando nos encontramos mal.* Numerosos trabajos[2] han estudiado la irresistible propensión de las personas con baja autoestima a sumirse en la melancolía cuando ésta les asalta, y no hacer lo que tendrían que hacer para encontrarse mejor. «¿Qué hago cuando estoy mal? Nada, ni más ni menos, nada de lo que podría ayudarme. Y lo sé, soy consciente de ello. En lugar de ver a mis amigos, me aíslo. En lugar de escuchar música alegre, me abismo en adagios siniestros. En lugar de salir a caminar y tomar el aire, me encierro, tirado en mi sofá viendo estúpidas series de televisión. Esto es lo que hago desde que era pequeño: cuando peor va, más me hundo. Sin embargo, no tengo la impresión de ser masoquista en los otros campos de mi vida. Pero es extraño, como si en lugar de querer ayudarme, ante todo quisiera castigarme por algo».

• *Elegir alternativas contrarias a nuestros deseos,* nuestros intereses e intuiciones. Aun cuando estas actitudes no son, felizmente, tan frecuentes, no dejan de ser menos sorprendentes. Recuerdo a una paciente, despierta e inteligente, que me contó cómo eligió casarse con un hombre al que no amaba, a sabiendas de ello, del que se divorció años más tarde, con un sentimiento de derrota y absurdo. «No fue masoquismo, no me siento en absoluto masoquista, tan sólo una complicada mezcla de temor a quedarme sola (como alguien se interesaba por mí, era mejor no dejar pasar la oportunidad), de duda ante mi capacidad decisoria (dejé que me eligieran en lugar de tener la responsabilidad de hacerlo yo), de oscura resignación (en realidad, ¿te mereces algo más?), y otras cosas que ignoro, pero ¿para qué pasar toda la vida desmenuzando esto? Durante años, un psicólogo al que visitaba trató de convencerme de que se trataba de masoquismo. ¡Pero no! La razón es que yo no me quería, no confiaba en mí, no me escuchaba, no me conocía y no me respetaba. Una vez que he avanzado en este aspecto, procuro no maltratarme así».

• *Dificultad para pedir ayuda.* Paradójicamente, las personas con una mejor autoestima son las que más fácilmente piden ayuda a los demás. No se sienten menos por hacerlo: es normal que los seres humanos se ayuden, ¿no? Unos días antes de escribir este capítulo, una joven que participa en uno de nuestros grupos de terapia contaba cómo, por primera vez en su vida, se había atrevido a pedir a sus amigos que la ayudaran en un momento difícil de su vida (su pareja acababa de abandonarla), y cómo se dio cuenta de que, sin borrar la tristeza, esta actitud la limitaba, le impedía que su malestar se convirtiera en una obsesión y una herida envenenada. «Antes me habría encerrado en casa y descolgado el teléfono, a un tiempo por desesperación y vergüenza. Ahora he hecho lo contrario, no me he quedado sola nunca, he hablado con mis amigos y allegados, no necesariamente de lo que me ocurría. Sentí que esto me ayudaba a bloquear la irrupción de ideas oscuras y el deseo de destruirme o sumirme en la tristeza».

• *Dependencia excesiva de las normas y códigos de los grupos sociales* a propósito de la apariencia física, la moda, el vocabulario, las posesiones materiales, las reglas implícitas para el buen comportamiento... El síndrome de «Pero esto no se hace»: molestar a la gente a la hora de la comida, regatear con un vendedor, decir que no, pedir ayuda, decir que no sabemos algo... Los códigos sociales varían según las épocas y las culturas: en otro tiempo los individuos con una débil autoestima se preocupaban por ser respetables y decentes. Ahora se someten a otras dictaduras: parecer joven, tener un cuerpo deseable, delgado, bronceado y sin arrugas.

• *Simular* fortaleza («No, no, no tengo ningún problema...»), debilidad («Soy tan estúpido, ¿podrías ayudarme?»), indiferencia («No, no me siento frustrado, triste o desgraciado»). Recurrir a diversas mentiras sociales, a menudo por omisión (dejar planear un malentendido favorable sobre la titulación, el trabajo, el nivel de éxito profesional o el nivel cultural...). La trampa de los falsos yo y apariencias de la que no podemos librarnos: una vez que diga que me gusta el chocolate seguirán ofreciéndomelo y tendré que comerlo fingiendo que me gusta. Es una vida al margen de uno mismo; nos situamos en un permanente *margen de uno mismo*. A menudo, la razón que nos impele a ello es la búsqueda de la máxima conformidad: al tratar de permanecer lo más conforme posible con el deseo que los demás tienen de vernos fuertes o débiles, nos aseguramos de no ser rechazados. Nos escondemos tras un personaje social, que interponemos entre nuestro yo y los demás, pero que nos impide comprobar si el verdadero yo sería o no aceptado: «¿Qué ocurriría si soy verdaderamente yo?». La mentira a veces va incluso más lejos. Recuerdo a aquel colega médico que siempre había conocido con un humor delicioso y un optimismo inoxidable, y que se suicidó a la primera, sin fallar, como a menudo hacen los médicos, profesionales incluso en la desesperación. Hablé con su esposa, que me esbozó el retrato de un compañero devorado por miedos, dudas y angustias de las que nunca le habló a nadie. Sumido en la certeza de no estar a la altura de nada. Consumido por el esfuerzo de dar el pego y ser competente y popular. Hasta su último día.

• *Tentación del negativismo,* de rebajar a todo el mundo, de ver sólo el lado malo, las mezquindades, lo sombrío o lo triste. Entre los objetivos, más o menos conscientes, de esta estrategia: no ser el único que es odioso. En ocasiones esta tendencia persigue una justificación y una apariencia de lucidez: «A mí no me la juegan». También la intolerancia a todo lo que cuestiona nuestros valores y certidumbres es sensible a las fluctuaciones de la autoestima: cuando más dudamos de nosotros mismos, menos soportamos a quienes nos hacen dudar, a los que nos siembran de contradicciones o nos son ajenos, quienes no comparten nuestra opinión o la misma vida que nosotros.

• *Problemas con el cuestionamiento,* permanente o doloroso en las personas con una baja autoestima. Difícil o imposible en las personas con una alta y frágil autoestima, que, frente a lo que puede enseñarles algo, prefieren negar su responsabilidad, apartar la mirada o "pasar página".

• *Carácter excesivo de las emociones negativas* (vergüenza, cólera, inquietud, tristeza, envidia...), debido a su frecuencia, su intensidad, duración, sus repercusiones comportamentales y los mil disgustos que engendran en la vida cotidiana, especialmente la frecuencia de los conflictos o las tensiones con el entorno, y el hecho de que estos conflictos sean abiertos u ocultos: ira y rencillas, resentimientos y rencores, etc. Los problemas de autoestima hacen "complicadas" a las personas: «Contigo todo es difícil, armas un lío por cualquier cosa. Es preferible no verte».

¿Hasta dónde pueden llegar los problemas de autoestima?

En cierto sentido, los trastornos de la autoestima agravan todo tipo de dificultades, son un factor de riesgo cuando se asocian a enfermedades psíquicas (depresiones, ansiedad, fobias, etc.) o a problemas de autocontrol de la vida cotidiana (dejar de fumar, seguir un régimen, éxito escolar y otras misiones difíciles…). Facilitan los lastres del alma y de la felicidad. Bloquean el desarrollo personal, con lo que los individuos ven cómo sus dificultades se repiten sin progresar. Ahora nos centraremos en estas *autoestimas precarias*.

5. LA AUTOESTIMA VULNERABLE: AUTOESTIMA BAJA Y FALSA AUTOESTIMA

«El espíritu de la duda, suspendido en mi cabeza,
vertió en mis venas una gota de veneno.»
ALFRED DE MUSSET

Al margen de los movimientos normales de la autoestima, pueden existir perfiles duraderos, estilos habituales. Aquí ya no nos encontramos con fenómenos transitorios y reactivos, sino con rasgos de la personalidad que a veces dependen de acontecimientos para mostrarse, pero que también pueden provocarlos. Fracasos, huidas y conflictos salpicarán su vida cotidiana. Aunque su evolución es bastante estable, estos perfiles de autoestima son susceptibles de cambio, pero éste tendrá que proceder de esfuerzos personales: el tiempo no bastará para calmar por sí solo esta inquieta autoestima.

LA FRAGILIDAD DE LA AUTOESTIMA Y LOS REFLEJOS PARA DEFENDERLA

Muchas personas sufren un importante sentimiento de vulnerabilidad. Entonces nos sentimos amenazados por el simple devenir de la vida cotidiana y sus vicisitudes: los pequeños riesgos a los que nos expone (equivocarnos, fracasar, no llevar la razón, embarcarnos en una situación competitiva…) serán grandes amenazas para nosotros.

Este sentimiento de fragilidad puede llevarnos a diversos errores: el primero consiste en situar la imagen y la autoestima en el centro de nuestras preocupaciones y esfuerzos, de ahí la secreta obsesión por uno mismo de la que hemos hablado. La segunda reside en la tentación de defender la autoestima a cualquier precio, y recurrir sistemáticamente, y de una manera poco apropiada, a una actitud ofensiva (para promoverla) o bien defensiva (para protegerla). Ambas estrategias difieren exteriormente, pero en realidad descansan en las mismas bases: un sentimiento de vulnerabilidad, consciente en el primer caso, que corresponde a una autoestima baja, y menos consciente, a veces incluso completamente inconsciente, en el otro caso, el de una autoestima elevada pero frágil.

Una autoestima alta pero frágil y otra baja: ambos perfiles están tan próximos que a veces observamos el paso de una a otra según las etapas de la vida. Es el caso de Matthieu, que durante largo tiempo fue un adolescente tímido y apagado, pero que cursó estudios superiores y obtuvo pronto, muy joven, un puesto directivo en la Administración. Se volvió altivo y áspero en sus reuniones y apariciones públicas. Para parecer más maduro, se sentía obligado a endurecerse. Para parecer convincente, creía que convenía mostrarse amenazador.

Así pues, ambos perfiles pueden coexistir en un mismo momento y en la misma persona según los ámbitos de la existencia: podemos comportarnos según las reglas de una elevada autoestima con nuestros seres queridos (jactarnos, ofrecer opiniones imperiosas, mostrar altivez), pero adoptar los reflejos de una autoestima baja con desconocidos o personalidades fuertes, etc. Un ejemplo de estas mezclas a veces sorprendentes: los tímidos, cuyos comportamientos de baja autoestima en situación social pueden coexistir con una alta autoestima ideal (de ahí ese "orgullo de los tímidos", que se nutre más de imaginaciones que de hechos). A veces también presentan "arranques de rebeldía o inconsciencia", como los definía una de mis pacientes, arranques que les incitan a atreverse al fin, imbuidos de esa legendaria "audacia de los tímidos", para ellos extraña e imprevisible.

INFRAVALORARSE: EL ARTE DE LA EVASIÓN EN PERSONAS CON BAJA AUTOESTIMA

«Estoy definitivamente convencido de ser peor que los demás en todos los ámbitos: físico y psicológico. Es sencillo: si me hacen cumplidos me siento enfermar físicamente. Un deseo de escapar o llorar. Si se interesan por mí, me digo que se trata de un error, es porque esa persona *aún no* sabe quién soy realmente. No se me ocurre ninguna otra explicación convincente. Y, una vez pasado el primer movimiento de reconocimiento –¡alguien que se interesa por mí!–, rápidamente me inunda la angustia: ¿qué hago con el aprecio que me testimonian? ¿Cuánto tardaré en defraudarlo antes de caer en el anonimato y la indiferencia que suscito habitualmente?» (Philippine, 32 años).

Aunque están acostumbrados, los terapeutas siempre se sorprenden de la extraña opinión que las personas con baja autoestima se crean de sí mismas, de su ceguera colectiva respecto a lo que en ellas es digno de estima. No se trata de un delirio, no inventan sus defectos, no los crean: todos esos defectos están ahí, todas esas imperfecciones y limitaciones están ahí. Sin embargo, son más o menos las mismas que en todo el mundo. Sólo que *en las personas con baja autoestima no existe ninguna relativización, ninguna distancia, ninguna clemencia hacia esos pequeños defectos*: han decretado de una vez por todas que no pueden vivir sin preocupaciones y con el rostro descubierto, como todo el mundo.

No obstante, observan y vigilan a los otros, pero no para comprobar cómo viven con sus defectos. Los vigilan porque hay una permanente entrega al perverso juego de las comparaciones sociales: no sólo perverso, sino también sesgado, porque sólo se ve lo mejor de los otros. Ello redunda en una dolorosa comparación, poco motivadora. A veces, la comparación es a la baja, lo que tranquiliza por un momento. Pero más tarde se añade a la inseguridad o la inquietud, porque se ve en ello un futuro posible: «¿Y si yo también acabo así?».

¿Cómo vivir, a pesar de todo? Para empezar, no asumir riesgos. *Una única consigna: la protección de la autoestima.* Si nos atrevemos a buscar algo de reconocimiento a nuestro valor, lo hacemos con prudencia, evitando todo riesgo de fracaso: sería demasiado doloroso, especialmente si los demás son testigos de él. Así, las valorizaciones sociales pueden ser escasas.

En cuanto a los móviles de nuestros actos, actuamos precavidamente, sin asumir el menor riesgo. Si es posible actuamos sólo en la seguridad del éxito. En cuanto a las relaciones, *se busca la aceptación a cualquier precio*, intentamos ser admitidos y apreciados, antes que mostrarnos emprendedores y seguros de nosotros mismos. Evitamos los conflictos y todo lo que pueda provocar un rechazo: dar nuestra opinión o pedir algo que pueda molestar. Esperamos a estar seguros de que nos aprecian para relajarnos y exhibirnos. Adoptamos pocas iniciativas que supongan algún riesgo («¿Y si rechazan o desprecian mi intento de acercamiento?»). Finalmente, dependemos en gran medida de la buena voluntad de los demás. A veces, con el problema añadido de la hiper-empatía: vivimos demasiado en la mente de los demás, imaginando sus necesidades, hasta el punto de olvidar las propias. *A fuerza de pensar en lo que los otros piensan de nosotros, olvidamos pensar en nosotros mismos*. La baja autoestima es una forma de alienación: no es extraño que finalmente nos embargue el sentimiento de vacío y tedio. A fuerza de no dejarnos existir y construirnos, y obedecer a la lógica de «sobre todo no destacar ni que me rechacen», a fuerza de insistir en la *construcción de un yo inferior*, insípido, inodoro, sin sabor, pero cuya única virtud es su invisibilidad.

Vista desde el exterior, la baja autoestima parece haber elegido, definitivamente, la renuncia: renunciar a los primeros puestos, a ocupar la vanguardia, a toda forma de competición demasiado visible. Evasiones e infravaloración de sus capacidades son su pan de cada día. Su estrategia es la de los "pobres en autoestima" que quieren evitar la ruina: no caer más bajo de lo que se está (o más bajo de lo que creemos estar). Estas personas han desarrollado el gran arte de esquivar el riesgo al juicio social: sobre todo, permanecer en el pelotón, no tratar de desmarcarse; pero tampoco quedarse atrás. Su falta de confianza descansa en esto: no actuar, o lo menos posible, no sólo por temor al fracaso, sino también a las consecuencias sociales del fracaso.

De mis prácticas en psiquiatría recuerdo a una de mis compañeras, excelente en todo, incluso en las dudas sobre sí misma, que en sus períodos de angustia soñaba con abandonar la medicina para convertirse en jardinera: creía que la presión disminuiría. «Este trabajo me pesa: el menor error puede ser fatal. Es demasiado duro para mí», repetía. Y cuando no lo comentaba, se advertía que la habitaba esa cuita: en el empeño que ponía en los casos difíciles, en sus lágrimas cuando los responsables de la clínica o nuestros profesores criticaban las lagunas en sus observaciones. La idea de equivocarse en un diagnóstico, de no recetar el mejor medicamento, de defraudar la confianza de los pacientes y sus familias, o de nuestros mayores, que nos confiaban a sus enfermos, eran más fuertes que la mera preocupación que todos compartíamos: en ella era una verdadera obsesión. Por tanto, su sueño de convertirse en jardinera, ¿no era una forma de sabiduría? ¿Por qué no, después de todo? Hay combates en exceso agotadores, y practicar tranquilamente la jardinería puede proporcionar más felicidad que ejercer la medicina en una aprensión constante. Sin embargo, cuando esa decisión no es una elección sino un reflejo de miedo, cansancio y evasión, ¿quién sabe si no nos lamentaremos después, y si las mismas inquietudes nos alcanzarán ahí donde creíamos que estaríamos a salvo?

Evidentemente, esta construcción y aceptación de un yo inferior comportan algunas ventajas; de no ser así sería tan insostenible como una depresión: al renunciar a toda presión y toda competición se obtienen una relativa tranquilidad y una completa aceptabilidad social (sólo se defrauda a quienes habían depositado en nosotros sus expectativas de eficacia). Estos comportamientos de evasión y huida representan una suerte de lubrificante social: ¿cómo sería la vida en un mundo habitado de grandes autoestimas nerviosas y combativas? Para saberlo, mirad el mundo del cine, de la televisión y la política.

Sin embargo, a fuerza de evitar los fracasos, evitamos actuar. Y de este modo también evitamos el éxito, de lo que deriva una verdadera desvalorización, es decir, no sólo un sentimiento, sino una vida objetivamente menos rica e intensa, un empobrecimiento personal por la disminución y limitación de nuevas experiencias: entonces haría falta, dolorosa paradoja, mucha autoestima para que no nos importe. «Una vida huyendo: sin sudor, sin sangre, pero hecha de lágrimas, tristeza, aburrimiento y decepción...», me escribió un día una paciente para describir su situación.

Otro riesgo: oscilar entre la frustración y la amargura a fuerza de renuncias y de ver cómo los demás, no mejores que nosotros, nos adelantan, triunfan y disfrutan de su éxito... La posición de baja autoestima siempre es dolorosa si no deriva de una elección completamente libre (más adelante abordaremos la cuestión de la humildad, que responde a este dilema).

SOBREVALORARSE: MENTIRAS Y CRISPACIONES DE LAS PERSONAS CON ALTA AUTOESTIMA

Los psicoterapeutas no hemos recibido a estos individuos hasta hace poco tiempo. Más bien acostumbrábamos a escuchar cómo sus allegados nos contaban su cansancio («Me hace la vida imposible») o su inquietud («Se enemista con todo el mundo»). Sin embargo, las consultas son más frecuentes desde hace poco: una autoestima alta pero frágil hace sufrir... Recuerdo a una músico de gran nivel que estaba a punto de arruinar su carrera como concertista internacional debido a su carácter imposible: «Me granjeo antipatía. Soy capaz de hacerme odiosa en menos de cinco minutos. Durante mucho tiempo pensé que era por envidia: estaba convencida de que los demás envidiaban mis cualidades y me detestaban al punto, porque mi presencia, mi existencia, los hacía sentir inferiores y proyectaba en ellos una sombra. No obstante, acabé comprendiendo que el problema no era el brillo de mi persona sino mi arrogancia. Incluso hoy, cuando lo he entendido, a veces es más fuerte que yo y me invaden esos pensamientos. La gente siente que no puedo evitar juzgarlos. En cierto momento, lo hacía aposta: los miraba de los pies a la cabeza, con mirada glacial, durante un segundo, antes de tenderles la mano para saludarlos o hablarles. Eso los sometía a mi influencia. En cualquier caso, en mi cabeza... Me sigue costando mucho reprimirme a la hora de destacar, hablar imperiosamente, censurar o contradecir a los demás. Y al mismo tiempo mostrar ostensiblemente que tengo razón, no reconocer nunca mis errores. En las veladas, durante la comida o los *cocktails*, siempre trato de ser el centro del mundo y si es posible estar por encima de él. Alardeo y traigo a colación mis conciertos en el extranjero. A veces mis conocidos me reprenden: "Está bien, ya sabemos que has estado once veces en Estados Unidos...". Pero si no capto la atención tengo la impresión de perder el tiempo. Y peor aún, una impresión atroz: la de vaciarme y no existir».

En realidad, estas personas presentan las mismas debilidades del yo que los que portan una baja autoestima (de algún modo su autoestima también es baja, o pueden llegar a ella en caso de reiterados reveses). Sin embargo, luchan de otro modo contra sus dudas, de lo que derivan otras características añadidas: tentativas por destacar, dominar, hacerse querer o admirar, rasgos que recubren las inquietudes de la baja autoestima. Todo esto conduce a una construcción imperfecta... En estos sujetos, los esfuerzos por mantener la autoestima en un nivel elevado sirven como mecanismo de defensa para no dudar en exceso o tener que aceptar sus límites. A fin de no encontrarse cara a cara con una vulnerabilidad que les inquieta. También en este caso las comparaciones sociales son permanentes: se envidia lo superior; a veces, para reducir la diferencia, en lugar de ensalzar la propia persona se rebaja al otro. Se desprecia lo inferior, que inquieta vagamente («¿Cómo no llegar a eso?» o incluso «¿Y si yo también diera esa impresión a los demás?»). Uno de mis pacientes me hizo reír con la fórmula: «No soy estable. Mi autoestima oscila entre sentirme bobo o tonto. ¡Siempre estoy en crisis!».

¿Cómo comprender y denominar estas autoestimas elevadas y frágiles? Se les aplican denominaciones variadas según las escuelas e investigadores: inestables, inseguras, defensivas, desafinadas, etc. En los últimos tiempos se han escrito incontables trabajos acerca de estos perfiles de autoestima, más implicados de lo que se creía en diversos trastornos psicológicos (ira incontrolable, abuso del alcohol, depresiones brutales y severas...). Sin embargo, el estudio de estas personas no es sencillo. No sólo porque acuden poco a la consulta, sino también porque no siempre saben claramente cómo se comportan. Y cuando tratamos de establecer un diagnóstico a través de simples cuestionarios de autoestima, es prácticamente imposible distinguir entre las "verdaderas" autoestimas, estables y serenas, y estas otras. Por eso se recurre, para acorralar esta "verdad" de la autoestima, a métodos de evaluación subliminales. Por ejemplo, y de manera simplificada, se puede pedir al individuo que, ante la pantalla de un ordenador, reaccione rápidamente a adjetivos positivos (simpático, inteligente, generoso...) o negativos (distante, hipócrita, colérico...), según si le atañen o no. No se estudia tanto el *número* de respuestas auto-valorizadoras, sino su *rapidez*. Este último criterio traduce, de hecho, la "sinceridad" de las respuestas, o más bien el hecho de que la opinión declarada se corresponda con las convicciones secretas de uno mismo: si tu alta autoestima es auténtica, la rapidez de las respuestas será significativamente superior a la de quienes presentan una autoestima frágil aunque alta.[1]

Convencidos de que en materia de juicio social la mejor defensa es el ataque, estos individuos consagran más esfuerzo a la promoción de su autoestima que a una construcción sólida de ésta. También se entregan a incontables comparaciones sociales: envidian y restan valor a lo superior y desprecian lo inferior. Se lanzan diligentemente a la acción en razón de su importante necesidad de gratificación, pero padecen una fuerte intolerancia a los fracasos y una dificultad global para cuestionarse a sí mismos: demasiado costoso y arriesgado. Ante la duda tratan de preservar su rango a cualquier precio, adoptar una pose y una posición de dominio. Ante un problema (planteado por la realidad o por una persona) sólo caben dos soluciones: cuestionarse uno mismo o cuestionar la pertinencia o la realidad del problema. En estas personas, la segunda respuesta es la más frecuente.

Esta sobrevaloración refleja la tentativa de *construcción de un "súper yo", personaje social que protege a la persona subyacente, mucho más vulnerable.* Este súper yo necesita del reconocimiento para separarse de la masa: «Si me contentara con ser normal, me hundiría. Debo estar al frente, por encima de los otros. Así estaré a salvo y nadie se acercará mucho a mí, estaré muy por encima o seré demasiado poderoso. Sólo se verá mi imagen, mi personaje, que mantengo bajo mi control». Imponer para protegerse… Así pues, en las autoestimas elevadas y débiles a menudo hay un malestar frente a toda forma de acercamiento o intrusión psíquica: como se pretende construir una imagen fuerte y dominante, la proximidad y la intimidad representan peligros.

Por supuesto, *estas estrategias engendran estrés y tienen un elevado coste emocional.* La obsesión de reconocimiento y eficacia representa un derroche en la inversión de energía íntima, de lo que se desprende un desgaste y un debilitamiento, así como frecuentes manifestaciones ansiosas, cuando la autoestima se desplaza y aspira hacia lo alto: por miedo de no conseguirlo o a ser desenmascarado. También entraña un riesgo depresivo en los movimientos hacia abajo, y una brutal concienciación de la fragilidad de la autoestima con ocasión del cansancio relacionado con la defensa permanente e inquieta del propio personaje y sus privilegios.

Estas autoestimas altas y vulnerables y su agotadora sobredimensión representan un punto muerto aún mayor que el inducido por una autoestima baja. Una vez que nos protege semejante rol, una vez prisioneros de sus éxitos relativos, ¿cómo salir de nuestro personaje? *¿Cómo ser sinceros y mostrarnos a cara descubierta?* Hemos estado ocultos muchos años, y ha funcionado. Además, ¿por qué correr ese riesgo? ¿Qué ganaríamos con ello? Tanto más cuanto que nuestro entorno cree habérselas con un ego robusto.

«Por último ya no conseguía mentirme a mí mismo. Había alcanzado un estado de gran lucidez, y esta lucidez me hacía sufrir… Antes estaba angustiado pero protegido de la depresión por el rechazo. Sentía que estaba siempre angustiado, pero que poco a poco me encaminaba hacia la depresión grave. Engañaba a los demás, pero no me soportaba a mí mismo. En todo momento tenía miedo de desmoronarme, de pulverizarme ante sus miradas incrédulas, de hundirme de repente. Me sentía tan mal con esa mentira que a veces, en cualquier lugar, en la oficina, en la calle, me entraban ganas de gritar: ¡He mentido! ¡Siempre he mentido! ¡Finjo desde el principio, desde que era pequeño, engaño, hago creer que soy fuerte cuando soy débil, más que débil, patético! ¡Soy una nulidad! Tenía la impresión de que eso me aliviaría, que sería como la confesión del culpable. Pero nunca lo he hecho, salvo en sueños.»

Recuerdo haber leído un día la siguiente frase cruel de una mujer político respecto a uno de sus colegas masculinos al que aparentemente no tenía en gran consideración: «¿Fulanito? Un gran claxon y un motor pequeño…». La burla que invade el microcosmos: pesadilla absoluta de los sujetos con una autoestima elevada y débil.

También encontramos un ejemplo extremo, el de los *narcisistas*... «Lo peor es que me doy cuenta: en cuanto hay más de tres personas, tengo que "dármelas de listo". Luego, si no consigo someter a mi auditorio a mis encantos, me amargo y me vuelvo paranoico...» Si existe una mínima distancia respecto a uno mismo, siempre es posible evolucionar. Pero en cuanto decae esa lucidez nos acercamos a lo que los psicólogos describen con el término de "personalidad narcisista", que es una forma de hipertrofia de la autoestima. Estos pacientes (en realidad sólo acuden a la consulta en raras ocasiones, cuando se desencadenan graves depresiones normalmente originadas por fracasos no menos graves...) están convencidos de ser superiores a los demás y de merecer lo mejor: el mejor trato, el mejor lugar. También están convencidos de que deben beneficiarse de derechos superiores, puesto que ellos lo son: conducir a más velocidad que los demás (ellos conducen mejor y su coche es más seguro), hablar más tiempo en las reuniones (sus ideas son más útiles), ser atendidos con mayor prontitud (su tiempo es más valioso), etc. Su éxito no les procura orgullo (centrado en sus actos), sino que los sumerge en la *hubris*, el exceso de soberbia que tanto temían los griegos en la Antigüedad: esa altivez que infla a la persona, esa inflación del yo, esa dilatación del ego. Los narcisistas invierten mucha energía en mostrar que no son cualquiera, y pretenden captar sistemáticamente la atención, lo que a menudo logran con un cierto talento, de ahí su presencia importante en los platós de televisión y en el cine. En cambio, preocupadas por obtener respeto y atención, incluso en forma de consideración u homenaje, las personalidades narcisistas apenas se preocupan por la reciprocidad, la atención o la empatía. Por esa razón frecuentarlos es frustrante y a veces desagradable. El otro sólo existe para realizar nuestro valor, como adversario o como obstáculo.

Cumbre de la ceguera de la autoestima. Absoluto punto muerto tanto para existir como para progresar.

EVOLUCIONES PROBLEMÁTICAS
DE LA AUTOESTIMA: DE BAJA A ALTA
E INESTABLE, Y A LA INVERSA

Con frecuencia se observa este fenómeno al principio de la psicoterapia, en la afirmación de uno mismo: las personas con baja autoestima a veces sólo saben afirmarse de manera hostil. Al mostrarse distantes (para que no pueda verse su emotividad) y desdeñosas (para disuadir al interlocutor de iniciar una discusión o contraatacar, porque no se sienten capaces de mantener la distancia en un intercambio tenso). Otro fenómeno común, como en el ejemplo de Matthieu que evocamos antes, consiste en que si las circunstancias vitales (éxito, promoción) se suceden más rápidamente que la maduración de la autoestima, entonces se plantea la pregunta típica de la baja autoestima: ¿cómo "asegurarnos" ante el éxito? Este último me granjeará miradas y presiones, exigencias, expectativas, etc. Entonces se activa el síndrome del impostor: «¿Y si se dieran cuenta de que no estoy a la altura en todos los campos, material, personal...?». En este caso sobreviene la tentación de una caricatura de la buena autoestima, y se exageran las pregonadas certidumbres.

Estas modificaciones en la superficie de los comportamientos relacionados con la autoestima también pueden producirse en ciclos breves, en fluctuaciones, según el momento. Por ejemplo, con variaciones en el estado de ánimo en personas que cuando se encuentran mal se vuelven arrogantes y desagradables. O según los ámbitos (esfera pública o vida privada) o incluso el ambiente (tranquilizador o amenazante). Las personas con una débil autoestima pero que aspiran a ascender, a veces pueden hacerlo arrollando a los demás. Recuerdo a una esposa que se mostraba irónica y despiadada incluso con su marido ante amigos que la impresionaban: al disminuir públicamente a su cónyuge, vivía en la ilusión de elevarse ella misma, de atribuirse valor distanciándose de él, pues imaginaba que los demás pensarían que no estaba a la altura. Desgraciadamente era ella y sus ardides las que indisponían y suscitaban juicios severos o compasivos sobre su persona.

Hay un pequeño detalle al que también conviene prestar atención: qué trato reciben las personas con un estatus inferior (colaboradores, azafatas, personal de servicio, etc.). A menudo he observado cómo en los platós de televisión ciertas estrellas de la pequeña pantalla exhiben amabilidad en cuanto las cámaras las enfocan o cuando las observa un público numeroso. Amabilidad que se transforma en desprecio y mezquindad en cuanto no están ahí.

Hay que decirlo: esto no funciona. Finalmente siempre es el mismo escenario el que se repite, y consigo repite sus efectos negativos: 1. Un sentimiento de fragilidad personal, real o supuesta. 2. Que provoca inquietud (anticipación) o vulnerabilidad (momento presente) ante las agresiones (reales o imaginarias) sobre la autoestima; estas reflexiones erróneas respecto al entorno y a uno mismo provocan malos reflejos. 3. Y desembocan en estrategias inadaptadas (muy reales). Así pues, gran parte de los sufrimientos de la autoestima proceden de errores de gestión; y estas tentativas de solución llegan a ser un problema más enojoso que el que estaban destinadas a resolver. 4. Las consecuencias a largo plazo son emociones de malestar crónico y logros siempre condicionales y que aportan escasa seguridad («Sólo me aceptan si y sólo si me comporto de esa manera»).

*Estas estrategias inadaptadas de protección de la autoes-
tima definen, de hecho, los problemas de autoestima,* tanto o
más que las competencias o el estatus real de la persona, si
tiene o no talento, está o no en paro, la belleza o la fealdad, o
el hecho de haber tenido una infancia feliz o difícil. Con todo
ello podemos lidiar; son elementos coadyuvantes o limitado-
res, pero la inteligencia humana puede adaptarse a ellos. Y es
perfecto que así sea; si las desigualdades no pudieran com-
pensarse se extendería el horror absoluto sobre la Tierra.

Las actitudes excesivamente defensivas respecto a la autoestima bloquean los aprendizajes, las evoluciones y construc-
ciones del yo. Todos los esfuerzos se aplican a la autodefen-
sa, y no al crecimiento. Se sacrifica el desarrollo en aras de la
seguridad. Y así nos encontramos presos de un yo-prisión,
donde nos ahogamos, nos aburrimos e inquietamos... En
lugar de disfrutar de un yo-violín que afinamos cada día, con
el que aprendemos a tocar mejor poco a poco, solos o en compañía de los demás. Todo esto puede construirse, mes tras
mes, año tras año. Pero tengo que tomar la iniciativa de este
"taller psicológico". Porque, ¿quién sino yo mismo podría
efectuar esta tarea?

6. EL DESARROLLO CONSTANTE DE LA AUTOESTIMA

«Entonces inicié un enorme trabajo en mí mismo, y hoy, casi quince años después, al fin puedo decir que los resultados están ahí: ya no me detesto, me desprecio.»
CARICATURA DE VOUTCH

¿Puede mejorarse duraderamente la autoestima?

En la actualidad sabemos que es completamente posible, tanto en el campo del desarrollo personal, si los problemas no son muy severos, como en el de la psicoterapia, si se complican con síntomas psiquiátricos (trastornos depresivos o ansiosos, fobias, trastornos de las conductas alimentarias, pulsiones autodestructivas, etc.). La evolución del cambio en materia de autoestima comporta diversas etapas, e implica sobre todo comprender bien lo que ya no depende de nosotros (como nuestro pasado, sufrimientos y carencias) y lo que sí depende de nosotros (la relación con ese pasado y la conducta que mantenemos día a día). Según el caso, los esfuerzos tenderán a una verdadera construcción o reconstrucción de la autoestima, a veces tan sólo a partir de un "simple" impulso. Más tarde, con el paso del tiempo se planteará la cuestión del "mantenimiento", ya que la autoestima necesita una continuidad en los cuidados y atenciones.

¿POR QUÉ HAY QUE OCUPARSE
DE LA AUTOESTIMA?

Uno de mis pacientes me decía un día: «El yo es odioso, desde luego, pero voy a pasar mi vida en su compañía». Si no te ocupas de ti mismo, ¿quién lo hará en tu lugar? ¿Y quién además de ti sabrá lo que es necesario y deseable para tu bienestar?

Sin embargo, pasamos mucho tiempo evadiéndonos de esta reflexión sobre nosotros mismos y a menudo nos abandonamos al piloto automático en nuestra vida y nuestra personalidad. Nos dejamos llevar por las circunstancias e influencias: las que derivan del pasado, nuestros allegados, nuestro entorno y nuestra sociedad. El resultado puede ser mediocre, salvo si hemos sido muy mimados por la vida: si lo hemos tenido todo en nuestra infancia y si seguimos viviendo en un medio en el que reina el amor y la armonía. Más aún: si no hay elección personal y sentimiento de autodeterminación, incluso estos ambientes pueden no ser tan propicios para la autoestima, como refleja el relato de Aurélie (26 años):

«Uno de mis problemas es que no tengo de qué quejarme: mis padres me querían y eran simpáticos, la vida en casa era agradable, con un buen ambiente y bienestar material. Estudié, viajé y pronto encontré pareja y trabajo. Entonces, ¿por qué estas dudas? ¿Por qué esta vaga insatisfacción con mi vida? Si empiezo a rastrear mi pasado puedo, a fuerza de voluntad, encontrar pequeños detalles, cosas que no funcionaban, del estilo de "mis padres eran demasiado perfectos". Es cierto que mi padre era tan brillante que todo el mundo lo admiraba y que mi madre era tan amable y delicada que todo el mundo la quería. No dejaban de decirnos que teníamos suerte de tener unos padres como aquellos. ¿Acaso me faltaba espacio para afirmarme y construirme en la oposición y la

rebeldía? Sin embargo, si me comparo con los problemas
que pudieron tener algunas de mis amigas, con incesto, violencia y crisis terribles con sus padres… No, me pregunto si
mi problema no consiste simplemente en haber seguido los
raíles que habían colocado ante mí. Nunca tuve la costumbre
de reflexionar sobre mí misma, sobre lo que yo era y desea-
ba. Nunca tuve que afrontar ninguna disputa».

El trabajo sobre la autoestima

¿Hay que intentar mejorar la autoestima de manera directa?
Es el mismo tipo de pregunta que se plantea con la felicidad:
para algunos, el hecho de desear ser feliz es el primer obstáculo a la hora de alcanzar ese estado. La idea es atractiva
pero falsa. En realidad, no hay que confundir los esfuerzos
con los que acercarnos a la felicidad (necesarios) y la obsesión por la felicidad (nefasta). Otro tanto ocurre con la autoestima.

Los problemas de autoestima no son una enfermedad,
sino el resultado de un conjunto de modos de ser, protegerse y promoverse que no están adaptados. Por ello es necesario conocer algunas reglas que facilitarán un cambio eficaz.
Hoy existen muchos trabajos sobre el desarrollo de la autoestima tanto en el ámbito de los trastornos psiquiátricos[1]
como dirigidos a individuos "normales" que no presentan
trastornos definidos, pero pretenden mejorar su bienestar
personal.[2]

El pasado nos lega dudas y debilidades. El presente puede
repararlas y a veces incluso curarlas, siempre y cuando realmente vivamos. Vivir es actuar, descubrirse, revelarse, asumir
riesgos… Dejarse llevar, relajarse sin querer controlar y
dominar la propia imagen en todo momento. Si nos protege-

mos demasiado, la vida no operará en nosotros ese trabajo de reparación y maduración. Éste es el problema de las autoestimas vulnerables, ahogadas y lastradas por sus mecanismos de defensa. Cambiar implica descubrirse y desactivar las protecciones que se han convertido en prisiones para liberarse. Por otra parte, tal vez convendría no utilizar la palabra *cambiar* en relación con la autoestima, pues supone una modificación radical, sino *evolucionar*, que implica un carácter progresivo, más conforme a lo que podemos observar.

CÓMO LOGRAR QUE LA AUTOESTIMA EVOLUCIONE FAVORABLEMENTE

Comprender el pasado no basta para cambiar el presente

¡No lo hemos vivido todo! Nuestro nivel de autoestima y el modo en que la protegemos dependen evidentemente de las influencias de nuestro pasado: cómo nuestros padres nos transmitieron seguridad con su amor y nos alentaron con sus ánimos, cómo nos mostraron un ejemplo a seguir gracias a la manera en que se respetaban... Sin embargo, el presente psicológico no *sólo* está dominado por el pasado.[3] También lo está por el propio presente: si no nos esforzamos en la vida diaria, seremos presa del "piloto automático" que se activó en nuestra infancia o el juguete de las influencias sociales. Las dificultades de la autoestima pueden provenir de una mala base heredada del pasado, pero también de su mal uso. No hay fatalidad en la materia, si no un peso incontestable del pasado que hay que comprender para actuar en el presente. No obstante, la exploración infinita de nuestra historia personal no es la solución. *El pasado ha pasado, por definición; peleamos contra su fantasma.* Pero peleamos siempre en presente.*

No basta comprender, hay que actuar y practicar

Puedes leer todos los libros sobre autoestima, asistir a todas las conferencias sobre este tema y comprender todos sus mecanismos: nada cambiará mientras no practiques y pruebes en la realidad los preceptos del cambio, como los que abordaremos en las páginas siguientes. Hay que actuar para cambiar, y más en concreto proceder a un incesante vaivén entre la acción y la reflexión. Sólo se cambia gracias a una acción inteligente. Esto es esencial porque los problemas de autoestima tienden a inhibir la acción o a estereotiparla: no actuar o hacerlo siempre del mismo modo.

El aprendizaje más que la revelación

Éste es sin duda el descubrimiento más importante que se ha realizado en los últimos años: *el cambio es algo que se aprende.* El modelo de cambio psíquico que actúa gracias a una concienciación repentina o mediante la revelación de recuerdos perdidos, ya no funciona. Si persiste la creencia en esta manera de practicar la psicoterapia, sin duda se debe a su aspecto romántico (el secreto oculto en el fondo de uno

---

*   Remitimos a los lectores interesados en profundizar sobre temas relacionados con el desarrollo de la autoestima en la infancia y sus aspectos teóricos, consulten nuestro anterior libro: *La autoestima*, de Christophe André y François Lelord, también publicado por Kairós.

mismo) y por su recurrencia en muchas películas:[4] en cierto momento de la acción, la música aumenta en intensidad, los ojos del héroe se turban y una escena de su pasado acude a su conciencia. Este repentino descubrimiento arranca lágrimas al héroe o heroína, pero lo cura para siempre de sus fantasmas. Este modelo de toma de conciencia súbita es, evidentemente, una caricatura, y sólo funciona en la imaginación de los cinéfilos.[5] Si queremos seguir en el terreno artístico, el cambio personal, y sobre todo en materia de autoestima, se parece más al aprendizaje musical: no se aprende a tocar el piano por simple decisión personal, o porque nos hayamos liberado de los fantasmas del pasado, sino porque hemos seguido unos cursos y practicado reiteradamente las escalas. Y nadie se convierte en un virtuoso por iluminación súbita, sino por una paciente obstinación. Como veremos, la autoestima obedece a las mismas reglas: es obvio que habrá que comprender de dónde vienen nuestras limitaciones y errores a la hora de desenvolvernos, pero habrá que trabajar especialmente para activar nuevas formas de ser.

Cambiar no es complicado

El cambio psicológico es un esfuerzo que requiere la carrera de fondo antes que el *sprint*. Pero no es complicado: verás que casi siempre se trata de cosas sencillas (como la mayoría de las estrategias eficaces en psicoterapia). Cuando me entrevistan a menudo me piden que, para atraer al lector, diga algunos "trucos con los que aumentar la autoestima", o me plantean: «Si sólo ofreciera un consejo, ¿cuál sería?». Hay muchos trucos. *¡El único problema es que hay que aplicarlos todos, regularmente y durante largo tiempo!* Y el cambio llega por etapas, a veces minúsculas, a veces espectaculares. Pero lo que hoy parece minúsculo mañana puede ser espectacular. ¡Y cambiar un poco ya es mucho!

¿Podemos librarnos de los problemas de autoestima?

Acabar de una vez por todas con los desequilibrios de la autoestima, ¿no será un mito mantenido por ciertos psicoterapeutas, que consiste en asegurar de forma más o menos explícita que hay que "ir al fondo de los problemas" para esperar un bienestar duradero? Sin embargo, nadie puede asegurar que exista el fondo de los problemas, sobre todo en materia de autoestima. E incluso si llegamos a lo que parece ser el "fondo de las cosas", ¿lograremos con ello un equilibrio eterno? Además, las terapias que pretenden ayudarnos a ir al fondo de las cosas a menudo nos exponen a un riesgo de encenagamiento: una vez que hemos llegado allí no conseguimos salir de nuevo… Frecuentemente, el trabajo sobre la autoestima se parece más bien a lo que se propone a los pacientes que padecen de diabetes, asma o hipertensión arterial: se organiza todo para que la enfermedad (o la vulnerabilidad) no altere la calidad de vida y no impida llevar una existencia normal y agradable. A menudo esto es posible. ¿Tal vez no son muy poéticos esos pacientes esfuerzos, ese trabajo cotidiano en la autoestima? Por supuesto, pero el sufrimiento tampoco es poético. Y en cambio hay tantas cosas poéticas que disfrutar a nuestro alrededor una vez que nos encontremos mejor y podamos abrirnos al mundo. Quizá los esfuerzos son más asequibles cuando se trata de un régimen alimentario o del ejercicio físico. Aunque… *Sin embargo, también existen reglas vitales claramente definibles en materia de autoestima.*

EL CAMINO ES LARGO, PERO EXISTE…

Así pues, el cambio exige un esfuerzo continuo. Lo que no quiere decir forzosamente que no tendrá fin. Encontrarse mejor es algo que puede empezar hoy. Podemos, y debemos, sentir pronto los beneficios de nuestros esfuerzos. Al principio, aún no serán duraderos y automatizados; sólo la práctica regular transformará esos esfuerzos deliberados en automatismos menos costosos, en energía psíquica. Una fuente de desmotivación clásica en nuestros esfuerzos a largo plazo son los momentos en los que retrocedemos y volvemos a nuestros viejos demonios. «Ahuyenta lo que es natural y volverá al galope.» Detesto esta fórmula, llena de malevolencia hacia quienes se esfuerzan por cambiar. No dejes que te impresione. Los retrocesos son normales en todos los aprendizajes. Incluso esfuerzos de cambio bien conducidos, con sinceridad y voluntad, con un buen método y en la dirección adecuada no impedirán el regreso de los viejos demonios por efecto del cansancio, la repetición de problemas, la confrontación con una situación que nos deja especialmente desprotegidos, o sencillamente una cierta negligencia. Es normal: *esta reviviscencia del mal no significa que nuestros esfuerzos son vanos o que el cambio es imposible. Significa tan sólo que la vida es dura y que cuando somos débiles tenemos que cuidarnos.* He aquí lo que decía Marco Aurelio, el emperador filósofo: «No te desanimes, no te aburras, no te consternes si con frecuencia no logras actuar conforme a los principios exigidos».

Otras palabras sabias: «Dios mío, dame la serenidad para aceptar lo que no puedo cambiar, el valor de cambiar lo que sí está en mi mano y la sabiduría para discernir entre ambos». Tal vez ya conozcas esta "plegaria de la serenidad"; tradicionalmente se atribuye a Reinhold Niebuhr (1892-

1971), teólogo protestante estadounidense. Fue popularizada por Alcohólicos Anónimos, al utilizarla como herramienta de trabajo psicológico y espiritual. Esta oración de serenidad insiste en un aspecto fundamental: el del discernimiento y la flexibilidad.

El objetivo de la evolución de la autoestima no es convertirse en otro o transformarse completamente, como por ensalmo, y pasar de las más grandes dudas a inquebrantables certidumbres. No, el objetivo es, sencillamente, «seguir siendo yo mismo, pero mejor»... Un poco más sereno, un poco más confiado, un poco más valiente, un poco más indiferente a las miradas y el juicio ajeno... Para hacer esto hay que tener en cuenta los rasgos de nuestra personalidad: es inútil esperar convertirse en un personaje brillante si la personalidad de que partimos es más bien reservada. Pero ¿acaso no es satisfactorio sentirse a gusto y que nos resulten placenteras las situaciones sociales en lugar de huir de ellas?

Hay una ecología de la autoestima a la que se pueden aplicar los principios del desarrollo duradero: tener en cuenta el terreno y el coste de los esfuerzos de desarrollo, pensar en las ventajas e inconvenientes, no sacrificar el futuro al presente, ni consagrar al pasado las fuerzas vivas que convoca el presente. De este modo, no sólo se evolucionará hacia una autoestima más elevada, sino también y especialmente hacia una mejor autoestima.

¡Al trabajo, pues! Pero justamente, ¿en qué trabajamos? ¿Por dónde empezamos?

Trabajemos en nosotros mismos, por supuesto. Dejar de violentarse e infravalorarse o esconderse... Esta evolución es indispensable, pero no basta: desarrollar la autoestima no consiste sólo en ocuparse de uno mismo, también es progresar en la relación con los demás.

Por tanto, habrá que trabajar en el tipo de vínculo que

mantenemos con los otros: vínculos reales y vínculos imaginarios. No temblar ante la idea del rechazo, ocupar nuestro lugar sin tropiezos, o aceptar esos escollos si son inevitables. Son otros tantos objetivos que hay que alcanzar poco a poco. Pero el trabajo no concluirá con ello.

¿No basta reflexionar y actuar? No, *lo que nos hace evolucionar es la reflexión, la acción y la repetición.* Nuestro cerebro está concebido más para la acción que para el pensamiento. Por ello, aunque lo hayas comprendido todo, en realidad no habrás entendido ni cambiado nada mientras no hayas trasladado los frutos de tus reflexiones a la acción y repetido tus actos decenas de veces, como un artesano o artista repite sus gestos. La acción debe ser modesta y regular: nunca basta con una vez... ¿Habrás llegado entonces al final de tu trabajo? Sí y no.

Porque aún quedará lo más importante: no pensar en ti mismo. El devenir de la autoestima consiste en olvidarse, como la respiración, a la que no prestamos atención pero que siempre está ahí. Una respiración que a veces procuraremos regular o calmar, pero que no necesita atención ni esfuerzo. *Quererse como se respira...* Olvidarse para ocuparse de lo demás: los otros, la vida.

Éste es nuestro programa, y es todo lo que abordará este libro. Pero aún queda una última cosa...

ESENCIAL: CREAR UN AMBIENTE PSICOLÓGICO PROPICIO AL CAMBIO DURADERO

Aunque el trabajo de la autoestima sea apasionante y rápidamente fructífero, a pesar de todo, necesita regularidad y continuidad. En este esfuerzo a largo plazo, en el que somos a un tiempo maestro y discípulo, es esencial tratarse bien.

Los ejercicios regulares que hemos de acometer y que el cambio requiere se abandonarán pronto si se emprenden en un ambiente malsano, si nos reprendemos en caso de fracaso o nos culpabilizamos. Así, hay una exigencia absoluta y permanente de un clima de tolerancia frente a las dificultades: es normal que haya etapas en las que las antiguas costumbres se impongan de nuevo. Aprender a hablar correctamente una lengua extranjera o tocar un instrumento musical lleva años. La autoestima no es más difícil que aprender ruso o a tocar el violín. Pero quienes hablan ruso o tocan el violín saben que les ha costado su esfuerzo.

A fin de que estos prolongados esfuerzos no sean dolorosos ni agitados es necesario un código de buena conducta para con uno mismo: *hay que aprender a respetarse. Esto también se aprende y tiene un nombre: aceptación.*

7. LA AUTOESTIMA COMIENZA POR LA ACEPTACIÓN DE UNO MISMO

«Entrarás al Paraíso de una vez o no entrarás en absoluto.»
Proverbio sufí

«Siempre me he preguntado qué hacían los demás cuando se sentían feos o tenían la impresión de haber dicho una gran tontería que todo el mundo había podido escuchar. Cuando fracasaban o se sentían al margen, cuando defraudaban la confianza que se depositaba en ellos, o simplemente cuando se sentían solos. ¿Cómo lograban no detestarse y sonreír, y continuar actuando y entregándose a los demás? ¿Cómo lograban amarse pese a sus defectos? Para pensar que podrían querer invitarlos, volver a verlos, quererlos y trabajar con ellos... ¿Y si les preguntara cómo lo hacían? Buf... Creo que ni ellos lo saben.» (Clémentine, 34 años).

ACEPTARSE PARA QUERERSE

¿Qué hacen los individuos con una buena autoestima?

¿Son *mejores* que los otros? ¿Más inteligentes, más guapos, más talentosos? ¿Tuvieron una infancia más feliz? En realidad, la diferencia no se sitúa, o no completamente, en este nivel de cualidades objetivas. Las personas con una alta autoestima tienen dudas y defectos, no sólo cosechan éxitos sino también fracasos; a veces, en ciertos casos con frecuencia, también abrigan sentimientos de vulnerabilidad.

Sencillamente, se aceptan.

Los fracasos no les afectan. Saben que, si eligen actuar, son inevitables.

Las críticas les afectan, especialmente si son fundadas. Pero consiguen reconocer sus errores sin una excesiva necesidad de justificarse o, peor aún, de negarlos. A veces sus limitaciones y carencias les hieren y perturban. Pero esto no les incita a evadirse de las situaciones sociales o reprimirse. Sencillamente, sus debilidades les empujan a tratar de aprender y progresar en lugar de quejarse o lamentarse, inhibirse o temblar.

En resumen, la característica más fuerte de los sujetos con buena autoestima consiste en que son capaces de tolerar y aceptar sus imperfecciones porque han construido y asumido una buena imagen global de sí mismos, y suponen que sus interlocutores serán más sensibles a esta imagen global que al "detalle acusador". En todo caso, creen que sus interlocutores son honestos y benévolos. Además, saben no dejarse influir por las almas mezquinas y han aprendido que es inútil basar la vida y el comportamiento en ellos: seguirán sus opiniones, intereses y defectos al margen de lo que hagamos para convencerlos. Nunca correremos riesgos con quienes nos aprecian. Pero ningún riesgo o triunfo bastará ante quienes no nos aprecian. Al querer llenar a cualquier precio ese tonel de las Danaides nos arriesgamos a destruir nuestra autoestima.

ACEPTARSE PARA CAMBIAR

La aceptación es, sencillamente, decir «sí». Sí a lo que existe, porque existe. El problema o mi miedo al problema también existen. Por tanto, es mejor aceptarlo y reconocerlo; en lugar de decir «no, no hay problema» o «no, no tengo miedo, no debo tener miedo». *Reconocer que, de momento, las cosas son como son, y no como querríamos que fueran.*

Aceptar no es sólo tolerar (lo que de hecho equivale a rechazar, pero mirando a otro lado). Tampoco implica resignarse y abandonar la idea de actuar y cambiar. Consiste en mirar el problema de frente y decirse: sí, el problema existe.

Si lo que atañe a la aceptación interesa tanto a los psicoterapeutas, tras los filósofos, es porque *el hecho de aceptarse propicia el cambio.* Para curarse hay que reconocerse enfermo: «Si no aceptas tu enfermedad añades angustia a tus síntomas y te conviertes en un enfermo del alma».[1] Y para progresar hay que reconocerse imperfecto y aceptarse como tal. ¡No culpable u odioso, sino imperfecto! Sencillamente. En realidad no es sencillo, en absoluto, más bien es terriblemente duro, y sobre todo está en total contradicción con los reflejos que, después de tantos años, nos incitan a fingir que somos más bellos, más eficaces e inteligentes de lo que somos.

ACEPTAR: UNA MANERA DE ESTAR EN EL MUNDO

«Admitamos que decimos sí a un único momento; no sólo nos habremos afirmado a nosotros mismos, sino a toda la existencia, porque nada está aislado, ni en nosotros ni en las cosas. Y si la felicidad hizo vibrar y resonar nuestra alma siquiera una sola vez, todas las eternidades se revelaron necesarias para crear las condiciones de este único acontecimiento, y toda la eternidad fue aprobada, redimida, justificada y afirmada en ese instante en el que dijimos sí», escribió Nietzsche.[2]

Aceptar consiste en ceder: entonces descubrimos que una parte de los problemas desaparecen por sí solos, y que los que quedan parecen más fáciles de cambiar. Pero si hemos empezado hablando de la aceptación hemos de saber que este concepto constituye una filosofía vital. Hace milenios que la aceptación figura en el corazón de las sabidurías orientales y en la filosofía antigua: decir «sí» a lo que ocurre y a continuación afrontarlo. Entre otros, y sin duda más rotunda y claramente que los demás, los estoicos y los budistas lo enseñan desde hace mucho: «¿Puedes decirte: no, esto no ha ocurrido? ¡Imposible! ¡Entonces acepta!».[3] Y también: «No hay que irritarse contra las cosas, porque ellas no se preocupan».[4]

Ejercer las capacidades de aceptación en lo cotidiano representa un preludio a la acción serena para cambiar si es necesario. Esto supera obviamente el campo de la autoestima. Pero también lo facilita de forma indirecta: modificar nuestra visión del mundo modificará nuestra visión de nosotros mismos. *Y aceptar el mundo nos ayudará a aceptarnos* y nos permitirá progresar.

El concepto de aceptación es difícil de comprender entre nosotros, los occidentales, acostumbrados a *batirnos* contra la realidad y a activar el reflejo inmediato de cambiarla si nos hiere. O a sumergirnos en la amargura y la tristeza si no podemos alterarla. Desconfiamos de todo cuanto nos parece pasividad. Sin embargo, la aceptación no está relacionada con la sumisión, la dimisión o la renuncia. Pondremos algunos ejemplos.

Tienes que coger un avión y tu coche queda atrapado en un atasco. Existe el riesgo de que no llegues a tiempo. La reacción refleja que te amenaza corresponde al estrés: no aceptas, o no de buen grado, la posibilidad de perder el avión. Y con razón: todas las contrariedades que se desprenderán de ello te vienen a la mente y provocan una sucesión de pensamientos y emociones negativas. La fuente de todo esto es el hecho de perder el avión. ¿Cómo aceptar algo tan desagradable? El inconveniente de esta actitud de no aceptación es que este estrés no resolverá en nada tu problema, con el riesgo de añadir otros: te pondrás nervioso y aumentará tu riesgo de accidentarte al circular más rápido si se despeja el atasco, o al realizar adelantamientos si persiste, correr en el aeropuerto y quizá equivocarte de puerta de embarque por las prisas, o pelearte con personas que te retrasan… La actitud de aceptación consiste en decir: «Bueno, quizá no coja mi avión. Es un incordio, pero es así. No soy ni el primero ni el último al que le pasa. ¿Qué puedo hacer ahora que se adapte a la situación? En primer lugar para no llegar tarde. Y si llego tarde, para tratar de no infligirme un daño doble poniéndome nervioso y creándome nuevas complicaciones». El objetivo de la aceptación de los hechos (el retraso) no es renunciar a la acción sino, por el contrario, actuar mejor.

Discutes de política con un amigo. Sus opiniones son idiotas, nulas, estúpidas. Finalmente, estás a punto de decírselo. Y ahí comienza tu problema. Las opiniones de tu amigo te molestan e irritan porque son contrarias a las tuyas. La no aceptación consiste en decirte: «Se equivoca. Es estúpido pensar así. ¿Cómo se puede estar tan ciego ante la realidad?». Es probable que esta no aceptación de lo que piensa y del hecho de que tiene derecho a pensar así agravará a un tiempo tu estado emocional, limitará el nivel de vuestra conversación y por último deteriorará, al menos por el momento, la calidad de la relación con tu amigo. Son muchos inconvenientes. La actitud de aceptación consiste en tratar de aceptar lo que piensa aunque no estés de acuerdo. El hecho de que no estés de acuerdo y de que (quizá) tengas razón no impide la existencia de esa realidad: no piensa como tú, que es lo que desearías. ¿Entonces? ¡Acéptalo! Y en lugar de negarle el derecho a pensar así, empieza a plantearte cuestiones más interesantes, como: ¿por qué piensa así? ¿Qué hago para que escuche mi punto de vista? La aceptación no concluye ni cierra el diálogo. Por el contrario, lo abre, en ambos sentidos.

Recuerdo haberme embarcado un día en una discusión con un amigo respecto a las disputas del mundo de la psicoterapia. Hubo violentos enfrentamientos verbales entre los terapeutas conductistas y ciertos psicoanalistas lacanianos poco numerosos pero muy agresivos. Desde mi punto de vista, que soy conductista, nuestros adversarios cometían un error capital: habían empezado el conflicto y empleado la invectiva y una enfermiza intimidación, etc. Pero este amigo no veía las cosas así, y culpaba tanto a conductistas como a lacanianos: «Ambos tenéis parte de la culpa», decía. A mí me costaba aceptar su posición porque me parecía que el error no era en absoluto "compartido". Pero mientras perseveré en la no aceptación, la discusión peligró y sentí que empezaba a ponerme nervioso. Entonces cambié de posición diciéndome: «Bueno, acepta que piensa así, es un hecho y está en su derecho». Entonces me relajé y fui capaz de conversar de una manera más precisa y constructiva y plantear preguntas como: «Explícame, ¿por qué dices eso? ¿En qué elementos te basas? Cuéntamelo, me interesa». Y me interesaba en verdad. Como había aceptado su opinión ahora estaba en condiciones de interesarme por sus fundamentos. Aceptar es tratar de comprender, lo que en un debate de ideas no quiere decir dar la razón al otro.

¿PODEMOS ACEPTARLO TODO?

Estamos de acuerdo a la hora de aceptarnos a nosotros mismos y nuestros defectos; de acuerdo en aceptar los defectos de los demás, las grandes y pequeñas molestias de la vida en sus aspectos cotidianos. Pero ¿y el racismo, la injusticia o la miseria? ¿Tenemos que aceptar eso?

La aceptación no consiste forzosamente en tolerar o condescender. Por ejemplo, el dolor. En efecto, no hay que aceptarlo. Pero la pregunta también es: ¿en qué estado de ánimo combatirlo? ¿Qué actitud será más eficaz? A este respecto, el Dalai Lama recuerda: «Si te golpean con un bastón, buscas al que sostiene el bastón, no al objeto en sí mismo; pero a quien te golpea lo sostiene el odio».[5] Cambiaremos mejor el mundo si antes aceptamos que es como es. Así evitaremos reflejos animales de venganza: aceptar que existen asesinos y ladrones permite administrar justicia y no aplicar la ley del Talión. O reacciones brutales: por ejemplo, aceptar que los niños son niños evita la tentación de la ira y la violencia con ellos, pero no nos hace renunciar a educarlos y a veces castigarlos.

Independientemente de lo que pensemos de la violencia y la injusticia, éstas existen. Tanto si nos enfadamos como si nos resignamos, existen. Sólo podemos aceptarlas. Esto no es un pretexto para no actuar, sino una invitación, una preparación para hacerlo más lúcidamente: por ejemplo, evitando el resentimiento hacia las *personas* violentas, cuando el problema son los *comportamientos* violentos. Aceptar no es resignarse: aceptar lo que hay es una etapa previa antes de efectuar el cambio.

El objetivo de la aceptación no es evitar la acción, sino la gesticulación («Es escandaloso e inaceptable», y volver tranquilamente a casa). Aceptar es preferir atribuirse más fuerza y lucidez para cambiar. Es la antecámara de la acción eficaz. Mucho más que la simple indignación emocional.

Cuando explico los fundamentos de la aceptación a mis pacientes, al principio se inquietan. Creían estar ante un psiquiatra y he aquí que éste habla de cosas que se parecen a la filosofía o la religión. A continuación se quedan perplejos: «¿Aceptarme? No hago otra cosa desde mi infancia: aceptar, no decir nada, someterme, aguantar, reprimirme, tragármelo todo. Aceptar, justamente por eso estoy aquí, para dejar de aceptar ese destino. ¡Y usted me pide que lo acepte!».

La noción de aceptación en materia de autoestima es muy difícil porque abordamos fenómenos muy íntimos y dolorosos relacionados con la auto-imagen: ¿quién desea aceptarse como inferior?

Aunque a veces nos *sintamos* inferiores, en realidad no queremos reconocerlo. Esto es mejor en cierto modo, porque *no somos* inferiores. Al menos no tanto ni en tantos aspectos como tememos. Siempre somos inferiores e imperfectos en algo… ¿y qué?

Tomemos un ejemplo: en una velada, la mayoría de los invitados conocen muy bien un tema y hablan con animación. Tú no sabes nada de eso. Si lo aceptas, pasarás un momento interesante, aprenderás y podrás plantear preguntas. Será fácil si aceptas que no sabes y si admites que los demás lo sepan. La autoestima permite exactamente esto: aceptar las propias limitaciones en determinados momentos y ámbitos. Aceptación flexible. Incluso podrás jugar un poco con ello, es divertido y, a la postre, agradable.

Si no aceptas tu "ignorancia" pasarás un mal trago: fingirás que sabes inclinando doctamente la cabeza, temblando ante la idea de que te pidan tu opinión. Te irritarán esos invitados que exhiben su saber y volverás a casa molesto y agotado. Es el reflejo de una mala autoestima: no aceptar los propios límites y no advertir que éstos no nos hacen menos apreciables a ojos de los demás. Una no aceptación rígida. ¡Cuánto menos aceptes tus límites, más prisionero serás!

Pronto veremos cómo la aceptación de uno mismo, matizada y flexible, es de hecho muy distinta de esa mezcolanza rígida y estereotipada de resignación y crispación que caracteriza la no aceptación en la mala autoestima.

La actitud de aceptación descansa por una parte en el respeto a uno mismo: convencerse del propio valor como ser humano, que las imperfecciones no condenan a una persona, y que su valor está más allá de sus debilidades. Por otro lado descansa en el pragmatismo: de todos modos, ¿para qué sirven la cólera o la tristeza respecto a lo que no me atañe? ¿Para hacerme aún más daño? ¿Para abundar en la queja y las reacciones epidérmicas? Son las "vanas revueltas" de las que habla Marco Aurelio: «Este pepino es amargo; tíralo. Hay espinas en el camino; evítalas. Con eso basta. No añadas: ¿Para qué existe esto en el mundo?».

Conviene aceptar desde el principio lo que provoca mi cólera o mi tristeza y conservar mi energía para acciones más importantes que el malestar o la irritación.

Si observo el modo en que nuestros pacientes se conducen en psicoterapia, advierto que este cambio es más bien una evolución, como hemos dicho: en realidad, hacen un mejor uso de sus propias capacidades. Sus fuerzas y debilidades fundamentales siempre están ahí, pero extraen lo mejor de sí mismos en lugar de enfangarse en sus debilidades y derrochar sus energías. Para buena parte de ellos, la llave de esta evolución reside en el aumento de su capacidad de auto-aceptación.

LOS BENEFICIOS DE LA ACEPTACIÓN DE UNO MISMO

Son dobles: mejorar el bienestar emocional y facilitar la evolución personal.

El primer beneficio de la aceptación de uno mismo reside en el beneficio emocional que resulta de ello. Escuchemos, por ejemplo, a William James, el padre del concepto de autoestima, que describía en 1892: «Extrañamente, sentimos el corazón extremadamente ligero cuando aceptamos de buena fe nuestra incompetencia en un ámbito particular». O bien: «¡Qué dulce es el día en que renunciamos a ser jóvenes o delgados!».[6] James, que sabía lo que es la autoestima, comprendió los beneficios de la renuncia a estas luchas e impulsos, a este inútil combate con uno mismo, a la búsqueda perniciosa de una perfección ilusoria.

El segundo aspecto es quizá el más paradójico: el cambio es más fácil si nos aceptamos. Esto no se corresponde con un dogma que a menudo se predica: la insatisfacción sería el gran motor del cambio e incluso de toda forma de acción. Se trata de un error importante. Si partimos del principio de que el cambio psicológico requiere más bien leyes de aprendizaje (entrenarse en practicar nuevos estilos de comportamiento y pensamiento), y no tanto un catártico descubrimiento de uno mismo (descubrir *la* causa de nuestros sufrimientos), entonces la tensión y la insatisfacción resultan perjudiciales y escasamente motivadoras, porque perturban el aprendizaje. Aprendemos mejor en un ambiente sereno y amable. Para que un alumno progrese, los mejores maestros no necesitan estresarlo o humillarlo recordándole sin tregua sus errores e insuficiencias; si actúan así, desanimarán a la mayoría de sus alumnos y discípulos. Sólo unos pocos superdotados robustos sobrevivirán a tal enseñanza. Los progresos de la mayoría de los alumnos descansan en la aceptación de sus límites, gracias a un maestro que mantiene una amistosa presión que estimula el cambio. Esto ocurre, por ejemplo, en psicoterapia: el terapeuta –que evidentemente no tiene nada de "maestro", sino que trata de ser un pedagogo– acepta a su paciente sin renunciar a incitarlo a avanzar suavemente. Si procede así es porque sabe que se evoluciona más fácilmente en un ambiente de calma emocional y respeto a uno mismo. Esto no significa que se olvide el objetivo: el mayor bienestar.

LOS PERJUICIOS DE LA NO ACEPTACIÓN

Una parte importante de los problemas de autoestima guardan relación con la no aceptación de lo que somos: de nuestras debilidades y limitaciones... También con la no aceptación de nuestras dificultades para cambiar: nos irritamos y desesperamos por no poder progresar, por no poder hacer lo que querríamos con nuestra vida, por no poder ser quien querríamos ser. Estos problemas de no aceptación se han identificado en diversas formas de sufrimiento psicológico,[7] y especialmente en los tres tipos más frecuentes de trastornos psíquicos: la depresión, la ansiedad y el abuso de alcohol.

En los trastornos fóbicos y ansiosos, la dificultad de los pacientes a la hora de aceptar su miedo y afrontar las peores imágenes que encarna (los "escenarios de la catástrofe") se considera la principal fuente que provoca que el miedo se vuelva crónico.[8] En los trastornos depresivos ocurre otro tanto con la incapacidad para aceptar renunciar a las excesivas exigencias sobre uno mismo.[9] Asimismo, en los problemas con el alcohol muchos síntomas se subtienden por la incapacidad de aceptar notorios aspectos de la realidad,[10] con lo cual se buscará esa capacidad en el alcohol, el elixir de la aceptación.

Apasionantes investigaciones en materia de psicoterapia muestran que el trabajo sobre la aceptación de uno mismo, de las propias emociones y pensamientos representa una senda capital, y hasta aquí ignorada, a la hora de ayudar a las personas que presentan trastornos graves.[11]

¿APRENDER A ACEPTARSE?

En un hermoso libro dedicado al emperador romano y filósofo estoico Marco Aurelio,[12] el filósofo Pierre Hadot habla de la *disciplina del asentimiento*. Marco Aurelio, al tiempo que dirigía los asuntos del imperio, concentrándose en rechazar a los bárbaros en las fronteras del Norte, deshacer los complots y las luchas por la sucesión, se sometía a ejercicios cotidianos de meditación y reflexión según los principios de sus maestros estoicos. Dejó un emocionante testimonio de esta búsqueda personal en sus *Pensamientos*.[13]

¿Hay que ser sabio para llegar a apreciarse? En cierto sentido, indudablemente, al cultivar –mediante la aceptación– la lucidez y la serenidad de la que a menudo nos vemos privados por nuestras dudas y temores. Sin embargo, más que sabios habría que ser receptivos a los pequeños e imperceptibles movimientos de nuestra alma. Como todos los aprendizajes, el de la autoestima se inicia por la atención que concedemos a las pequeñas cosas.

8. EL MALETERO DE "MI SCOOTER"

«Der Teufel steckt im Detail.»
Proverbio alemán que recuerda que
«el Diablo se oculta en los detalles»

Una tarde de primavera, aproximadamente a las siete. Salgo del trabajo, tras haber dirigido una sesión de terapia de grupo con mis pacientes fóbicos sociales. Estoy de buen humor, la sesión ha transcurrido bien, hemos trabajado a fondo y los pacientes progresan. Me acerco a mi *scooter* en el párking. Uno de mis compañeros se dispone a irse en moto. Intercambiamos impresiones. Tras coger mi casco del maletero, deposito en él mi cartera y cierro con llave. Maquinalmente, tras retirar la llave compruebo con un pequeño gesto que está bien cerrado. Este discreto movimiento no escapa al ojo atento de mi compañero (estamos en un servicio de psiquiatría). Aprovecha para burlarse de mí amablemente: «¿Y eso? ¿Qué es esa pequeña manía de verificación? ¿No tendrás por casualidad un trastorno obsesivo compulsivo?».

Me apresuro a defenderme y explicarle que no es así, que no tengo un trastorno obsesivo compulsivo ni manías, sino que se trata de un reflejo normal, que mi *scooter* es viejo y su maletero a veces cierra mal, que ya una vez se abrió mientras conducía por la circunvalación y que…

De pronto recuerdo lo que he estado trabajando con mis pacientes: la aceptación de uno mismo. Hemos practicado muchos ejercicios y juegos de rol sobre el tema de la aceptación: cómo aceptar las críticas y las observaciones negativas sin ponerse nervioso; cómo, por el contrario, pedir más precisiones; cómo no ceder a ese primer movimiento que nos impulsa, como por reflejo, a justificarnos y defendernos...

Y he aquí que a propósito de una observación anodina y un gesto fehaciente, me apresto a defenderme. ¡Ah, estos terapeutas que no hacen por sí mismos lo que recomiendan a sus pacientes!

Entonces mudo de parecer y, en lugar de justificarme, acepto la observación: «Sí, es extraño, no me he dado cuenta de ese pequeño reflejo. Tú tienes ojo, dime...». Mi compañero, que tras mi silencio temía haberme molestado, confiesa: «¡Sí, y con razón: yo hago lo mismo!».

Nos marchamos cada uno por su lado. Pero el asunto no acaba para mí. Mientras conduzco pienso en ello. Como muchos acontecimientos de nuestra realidad cotidiana, se pueden leer de dos maneras. Negativamente: no es fácil cambiar; incluso un psiquiatra especializado en la aceptación puede dejarse engañar así. Positivamente: cambiar es sencillo. Es inútil pretender grandes objetivos; basta con pequeñas cosas y observar los propios actos reflejos con una mirada divertida y benévola. Una mirada amistosa sobre uno mismo...

PARTE II:
CUIDAR DE UNO MISMO

De nosotros mismos sólo conocemos las mismas cosas,
halagüeñas o dolorosas, a las que volvemos incansablemente.
Creemos reflexionar, pero a menudo no hacemos sino escuchar el
confuso murmullo de nuestra alma, y a veces nos extraviamos en
los caminos de la violencia o la complacencia
hacia nosotros mismos.
Esta relación con nuestro yo es extraña: adoración y más tarde
odio, calma aparente ante los demás
y febril inquietud ante nosotros...
¿Cómo nos juzgamos para ayudarnos y no para violentarnos o
castigarnos? ¿Cómo vivir siendo simplemente amigos
de nosotros mismos? ¿Cómo encontrar el justo equilibrio entre
exigencia y benevolencia que caracteriza una relación amistosa?
Aceptándonos, aunque seamos imperfectos.
Aceptarse para cambiar y evolucionar.
Para nacer en nosotros mismos.

9. PRÁCTICA DE LA ACEPTACIÓN DE UNO MISMO

> «Cuando no encontramos descanso en nosotros mismos es inútil buscar en otra parte.»
>
> LA ROCHEFOUCAULD

Aude es una mujer inteligente. Ayer, una de sus amigas la invitó a comer con otra amiga a la que no conocía. Aude se sintió mal desde el principio de la comida: la tercera persona, muy cultivada, empezó a hablar de exposiciones de pintura y sobre artistas de los que Aude no sabía gran cosa. «Empleaba un tono que quería decir: "Evidentemente, todo el mundo lo conoce, ¿no?" Como yo no lo conocía, empecé a sentirme mal...» Aude no disfrutó de la comida: anonadada desde el principio, estuvo bastante inquieta («¿Cómo ocultar que no conozco nada?») y después molesta («Maldita pretenciosa que nos está estropeando la comida»). Por último se sumió en la tristeza: durante la tarde y la noche se dio cuenta de hasta qué punto había actuado a la defensiva y se había crispado, hasta qué punto esta actitud envenenaba su vida. Cuando lo abordamos en nuestra sesión de psicoterapia, le sorprendió que le preguntara por qué no había simplemente aceptado la evidencia: que esa persona sabía más que ella de esos pintores. Que ella, Aude, tenía todo el derecho a no conocerlos. Y que aceptando eso habría disfrutado de una mejor comida y un día más agradable...

Arthur es un joven muy susceptible… «Puntilloso y desprovisto de humor», recalca él, precisamente con humor, ya que se siente seguro durante la consulta. «Cuando me hacen bromas o reproches, me crispo. Por ejemplo, durante las vacaciones con los amigos, si me reprochan ser tacaño o maníaco; lo soy un tanto y me es imposible tomármelo a broma o tranquilamente y decirles: "Sí, amigos, soy así, lamento haceros sufrir con mis neurosis". Este tipo de respuesta se me ocurre diez días después, y esto después de haber empezado la terapia. Antes ni se me pasaba por la cabeza. Me enfadaba con mis amigos y me mostraba irritado durante horas. Ahora comprendo que la mejor manera de actuar es aceptar que tienen derecho a decirme cosas así, aun cuando en ese momento me parezca exagerado o injusto. Cuanto más me enervo, más rechazo que me digan esas cosas y transformo una palabra anodina en un grave problema. Por último, he acabado por entender que lo más importante no es tratar de rectificar lo que me dicen, sino aceptarlo para no sentirme herido por ello. Actuando así descubro que me defiendo mejor; cuando siento la necesidad, cosa que cada vez se da con menos frecuencia. No creo que ahora me critiquen menos, sino que esas críticas me marcan menos que antes. De pronto las olvido y tengo la impresión de que son menos numerosas; así pues, me relajo, etc. Es un círculo virtuoso exactamente opuesto al anterior círculo vicioso.»

Louis no sabe perder al tenis. Cada vez que juega mal o un adversario le hace jugar mal, se enerva más allá de lo razonable. Ya ha roto muchas raquetas e insultado (o ha querido insultar) a muchos compañeros, árbitros o espectadores. A menudo se ha preguntado por qué sigue practicando este deporte, que lo conduce a un estado de espantosa irritación. Esta manera de comportarse degrada no sólo el placer del juego, sino también su eficacia en la competición. Cuando le hago esta observación, me responde que a pesar de todo le parece una buena estrategia de motivación. En realidad no es así. Louis no acepta fallar una bola o una serie. Otro tanto le ocurre en otros ámbitos de la vida. Es como una veleta, siempre bajo presión. De hecho, la autoestima de Louis depende mucho de sus actuaciones (deportivas, universitarias, sentimentales). Es decir, que es un ser muy frágil. Tenemos que trabajar en la propia aceptación: en tanto no acepte jugar mal, jugará mal e irá empeorando, sobre todo cuando empiece a fallar las primeras bolas. Su hipermotivación tiene un doble rasero: a veces lo impulsa hacia arriba, cuando las cosas suceden correctamente; pero lo hundirá si hay errores. En cualquier caso, tanto en el éxito como en el fracaso, el precio que habrá que pagar en materia de estrés será muy elevado, como ocurre siempre en los sujetos con una autoestima alta y quebradiza. El objetivo es que Louis se diga sencillamente: «He jugado mal, amigo. Tranquilo, son cosas que pasan. Fallar una bola no es el problema; el problema es ponerse nervioso por eso. Así acrecentamos el problema...». En este momento habrá resuelto su cuita.

La aceptación de uno mismo no es sólo un concepto; es un modo de ser que sólo puede adquirirse a través de una práctica reiterada. El objeto de este capítulo consiste en ayudarte a construir la propia aceptación en la vida cotidiana, en todas las pequeñas situaciones en que puedan emboscarse trastornos de la autoestima. El objeto de este trabajo de aceptación son nuestras emociones, pensamientos y comportamientos desencadenados por estas situaciones: en todos estos momentos observaremos cómo la aceptación de uno mismo facilita, para empezar, la tranquilidad anímica, y luego la autoestima.

EL SUFRIMIENTO DE LA AUTOESTIMA
A MENUDO GUARDA RELACIÓN
CON LA NO ACEPTACIÓN DE UNO MISMO

Es frecuente que los problemas de autoestima correspondan a pensamientos o emociones de autorrechazo. Cuando decimos o pensamos «nunca lo conseguiré» no es sólo este pensamiento el que nos hace sufrir, es su onda de choque, el hecho de que tras ella llega otra: «Nunca lo conseguiré, estoy harto de ser así, soy demasiado inútil, me desprecio», «No es cierto, no es posible», y las emociones asociadas (cólera, vergüenza, tristeza, etc.).

¿Qué hacemos frente al dolor de estas reacciones automáticas? En general hay dos reacciones espontáneas: tratar de expulsar esos pensamientos y apartarlos de nuestra mente. O abandonarse a ellos y rumiarlos. Son las dos estrategias que encontramos más a menudo en los estudios sobre este fenómeno.

Sabemos que tratar de ahuyentar los pensamientos ordenándonos no pensar o distrayéndonos sólo es eficaz a corto plazo. A veces existe un efecto "rebote" de los pensamientos así apartados, especialmente en las personas con una mala autoestima (en los demás, la distracción funciona): los pensamientos reprimidos resurgen con fuerza. Pero aun sin efecto rebote, este tipo de mecanismo mental (tratar de suprimir los pensamientos molestos) provoca una notoria incomodidad emocional.[1]

La rumia se define como la repetición de pensamientos o imágenes sombrías, centradas en aspectos negativos respecto al mundo o uno mismo. La rumia sobre uno mismo es más frecuente cuando existen problemas de autoestima. A menudo ese rumiar ocupa un importante lugar en la actividad mental subyacente de las personas afectadas. Tras vivir un acontecimiento que desestabiliza su autoestima, siguen actuando o discutiendo, pero se ha activado el pequeño molino de la rumia, y funciona en sordina... De vez en cuando son conscientes de ello, pero la mayoría de las veces no. Esto perturba su modo de ser y pensar.

El trabajo de aceptación de uno mismo debe aplicarse en esos momentos: en el momento en que a la conciencia emergen esos pensamientos que los psicoterapeutas denominan "automáticos o intrusos", en situaciones que amenazan la autoestima.

LAS SITUACIONES DE RIESGO PARA LA NO ACEPTACIÓN DE UNO MISMO

Son todas las situaciones en las que nos enfrentamos a nuestros límites: ante un fracaso o una dificultad a la hora de alcanzar un objetivo que nos habíamos fijado. O bien debido a una comparación con otros que nos parecen "mejores". También por una observación, una crítica o una burla, aunque sea benigna y amistosa. Citamos algunos ejemplos.

• Fracasar al perder en un juego, al no realizar con facilidad un trabajo, una receta de cocina o el bricolaje. No encontrando fácilmente el camino en coche. No aceptamos ser tan torpes. Nos sublevamos contra nosotros mismos, creemos que somos estúpidos porque (en nuestra opinión) nuestro comportamiento ha sido estúpido.

• En las conversaciones con personas que creemos nos superan *en algo*: más inteligentes, con más títulos, más cultivadas, más refinadas o más importantes. Creemos que no tenemos derecho a hablarles salvo si tenemos algo nuevo, impactante u original que decir. De pronto, preferimos callarnos para no arriesgarnos a revelar nuestras lagunas o nuestra simpleza. Nos avergonzamos y no nos aceptamos.

• Cuando nos preguntan y queremos dar la respuesta adecuada a cualquier precio. Si no es así podemos sentirnos inútiles, humillados, degradados o incompetentes. No aceptamos que nos encuentren en flagrante delito de ignorancia.

• Ante la mirada de los otros, si creemos que tendríamos que saber bailar, bucear, nadar, catar vinos, conducir, jugar al *bridge*, al golf, etc. No sólo no lo haremos, lo que es nuestro derecho, sino que nos sentiremos mal por no hacerlo, lo que es absurdo.

• Dejar que nos critiquen o se burlen de nosotros. Ciertas personas tienen un temor cerval a ser objeto de bromas. «En las veladas a las que me invitan en seguida detecto a los "bocazas" y hago lo posible para no relacionarme con ellos, no acercarme a ellos ni mirarlos, hablarles o sentarme a su lado.» Nos parece que no habría que tener (o mostrar) ningún punto débil que pueda suscitar comentarios, o bien gozar de la suficiente autoridad para disuadirles o replicarles.

¿Por qué en todas estas situaciones no nos concedemos simplemente el derecho de decir: «No lo sé», «No lo conozco», «Lo siento, no sé hacerlo», «No lo entiendo», «Es cierto, a veces este comportamiento es un poco absurdo o ridículo»? ¿Por qué no nos aceptamos?

No nos aceptamos porque estamos convencidos de que hacerlo comporta un riesgo. Un peligro hacia nosotros mismos: «Aceptar es abandonarme». Un peligro procedente de los demás: «Aceptar nuestra parte frágil y vulnerable es exponernos a la crítica, a la condena y al rechazo». Al no hacerlo agravamos la situación: no aceptarse es una estrategia de evitación. Como todas las evasiones, preserva la convicción de que si nos mostramos nos pondremos en peligro, especialmente admitiendo o revelando los límites y puntos débiles.

PRÁCTICA DE LA ACEPTACIÓN DE UNO MISMO

He aquí cinco grandes aspectos que hay que trabajar con regularidad:

1. SER CONSCIENTES. A menudo ni siquiera nos damos cuenta de nuestras reticencias a la hora de aceptarnos: nuestras reacciones de irritación u ocultamiento nos parecen normales y acabamos por dejar de prestarles atención. La primera etapa (dolorosa) consiste en tomar conciencia. Cada vez que nos hiere un contratiempo, cada vez que nos justificamos ante un comentario, cada vez que nos enerva un fracaso. Seamos conscientes de lo que ocurre en nosotros: normalmente estamos a punto de decirnos «no».

2. DECIR SÍ. Acostumbrarnos a decir «sí» en nuestra mente. A reconocer que las cosas no suceden como yo deseo, y aceptarlas como son. Decirse: «Sí, es así aunque me moleste. Lo primero y lo mejor que puedo hacer es, ante todo, aceptar que esto es así». No tratar de evadirnos, en cualquier caso no inmediatamente: no negar, minimizar o justificar. Los filósofos estoicos de la Antigüedad, como Marco Aurelio, se obligaban a cultivar una cierta distancia con los estados de su alma: «Si una idea te molesta, reconócela y disponte a examinarla».

3. PERMANECER EN LA SITUACIÓN PRESENTE. No abandonarse a rumiar la injusticia o los perjuicios. No ahogarse en uno mismo. No exagerar ni dramatizar, limitarse al contexto de la situación y desprenderse del temor. En general, tras el rechazo de los propios límites y fracasos hay miedo: miedo a la mediocridad (a nuestros propios ojos) o a la etiqueta de mediocre (a ojos de los demás). La finalidad de la aceptación de uno mismo consiste en permitirnos volver a la realidad de la situación y continuar actuando e interactuando. Para ayudarnos podemos utilizar pequeñas frases protectoras: «Cuídate», «No

multipliques tu dolor», «Acepta y actúa», etc. Todos utilizamos frases semejantes, porque las encontramos hermosas o
porque nos fueron legadas por alguien de confianza, a quien le
fueron de utilidad en un momento crucial.

4. TRABAJAR PARA ACEPTAR LA IDEA DE LO PEOR, LO QUE NO
EQUIVALE A DESEARLA O RESIGNARSE A ELLA. Si es necesario,
ir hasta el extremo, desarrollar el escenario completo de
nuestros temores: fracaso total, rechazo absoluto… Como en
los trastornos ansiosos severos, el interés de los ejercicios de
contemplación de "lo peor que pueda pasar" es grande: ¿de
qué tengo miedo? ¿Cuál es el riesgo? ¿Y lo peor? Un poco
como los hombres de otra época que recomendaban contemplar imágenes de la muerte, no para ser más fuertes ante ésta
(algo ridículo e incontrolable), sino para controlar el miedo a
la muerte. Lo mismo sucede con el miedo al rechazo y a la
degradación social: no temblar frente a las eventualidades.
La meditación es una buena herramienta para ayudarnos en
estos ejercicios. También presenta la ventaja de ayudarnos en
la regulación emocional y a tomar distancias en relación con
los pensamientos dañinos. La técnica de meditación conocida como *plena conciencia* ha sido objeto de un gran número
de trabajos en materia de psicoterapia. Sin duda representa
una de las mejores herramientas de cara a que la aceptación
de uno mismo se convierta en una especie de automatismo
mental.[2]

5. ACEPTAR TAMBIÉN EL PASADO. Hemos visto que es necesario evitar ahogarse en la "ciénaga del pasado", a la que nos
quieren devolver nuestros sufrimientos mediante el rencor y el
lamento. Si nuestro pasado se nos impone así, a través de los
acontecimientos del presente, si las emociones de antaño vuelven como fantasmas insistentes, es porque no las hemos aceptado. Cuando decimos que hemos hecho las paces con nuestro
pasado, esto no significa que hayamos olvidado: hoy sabemos

que nuestro cerebro no olvida nada. Lo conserva todo en la memoria. Por tanto conviene "limpiar" los recuerdos dolorosos de su carga emocional, trabajando en ellos del mismo modo que con nuestros temores, como hemos dicho anteriormente. Observarlos y percibir su impacto en nosotros hasta la extinción del exceso de emociones desagradables. Si uno de nuestros padres, o ambos, fue violento con nosotros, es necesario poder "repasar la película", como dicen los pacientes, sin temblar, llorar ni sumirnos en la cólera. Cuanto más terribles sean los dolores del pasado, más útil será que este trabajo se realice con ayuda de un psicoterapeuta. En el origen de cierto número de problemas de autoestima hay graves acontecimientos, como incestos o violencia física o sexual: en estos casos es preferible seguir una psicoterapia. El perdón, del que volveremos a hablar, es la mayor llave para liberarse del pasado y descansa fundamentalmente en la aceptación de lo que hemos sido: renunciar a juzgar o a odiar, aceptar y comenzar a vivir.

LA ACEPTACIÓN DE UNO MISMO FUNCIONA

La eficacia de estas técnicas de aceptación de uno mismo comienza a demostrarse en diferentes trabajos.

Ante pensamientos intrusos relacionados, por ejemplo, con un fracaso, se ha demostrado que la represión provoca estrés mientras que la aceptación facilita un mayor bienestar emocional.[3] Normalmente, la técnica de aceptación no disminuye el número de pensamientos intrusos, pero sí su impacto emocional: el proceso interviene en el interfaz entre pensamiento («He fracasado») y consecuencia del pensamiento («No es normal, soy un inútil»). Así pues, la consigna es reconocer el fracaso de inmediato (en lugar de intentar minimizarlo, negarlo o pensar en otra cosa) o la impresión de fracaso para evitar que esto desencadene un proceso de pensamientos negativos sobre uno mismo, la vida, la injusticia, la mala suerte, etc.

En el transcurso de un trabajo de investigación[4] acerca de los mecanismos para "digerir" estas dificultades, se propuso a una serie de voluntarios que pensaran en un fracaso bien de manera "experiencial" (es decir, con la consigna: presta atención a lo que pasa en ti en el momento del fracaso, momento a momento: emociones, pensamientos, reacciones...), bien de manera evaluativa (reflexiona sobre las causas, significados y consecuencias de este fracaso), y a continuación observar el impacto de estas consignas. El pensamiento evaluativo (abundar en pensamientos del estilo: ¿por qué? ¿y ahora qué?, etc.) producía más impotencia y sufrimiento emocional que el pensamiento experiencial (dejar que emergieran a la conciencia recuerdos de la situación). El estudio también mostraba que la diferencia era aún más clara en los voluntarios que se describían como "rumiantes", es decir, los que tamizaban fácilmente las dificultades de la vida. Los ejercicios de aceptación serán más fáciles y útiles con ellos.

La aceptación de uno mismo se utiliza asimismo en el tratamiento de dolores físicos crónicos,[5] en los que se sabe que el rechazo (comprensible) del sufrimiento agrava este último. De hecho, todos los dolores pueden beneficiarse de ello, porque *la aceptación es una herramienta adaptada precisamente no para suprimir el sufrimiento, sino para limitar su extensión a toda la persona.*

Otro tanto ocurre con la autoestima. La mejor manera de evitar que una pequeña herida en nuestro amor propio se convierta en un desamor global, un rechazo de nuestra persona, y provoque un abatimiento de la autoestima consiste en aceptarla como lo que es: una herida del amor propio, basada o no en un elemento real.

¿Cómo aceptar problemas "reales"?

Los dolores, físicos o morales, que regula la meditación son verdaderos dolores. La meditación no los suprime. Sólo limita su influencia en la persona que sufre. Sin embargo, la aceptación de uno mismo también debe concernir a las fuentes de los dolores de una autoestima enferma, que también son muy reales. Por ejemplo, no corresponder a la norma social: no tener trabajo siendo adulto, no tener pareja a los cuarenta, no tener hijos siendo mujer.

Así pues, tener complejos en relación al oficio es una cosa: infravalorarse porque "sólo" se es obrero o fontanero en una asamblea de ingenieros, o médico de cabecera en una reunión de cirujanos, etc., se puede comprender, pero hay que combatirlo. «No hay trabajo tonto», se dice. No obstante, en las personas con un gran fracaso profesional, la vergüenza y los límites de cada uno adoptan formas aún más graves. Se avergüenzan de no tener estatus. Por tanto, temen las salidas o los contactos sociales, porque lo habitual es preguntar: «¿A qué te dedicas?». Responder: «A nada» es, en efecto, doloroso. ¿Qué podemos hacer? ¿Cambiar de tema? La evasión puede no funcionar y crear malestar en el interlocutor. Puede funcionar, pero nos plantearán la pregunta algo más tarde. ¿Mentir o responder con evasivas? Será peor si la otra persona toma la confusión de nuestras respuestas por modestia e insiste aún más. O si habla de nosotros a alguien que nos conozca bien... La no aceptación es entonces un agravante. Pero la tentación es tan grande que la mayoría cae en ella. La única solución a largo plazo es la aceptación: decir que efectivamente no tenemos trabajo en este momento (o amigos, o pareja...), aceptar que el otro tiene derecho a plantearme esta pregunta, anodina para él y dolorosa para mí.

Recuerdo a Yanne, una paciente y madre de familia (por lo demás excelente en este rol social) cuyo marido era arquitecto. Sufría mucho por no trabajar: una agorafobia severa se lo había impedido durante muchos años; finalmente logramos curarla, pero este trastorno le había impedido cursar estudios o construirse una carrera en relación con sus posibilidades. Esta enfermedad también había minado su autoestima: a pesar de un contacto fácil, vivo e inteligente, permanentemente se planteaba dolorosas preguntas sobre su valor y la opinión que los demás se hacían de ella. «Todo el mundo me considera una burguesa empedernida, perezosa y estúpida.» Cuando le preguntaban: «¿A qué te dedicas?», eludía la respuesta. Si le echaban una mano: «¿Trabajas con tu marido?», asentía, se sentía aliviada y cambiaba hábilmente de tema, temiendo que preguntas más precisas descubrieran su subterfugio. Acababa por detestar a la gente por su falta de imaginación: «¿Por qué siempre se plantea esa pregunta estúpida nada más conocer a una persona? ¡Como si sólo fuéramos nuestro oficio!». Exacto, pero no es tan sencillo sostener una conversación: hablar del trabajo es una solución fácil, desgraciadamente muy dura para los parados y quienes sufren por no tener profesión.

¿Cómo procedimos con Yanne? Ante todo sobre la evidencia de tener que enmascarar que no trabajaba, lo que no fue fácil: «No es sólo un pensamiento, hay gente que te juzga por ello; si no trabajas, para ellos eres un incapaz, un veleidoso o un parásito». Efectivamente, esto puede ocurrir, pero no con todos los interlocutores y no siempre. Una vez más, la aceptación de uno mismo, y la revelación que deriva de ello, no debe entenderse como una obligación rígida: es sólo una opción que nos hará progresar y que conviene activar cada vez que sea posible. El objetivo es lograrlo de manera flexible. Al principio Yanne era ajena a la flexibilidad: *nunca* revelaba espontáneamente que no trabajaba (al igual que tampoco otros "defectos" que pensaba tener), y cuando tratábamos este tema, ella tenía la impresión de que significaba que tenía que contarlo *siempre*... A fin de establecer las muchas situaciones posibles, elaboramos una lista bastante larga de las personas con las que podría encontrarse y hablar, de todas las circunstancias y momentos en los que esto pudiera suceder. A continuación, y en función de estos diversos contextos, formamos a Yanne en el modo de hablar, ni lastimero ni humillado, a través de juegos de rol en los que presentamos varias maneras de hablar de uno mismo: «¿Qué hago en la vida? Ése es justamente mi problema; en este momento deambulo buscando trabajo; no es asunto fácil para mí. Pero me obligo a hablar de ello por muchas razones: en primer lugar porque es así, y no tengo por qué mentir a este respecto; en el peor de los casos es mejor decir que no queremos hablar de ello. También porque gracias a esto los demás pueden ayudarme proporcionándome eventuales consejos o pistas con los que encontrar trabajo. Por último, y sobre todo, porque si lo oculto aumentará mi vergüenza y esto no acabará nunca».

En la actualidad, Yanne ya no se molesta con las personas "que plantean preguntas indiscretas". Además, al fin ha encontrado trabajo.

¿RIESGOS EN LA ACEPTACIÓN DE UNO MISMO?

La propia aceptación nos es tan difícil porque en nuestra mente la relacionamos con diversos temores, entre los que se encuentran:

• El temor a la autocomplacencia, a resignarnos y debilitarnos. «Lo que me plantea un problema no es aceptarme, sino aceptarme mediocre», me decía un día un paciente. Sin embargo, el problema está ahí: en ciertos momentos de nuestra vida, todos somos mediocres. *El hecho de que a veces nos comportemos de forma mediocre no significa que seamos individuos mediocres.* Reconocer esto nos hace lúcidos. Ser capaz de reconocer la propia mediocridad en ciertos momentos, sin contentarnos con ella, es ser menos mediocre... A todos nos toca actuar al margen de nuestros ideales y deseos. Lee las biografías de los grandes hombres a los que admiras: todos conocieron dudas, cometieron errores, a veces fueron injustos e hicieron daño o actuaron estúpidamente. A pesar de ello podemos seguir admirándolos y queriéndolos.

• El temor a convertirnos en seres débiles, sin sabor ni color. He observado que esta reticencia a menudo proviene de personas con una estima elevada pero inestable, que prefieren considerar sus iras y excesos como pruebas de personalidad, aunque su entorno sufra las consecuencias. En realidad creo que se trata de dos problemas diferentes: el aumento de serenidad que genera la aceptación de uno mismo no se traduce en un menoscabo de la personalidad; libera a la persona de algunas de sus emociones patológicas.

• El temor a que esto uniformice a los individuos, es decir, el temor a un universo formateado, donde gracias a la propia aceptación todos viviríamos tranquilos y serenos. Este tipo de temor es más teórico que otra cosa. Visto el estado psicológico actual de la mayoría de los seres humanos, esto nos proyecta muy, muy, muy lejos en el futuro.

La mayoría de estos temores son "teóricos" y en la práctica infundados. Dependen de las creencias implícitas que nuestra familia o nuestra sociedad nos han inculcado: ser duro con uno mismo permite progresar; mejor no actuar si vamos a hacerlo mal; hay que buscar siempre la perfección... Estas creencias son nocivas si las aplicamos sin distancia ni flexibilidad. La aceptación no nos empuja a renunciar a valores importantes para nosotros mismos, sino a no convertirnos en la víctima o el esclavo. Por último, advirtamos a los intranquilos que las psicoterapias no modifican completamente la personalidad de fondo, sino que tan sólo ayudan a afrontar de otro modo los rasgos de personalidad y las exigencias internas excesivas que nos plantean problemas. Es la diferencia entre una psicoterapia de libre elección y un adoctrinamiento sectario.

EL DISCERNIMIENTO EN LA ACEPTACIÓN DE UNO MISMO

Recordemos una vez más la evidencia: la aceptación de uno mismo no sustituye a nada. No sustituye al hecho de vivir, actuar, disfrutar, sentir las emociones, refunfuñar, saltar de alegría... *Es un valor añadido a todo esto. Su divisa no es "aceptar o actuar", sino "aceptar para luego actuar".* Entrenándose, como hemos visto, acostumbrándonos paulatinamente a la lucidez e idiosincrasia de la acción tras la aceptación. Así, la aceptación de uno mismo en ningún modo nos incita a renunciar a los esfuerzos de cambio que nos parezcan necesarios. Nos ayuda a realizarlos en la calma y la benevolencia hacia nosotros mismos. Como estos esfuerzos de evolución personal duran toda nuestra vida, comprendemos la necesidad de la aceptación de uno mismo para vivir y crecer en un próspero clima interior. Es la única posibilidad de que siga siendo agradable trabajar en nosotros mismos a largo plazo. La única filosofía de vida posible en la relación con nuestro ser. El único modo que permite que el trabajo de la autoestima sea un placer y no una violencia o una represión.

10. NO JUZGARSE

«Juzgar significa no comprender.»
ANDRÉ MALRAUX

Nos equivocamos siempre, o casi siempre, cuando pretendemos juzgarnos a nosotros mismos. Sobre todo en las situaciones en que está en juego la autoestima.

CREO OBSERVARME, PERO EN REALIDAD ME JUZGO...

Ninguna mirada a nuestro interior es neutra. Así, la autoestima es, en su esencia, un juicio: observamos y juzgamos. Es incluso un *doble juicio*, o un *juicio bajo presión*, como queramos, porque de hecho está lastrado (o *contaminado* o *estresado*) por el juicio de los demás: nos juzgamos a partir de lo que creemos que es el juicio de los demás, con razón o equivocadamente. El fantasma de la mirada ajena nos empuja a juzgarnos y nos somete a presión.

Así pues, el primer problema consiste en que nos juzgamos en lugar de analizarnos y comprendernos. Segundo problema: normalmente ese juicio es muy severo. ¿En qué consiste juzgar? En relacionar un hecho con un valor. Y los valores de las personas con problemas de autoestima son nocivos por elevados y rígidos: su deseo de perfección acalla su deseo de protección.

¿Por qué esta tendencia a juzgarnos a nosotros mismos y nuestros actos, antes incluso de cualquier forma de análisis y comprensión, y a veces incluso *en lugar de* toda forma de análisis y comprensión?

EL PROBLEMA: LA CRÍTICA INTERIOR

Lo que en psicología se conoce como "crítico interior" consiste en los juicios constantemente negativos y restrictivos, esta autocrítica casi constante. Una deformación permanente y parcial de todo lo que nos ocurre, tanto éxitos como fracasos: «Soy culpable de los fracasos, los éxitos se deben al azar. Los fracasos son absolutos, los éxitos relativos (siempre hay algo que decir). El fracaso es para siempre, el éxito temporal».

¿Cómo soportamos esto? Porque creemos que es una forma de lucidez y exigencia. O lo que es peor, una severidad que nos será beneficiosa. ¿Lucidez severa? De hecho, el crítico interior sólo adopta el rostro de la honestidad y la lucidez. Como todos esos verdugos que tratan de hacerse pasar por amigos justos pero severos. Esta tendencia a la autocrítica feroz no es sino una caricatura de un fenómeno normal de distanciamiento y exigencia, pero sin benevolencia ni flexibilidad y al precio de muchos errores: dramatizar, generalizar, extraer conclusiones sin pruebas, imponer exigencias ilusas como evidencias... *El crítico interior hace pasar por información lo que no es más que auto-intoxicación.* Nunca aprende del fracaso de sus predicciones: cuando sus «eso no funcionará» quedan invalidados, guarda silencio o destila la hiel de «No durará, es inútil alegrarse». Sin embargo, triunfa cuando sus predicciones se cumplen: «Ya te lo había dicho».

El crítico interior está siempre activo. Predicciones antes de la acción: «Es inútil intentarlo, no funcionará». Comentarios durante su desarrollo: «Verás cómo lo haces mal». Conclusiones después: «Has estado patético». Es como un *verdadero enemigo íntimo en nosotros mismos.*

Este enemigo somos, evidentemente, nosotros mismos. En cualquier caso somos nosotros quienes le damos vida, lo escuchamos, lo hospedamos, le obedecemos y creemos. Acabamos por no tener ninguna distancia y creer que esos pensamientos estereotipados son fundados y justos. Por ello en terapia utilizamos esta imagen del "crítico interior", para introducir un poco de distancia respecto a ese mecanismo que se embosca en el corazón de nuestro ser. Otro modo de describirlo es el término "radio-crítico":[1] esa oleada constante de auto-verbalizaciones negativas se parece, en efecto, a una *emisora de radio veladamente ubicada en un lugar recóndito y que nadie pretende apagar ni escuchar atentamente para advertir que sólo emite horrores y exageraciones.* Alucinante auto-exageración. ¿Cómo explicar que tardemos tanto en comprenderlo y cambiarlo?

«A FUERZA DE PENSARLO ACABAMOS POR CREERLO»

¿De dónde viene el crítico interior? Normalmente, de lejos: si ya no prestamos atención al carácter exagerado y estereotipado de esos razonamientos es porque nos acompañan desde hace mucho.

A menudo deriva de un discurso paterno interiorizado:

–nuestros padres mantuvieron un discurso represor de un modo continuo, disuadiéndonos permanentemente de actuar o alegrarnos;

– o bien lo mantenían respecto a sí mismos, verbalizando en voz alta (o a gritos) sus propias críticas interiores: «¿Por qué me he metido en este lío?», «No tenía que haberlo intentado», «Esto es un desastre», «Es una catástrofe...»;

– o bien nos lo enseñaron como un valor esencial en la relación con uno mismo («No estar nunca satisfecho de uno mismo», «Criticarse siempre para avanzar»).

Más tarde, nuestros maestros en la escuela y nuestros superiores jerárquicos en el trabajo pueden haber tomado el relevo de *este género de discurso que transmite siempre la insatisfacción con uno mismo*. También puede participar nuestro entorno, nuestros amigos o nuestra pareja. A veces con gran amabilidad y buena fe: «Si te digo eso es para ayudarte, no te lo tomes a mal».

Una vez más, el problema no es recibir mensajes de crítica o cuestionamiento. Esto es normal y útil, y hay que saber escuchar estos mensajes y aceptarlos. El problema estriba en recibir *sólo* este tipo de mensajes, de manera constante y destilada, casi natural. El crítico interior es tanto más nocivo cuanto más habituados estamos a él y menos atención prestamos a su naturaleza. Por su permanencia y discreción, hay que olvidar su carácter parcial y erróneo. Bajo la máscara de la lucidez y la honestidad, el veneno.

El veneno del juicio sobre nosotros mismos cuando emana de una autocrítica ciega

Desgraciadamente, esta autosugestión negativa se revela eficaz y alimenta una buena parte de los problemas de la autoestima.

Gracias a ella no extraemos ningún beneficio de nuestras experiencias vitales positivas, porque todo éxito o reconocimiento inmediatamente pasa por el filtro de la crítica parcial: «ilusorio», «no durará», «en el fondo no es tan importante».

Contrariamente a lo que pretende hacer creer, el crítico interior no nos ayuda a progresar en el ámbito de nuestra personalidad global. Tan sólo es un discurso disuasorio y represivo que nos arrastra a temer, temblar, alterarnos y no estar nunca satisfechos. No nos impulsa hacia arriba: un discurso crítico constante no incita a nadie a mejorar, tan sólo lo empuja a un mayor nivel de estrés y más inhibiciones, insatisfacciones y tensiones. Y una menor autoestima.

El crítico interior obedece a una lógica de perfeccionismo patológico e ineficaz. Aun cuando a veces puede ayudar a conseguir los objetivos en ámbitos limitados y bien definidos (rendimiento escolar, profesional, deportivo), al introducir una fuerte presión, su coste emocional es muy notable y se revela muy estresante. En realidad debilita la autoestima global. En las personas con un elevado nivel de autocrítica también encontramos disforia (un estado de ánimo frecuentemente melancólico y abatido, con arranques de angustia e irritabilidad), vulnerabilidad al estrés (rápidamente nos desestabilizan los pequeños elementos estresantes de la vida cotidiana), frecuente sentimiento de impotencia («No es posible, nunca podré enfrentarme a ello»), etc.[2] ¿Qué valor tienen los éxitos obtenidos en semejante atmósfera psicológica?

La crítica interior también actúa como un filtro que aleja de nosotros los beneficios de nuestros éxitos (las tentativas de auto-felicitación nos resultan poco creíbles) al recordarnos sin tregua nuestros fracasos (los auto-reproches se consideran inmediatamente razonables y merecidos).[3]

Así, ¿qué podemos hacer para limitar y poner en su justo lugar esta tendencia a la autocrítica ciega, injusta y excesiva?

¿Cómo practicar una autocrítica útil?

Condillac, discreto filósofo de la época de las Luces, preocupado por la lucidez en la relación entre pensamientos y emociones, proponía lo siguiente: «Evitar el error sorteando el juicio». Tarea difícil, pero al menos podemos manifestar una mayor vigilancia en relación con los pensamientos cuyo objeto somos nosotros mismos.

Una información neutra y benévola ayuda a transformarnos más que un juicio parcial y agresivo. Para avanzar será necesario aprender a criticarnos de otro modo; hacerlo con mesura. Como hemos visto, sólo evolucionamos correctamente a partir de la aceptación de nosotros mismos, con nuestros errores y limitaciones. Más tarde, y sólo entonces, llegará el tiempo del juicio, crítico o favorable.

Ante toda activación de la tendencia a la autocrítica es necesario efectuar, a la mayor brevedad posible, un trabajo de descontaminación y limpieza. En efecto, el "crítico interior" se alimenta de la confusión de nuestras emociones y se aprovecha siempre del pequeño desorden creado por nuestras inquietudes. Para afrontarlo mejor:

• *Debemos recordarnos que nosotros mismos producimos gran parte de nuestros sufrimientos.* Repetirnos: «No aceptes que una idea o pensamiento te turbe o te destruya. Reconoce tu inquietud en lugar de restarle importancia sin más o expúlsalo de tu mente pensando en otra cosa. Si tu miedo ha detectado un problema, ocúpate de él, pero con tranquilidad. Estar atento al miedo no es someterse a él, por el contrario. ¿De dónde viene el problema? ¿De mi imaginación? Es extraño. ¿De mi tendencia a la exageración? Es lo más frecuente».

• *Debemos establecer claramente la diferencia entre lo que ocurre (los hechos) y lo que pienso (mi interpretación),* allí donde el crítico interior pretende que se confundan ambas cosas y que su lectura del mundo usurpe al propio mundo. Los problemas de la autoestima provocan hipersensibilidad. Si tengo la impresión de que alguien no me aprecia, esto puede derivar de la frialdad de mi interlocutor, pero también de mi miedo a no ser apreciado por los demás o por esta persona en concreto. Esta concienciación constante, que separa la información y la observación (neutras) del juicio de valor (subjetivo), es indispensable para el desarrollo de la autoestima.[4]

• *Hay que mostrarse prudente con las conclusiones precipitadas* del crítico interior. Siguiendo con el ejemplo de un interlocutor frío, la autocrítica nos empujará a pensar y a sumarnos a ideas del tipo: «Ya ves que le resultas antipático o indiferente. Mejor dejarlo». Sin embargo, esta rápida idea puede inducir a muchos errores. Como un error de atribución: que alguien no se muestre cálido no tiene por qué deberse a nuestra presencia (puede haber una serie de problemas que lo empujen a mostrarse frío y distante). O una personalización: quizá esta persona es desagradable con otros muchos, no tiene nada ver conmigo. O incluso un sentimiento de impotencia a la hora de actuar: a pesar de todo puedo decidir seguir siendo amable («Veamos si puedo cambiar su manera de ser conmigo»), o dirigirme a personas más receptivas (en lugar de pensar que todo el mundo actuará del mismo modo).

• *Debemos reformular las auto-verbalizaciones.* No tolerar los términos radicales y definitivos: desastre, inútil, inaceptable, completamente fracasado… La eficacia de la técnica de la reformulación ha sido largamente comprobada en psicoterapia.[5] Además, es uno de los retos de las psicoterapias cognitivas de la autoestima.[6] Siguiendo con nuestro ejemplo, no obtendrás el mismo efecto si piensas: «No es muy amable este hombre. ¿Es cosa mía o depende de él?» o bien: «Es evidente que me detesta, me desprecia». Las formulaciones negativas y categóricas facilitan la violenta recreación de terribles escenarios de rechazo social. En cuanto se implanta una duda («¿Y si no caigo bien?») se transforma en certeza («Seguramente no caigo bien»). Una auto-verbalización útil es aquella que sin negar los hechos procura limitarse a lo real y no a lo supuesto, y separa bien la observación de la especulación.

• *Debemos comprender que las transformaciones se operarán lentamente, como todo cambio que atañe a nuestro yo más íntimo.* En primer lugar conviene entrenarse en situaciones poco comprometidas en el plano emocional, es decir, que no implican en exceso a la autoestima. A continuación, dedicarse a lo más delicado. *Aceptar el regreso habitual del crítico interior en nuestra mente. No perder la calma. Conducirlo suavemente a la puerta de salida.*

Lo que nos impide llevar a cabo esta tarea, técnicamente sencilla, de distanciamiento respecto a uno mismo es el hecho de que confundimos el discurso autocrítico con un discurso realista. Pero también que estamos convencidos, a menudo erróneamente, de ser buenos expertos en uno mismo, sobre todo en las situaciones "emocionalmente comprometidas". Este argumento nos incita a aceptar los reproches incesantes del crítico interior. El «me conozco bien» de las personas con baja autoestima a menudo es un error. En realidad, sólo conocen bien una parte de sí mismos: la que corresponde a sus debilidades. Lo demás lo conocen imperfectamente. Su entorno percibe sus cualidades mejor que ellos mismos.

Las reglas de la autocrítica eficaz son las mismas que las de las críticas que recibimos de los demás: por un lado, demostrar una aceptación global incondicional y una capacidad de autocrítica en los puntos esenciales («Eres un buen tipo, pero en esto te has equivocado»). Cuanto más precisa y menos global sea una crítica, más activará la reflexión y menos la emoción.[7] Por otra parte, debe mostrarse constructiva cada vez que sea posible, y no sólo crítica. Es la diferencia entre «lo has hecho fatal» (global y negativo) y «la próxima vez, trata de hacerlo mejor» (específico y constructivo).

Se necesita distancia y entrenamiento para lograr este discurso interior. Una regla podría ser no conceder una confianza ciega a nuestras intuiciones cuando nos encontramos en una situación en la que la autoestima está amenazada, sobre todo si normalmente somos críticos con nosotros mismos: toda autoevaluación quedará irremediablemente falseada por la presión sobre la autoimagen.[8, 9] No hay peor juez que nosotros mismos: los estudios confirman que cuando hemos cometido un error (o lo que nos parece que es un error) sobrevaloramos sistemáticamente la severidad de la mirada ajena.[10] Recordar esta realidad antes de abordar situaciones que nos inquietan, parece una buena regla. También saber hablarnos a nosotros mismos: *Cuídate: no te dejes impresionar por tus alarmas internas, que se activan equivocadamente ante amenazas mínimas o inexistentes; concéntrate en las situaciones; no te apresures a juzgar lo que ocurre; no te hagas daño, no te sumas en tus temores.*

No doblemos el dolor: es inútil reprocharnos que nos hacemos reproches

A menudo nos vienen a la mente reproches acerca del hecho de obsesionarnos con nosotros mismos: «Harías mejor en relativizarlo todo y darte cuenta de que hay gente mucho más infeliz que tú en lugar de enfangarte en ti mismo…». Estos *reproches sobre el reproche* son clásicos; en los trastornos emocionales encontramos estas "emociones al cuadrado", estas "emociones a propósito de la emoción", "este rumia de la rumia": en la depresión (nos aflige nuestra tristeza), en los estados ansiosos (nos inquieta no poder controlar nuestra inquietud), o fóbicos (nos da miedo tener miedo). A menudo, el entorno propone una revisión de las preocupaciones cotidianas… para que esto funcione hay que sentirse, ante todo, aceptado y tranquilo. Además, no considerarse estúpido por tener que recordar siempre que hay que pensar en cosas *graves* para no ahogarse en los *pequeños* problemas. ¿Creemos que somos el centro del mundo? El ser humano es así. No es una vergüenza tener problemas, ni entristecerse, y tampoco no enmendarse y seguir sufriendo. Simplemente hay que actuar: como en la limpieza o el cuidado de un jardín o de una casa, apartar suavemente las torturas que nos infligimos es un trabajo que nunca acaba.

11. HABLARSE

«Cuando se dice que no nos importa algo, es que nos importa.»
HENRI DE TOULOUSE-LAUTREC

Nuestra vida interior... Todos estos pensamientos, todos esos recuerdos, esas imágenes, esos diálogos con uno mismo... La pequeña música del yo: cómo nos hablamos. Desgraciadamente, cuando aparecen problemas de autoestima, esa melodía es confusa y negativa.

DIALOGAR CON UNO MISMO NO ES SÓLO UNA IMAGEN

Platón decía que «pensar es hablarse a sí mismo». Así, nuestra vida interior está hecha de imágenes, impresiones, emociones y pensamientos más o menos precisos que producimos nosotros mismos. En ausencia de respuesta, progresivamente adoptamos la costumbre de no conferir una forma precisa a esas producciones de nuestro espíritu, de las que somos a un tiempo la fuente y el receptor. ¿Merece la pena aclarar esos murmullos confusos y esos rumores interiores?

Normalmente, en los problemas de autoestima se observa una ocupación del espacio del pensamiento por obsesiones melancólicas o derrotistas. Pensamientos negativos y oscuros, pobres, repetitivos. Su efecto de erosión es lento y no les prestamos demasiada atención. Sólo escapamos de ellos distrayéndonos: mediante la lectura, viendo la televisión, llenando nuestra mente de otra cosa, o vaciándola, lo que en cierto sentido es menos pernicioso.

En esos momentos de automatismo mental y piloto automático de nuestros estados anímicos y de conciencia, no pensamos realmente: mascullamos. Nos habitan vagas intenciones que bautizamos como "proyectos". Confusas rumias que definimos como "pensamientos". El problema consiste en que ese murmullo impreciso desempeña un papel más importante de lo que en principio creemos: condiciona buena parte de nuestra auto-satisfacción, nuestra moral, nuestros atrevimientos y nuestras renuncias. *Como una especie de geniecillo malévolo e inhibidor, subido a nuestro hombro, que nos incitara a gemir más que a actuar, a renunciar más que a avanzar.*

SALIR DEL CONFUSO MURMULLO DE NUESTRA ALMA

A propósito de nuestro pensamiento, cuando vaga en este intervalo, sin llegar a ser pensamiento voluntario que tiende a la resolución de un problema, ni pensamiento activo para la construcción de un proyecto, el filósofo André Comte-Sponville habla del «murmullo confuso de nuestra alma». La fórmula es exacta y hermosa. Aclarar este murmullo confuso, hacer un verdadero uso de él (y no padecerlo), convertir el pensamiento en herramienta cuando nosotros mismos somos su objeto, no es en absoluto baladí.

No lo hacemos solos, o muy rara vez, porque no sabemos cómo hacerlo, porque no nos lo han enseñado. Además, es extraño que alguien se hable a sí mismo. Antaño era síntoma de locura, y no de sabiduría: sólo los locos se abandonaban a esa costumbre. En la actualidad se ha convertido en una práctica común en la calle: pero normalmente se trata de personas que hablan por teléfono con un auricular. A fin de aprender a hablarnos a nosotros mismos, a menudo acudimos a un psicoterapeuta, no sólo para hablar de *nosotros*, contrariamente a lo que cree mucha gente, sino también para hablarnos *a nosotros mismos*. Creo que parte de la eficacia de la psicoterapia proviene de eso: visitar regularmente a alguien cuyo trabajo consiste en hacernos reflexionar sobre nosotros mismos, y que nos ayuda a librarnos de ese murmullo confuso, de esas aproximaciones, costumbres y prejuicios de nuestra vida diaria; que nos ayuda a pensar, es decir, a no rumiar vagamente, sino a construir frases, utilizar palabras y precisar nuestras difuminadas intuiciones o sensaciones. A buscar cómo se han construido nuestras dificultades, cómo se mantienen y lo que nos decimos a nosotros mismos. Salimos del ejercicio, al menos cuando la terapia surte efecto, con una reforzada capacidad de autorreflexión. No hay que sobrepasar la dosis, tanto en este campo como en otros. Hay otros temas de reflexión que nos son necesarios. Una terapia interminable puede obsesionarnos. No obstante, una terapia exitosa nos proporcionará esa valiosa capacidad de diálogo con nuestro fuero interno. Sin embargo, también podemos no acudir a un terapeuta, que es lo más frecuente.

EL ARTE DE HABLARSE A SÍ MISMO

Durante mucho tiempo, la relación con uno mismo pasó por la filosofía o la espiritualidad. Los primeros en entregarse a ella fueron los filósofos estoicos: Epícteto, Marco Aurelio y Séneca nos legaron obras en las que testimonian sus esfuerzos para esclarecer sus pensamientos y aquietar su alma. Más tarde, los pensadores cristianos, por ejemplo san Agustín en sus *Confesiones*,[1] se entregaron a este ejercicio con el mismo objetivo de mejora de uno mismo, pero a través de la sumisión a la voluntad divina. Después se forjó la usanza de los ejercicios espirituales de la tradición católica; los más célebres son los de san Ignacio de Loyola.[2] Así, este último escribía: «Con la expresión de ejercicios espirituales se entiende todo modo de examinar la propia conciencia, y también de meditar, contemplar, orar en silencio o en voz alta, y por último desarrollar el resto de actividades espirituales, que se enumerarán a continuación. *Al igual que pasear, caminar y correr son ejercicios espirituales, preparar y disponer el alma [...] son ejercicios espirituales*».

Cuando intentamos practicar estos ejercicios hay tres observaciones a tener en cuenta independientemente del contexto, laico o espiritual:

1. Al principio es inmensa y sorprendentemente difícil.
2. Se aprende y existen reglas.
3. Nos ayuda.

Haz la experiencia. Inténtalo: deja este libro y piensa en lo que quieras. Por ejemplo, puedes hacer como los niños: una pequeña oración para pedir un deseo o dar las gracias a alguien. O piensa en lo que quieres hacer con tu vida. Trata de precisar las palabras, encadenar las ideas y no permanecer en una intención vaga e indeterminada. No *intentes* "pensar en...": hazlo de verdad. Observa cómo el ejercicio no es tan fácil como parecía y cómo tu pensamiento vagabundea buscando un apoyo exterior. Sería mucho más fácil si alguien te planteara preguntas, te obligara a precisar tu pensamiento y te condujera suave y paulatinamente a la reflexión, en lugar de abandonar tu mente a la deriva y pensar en otras mil cosas.

No es sorprendente que sea difícil. Siempre nos hablamos a nosotros mismos, pero lo hacemos confusamente. Una conversación superficial y estereotipada, un mascullar que abandonamos a su suerte...

¿Qué puede ayudarnos?

Los encuentros con uno mismo: diario íntimo y tiempo de meditación

Numerosos autores han subrayado el interés psicológico de esa "escritura del yo" que representa el diario íntimo.[3] Esto ha sido claramente demostrado en el caso de personas que han vivido acontecimientos traumatizantes o muy dolorosos.[4] Se acota lo que resultaba eficaz: escribir no sólo sobre los acontecimientos, sino también sobre el impacto que ejercen en nosotros, nuestros pensamientos, emociones, y el vínculo entre ambos. Normalmente se observa que a corto plazo escribir sobre acontecimientos penosos y pensar en ellos puede aumentar el dolor o suscitar emociones desgarradoras, pero los beneficios son sistemáticos a largo plazo.[5] Es deseable que el ejercicio sea regular, si no cotidiano.

Por otro lado, no estamos obligados a escribir cada día. Por la mañana o por la noche podemos reservarnos unos momentos para pensar en nosotros: ¿qué me ha ocurrido hoy?, ¿ha sido agradable o no tanto?, ¿qué he aprendido?, ¿cómo me he portado conmigo mismo?, ¿y con los demás?, etc. Este tipo de preguntas se dan de un modo evidentemente personalizado en función de las necesidades y también de las creencias de cada cual... En una ocasión diseñamos, junto a un paciente, un método que él denominó "SAMG": «Sí,

Ahora, Mañana, Gracias». Todas las noches dedicaba unos minutos a reflexionar en cuatro etapas:

• *Sí* para la "aceptación". Dejo que mi conciencia se inunde con todo lo que me ocurre en el presente, los acontecimientos y mis reacciones ante éstos, y los acepto sin juzgar o reaccionar de inmediato.

• *Ahora* por «¿Qué hago entonces en el preciso momento en que me alcanzan estas emociones y pensamientos?». Calmarme, reflexionar y abandonar los pensamientos insidiosos.

• *Mañana* para lo que deseo hacer mañana respecto a mi situación y las reacciones que suscita en mí.

• *Gracias* por un pequeño ejercicio de gratitud hacia un momento del día, una palabra o gesto de alguien que han constituido algo agradable (más tarde hablaremos de este tipo de ejercicio).

La ventaja de ejercicios "diseñados" como el precedente consiste en que simplifican la tarea al estructurarla y nos fuerzan a elucidar nuestra experiencia íntima, mezcla de impresiones, imágenes, sentimientos confusos y pensamientos vagos. En estos ejercicios se recomienda siempre formular claramente las frases, preguntas y respuestas... Parece ingenuo, pero hacer el esfuerzo de articular las frases logra que nuestro pensamiento se defina y podamos trabajar con él. Las palabras forman y modulan la realidad. Si en tu infancia, en caso de error o torpeza te decían (o repetían): «¡Pero mira que eres inútil! ¿Qué habré hecho para tener un hijo tan estúpido?», esto seguramente no tendrá el mismo efecto que: «Pon cuidado, por favor. Hazlo más lentamente y verás cómo te saldrá mejor». El impacto de las formulaciones sobre la autoestima es considerable, tanto más cuanto que estamos activados emocionalmente.

Los más grandes escritores se consagraron a esta "escritura del yo".[6] Al someternos a ella, pronto advertiremos que estos ejercicios de escritura, sobre todo en el caso del diario íntimo, son también ejercicios de humildad: a veces nos revelan el vacío de nuestros pensamientos o su falta de originalidad o densidad. Llevados por la emoción del momento a veces tenemos la impresión de una "idea genial". Dediquemos unos minutos a ponerla sobre el papel o verbalizarla, y ya no es tan genial. ¿Es doloroso? Sin duda. ¿Acaso es mejor conservar de por vida la ilusión de que habríamos podido ser un gran espíritu o un filósofo? Es discutible…, pero el precio que hay que pagar (desilusión respecto a nuestras eventuales capacidades literarias o rasgos de genio) no es muy alto en comparación con lo que ganamos: claridad y densidad de pensamiento. La autoestima no necesita alimentarse de falsas ilusiones sobre sus propias capacidades.

¿Cuándo debemos entregarnos a estos ejercicios? Todas las escuelas de filosofía o espiritualidad recomiendan dedicarles un tiempo específico, especialmente por la mañana o la noche. Por la mañana, levantarse unos minutos antes, respirar por la ventana y hablar con nuestro yo. Por la noche, en lugar de coger un libro o revista (o peor, languidecer ante el televisor), echarse y reflexionar sobre el día en los términos pactados… Recuerdo un cursillo de meditación aplicado a la psicoterapia que realicé junto a una veintena de colegas de diferentes países de Europa en la paz de las montañas suizas. Una consigna muy útil consistía en que tras la meditación teníamos que volver a nuestras habitaciones y no hablar, leer, telefonear o escribir… hasta la mañana siguiente. Así pues, había que… no hacer nada, pensar, meditar. La primera noche todos estábamos un poco desorientados. Esta sencilla consigna me hizo comprender a través de la experiencia (y no sólo intelectualmente, porque ya estaba convencido) hasta qué punto las "distracciones" de nuestra vida cotidiana nos alejan de nosotros mismos: hablar, leer, mirar la televisión o escuchar música pueden representar modos de no reflexionar tranquila y habitualmente. De este cursillo he conservado, entre otras enseñanzas importantes, la costumbre de practicar el ejercicio con regularidad: meditar en la cama antes de dormirme, no encender la radio en el coche o en la cocina, por sistema; no sumergirme maquinalmente en un libro en el transporte público...

Deberíamos adoptar, o retomar, la costumbre de reflexionar, con la mente abierta, sobre nuestra vida. Luchar contra la tentación de *encadenar* actividades, pensamientos, peticiones. Liberarnos de nuestras cadenas al menos de vez en cuando (hemos elegido algunas, y otras no son tan envilecedoras). Dedicar algunos segundos a reflexionar sobre lo que hemos hecho a lo largo de las horas o los días que han transcurrido. Liberar nuestra mente y desplazar nuestra mirada. *Simplemente observar el momento presente en lugar de atravesarlo con los ojos del alma cerrados.*

¿TENEMOS QUE HABLARNOS POSITIVAMENTE? EL PAPEL DE LOS "AMBIENTES MENTALES"

«¿Es bueno que me repita cosas positivas? ¿No es autosugestión?» A menudo nos plantean esta pregunta en psicoterapia. Enseguida pensamos en Émile Coué, el farmacéutico de Nancy que en el siglo XIX inventó su célebre método: «Todo pensamiento que ocupe sólo nuestra mente se convierte en verdadero para nosotros y tiende a transformarse en acto».[7] ¿Simplista? Al releer detenidamente a Coué nos puede tentar rehabilitar su memoria: habida cuenta de los conocimientos de su época, sus intuiciones eran acertadas, sobre todo en lo que atañe al papel nocivo de los contenidos negativos del pensamiento, aun cuando sobreestimó el poder de los pensamientos positivos, que en su opinión había que repetir infatigablemente.

Estudios recientes han mostrado la *existencia de influencias inconscientes en la autoestima*: por ejemplo, la presentación subliminal de la palabra "yo" en una pantalla de ordenador antes de que en ella aparezcan adjetivos positivos (valiente, simpático, inteligente...) aumentará la autoestima implícita de los voluntarios y los hará más resistentes a las críticas que los demás puedan realizar, como las relacionadas con su inteligencia.[8]

Este tipo de trabajos no demuestran que tengamos que imbuirnos *continuamente* en discursos positivos. Es inútil esperar milagros de este tipo de herramientas psicológicas. Sin embargo, si tenemos en cuenta la dificultad para cambiar algo en nuestro fuero interno, conviene no descuidar ninguno. Siendo conscientes de que a día de hoy no existe una "cura milagrosa" de la autoestima, es deseable la proliferación de *gestos de ecología psicológica* como éste (no contaminar la mente inútilmente). En mi opinión, estos gestos subrayan la importancia de los "ambientes" y las "inmersiones" en materia de autoestima.

Estos ambientes mentales desempeñan un papel preponderante. Se componen de una *miríada de mensajes subliminales cuyo peso individual es escaso, pero cuyo efecto acumulativo, año tras año, llega a ser importante.* Si en la infancia nos hundió un discurso sistemáticamente descalificativo, tejido de pequeñas frases diariamente repetidas –incluso las que en sí mismas no son malas, como «deja que lo haga yo, si no será un desastre»–, ¿por qué continuar el mismo trabajo de demolición en la edad adulta? Todos sabemos que hay personas que nos hacen bien porque se han formado una opinión positiva de nosotros y la expresan de un modo sutil, precisamente mediante pequeñas micro-asociaciones transmitidas a través del discurso positivo que nos dirigen. Cuando trabajo la autoestima con mis pacientes soy consciente de que éste es uno de los componentes importantes de la terapia: subrayar sus éxitos, virtudes y logros. Atribuirles el origen del mérito. Hacerlo de un modo discreto, camuflado, no oficial. No tratar de subirles la moral, sino hacerles justicia tal como deseo que hagan consigo mismos. Felicitarse tranquilamente y sin énfasis por lo que hemos hecho bien parece un modo muy ecológico de reconfortar nuestra autoestima. Pronunciar nítidamente esas frases, al menos en nuestra mente. Procurar no dejarnos contaminar por la competitividad. Más adelante veremos por qué los «eres el mejor» o «has ganado» no siempre son lo más conveniente. Prefiramos: «Has jugado bien», «Has hecho lo que debías»... *No se trata de alabarnos: basta con reconocer lo que hacemos bien, abrir los ojos a nuestras cualidades, sencillamente.*

LOS LÍMITES DEL DIÁLOGO CON UNO MISMO

«Este diario me permite resistir al mundo hostil; sólo a él puedo contarle lo que me pesa y aflige. Este confidente me libera de los demás. El peligro consiste en que evapore en palabras mis resoluciones y mis penas; tiende a dispensarme de vivir, a sustituir mi vida.»

Estas líneas, extraídas del mayor diario íntimo que conocemos, el de Suisse Amiel[9] muestran con claridad los beneficios y los límites del ejercicio de la auto-confesión, y más ampliamente del diálogo con uno mismo. Hemos visto que es legítimo esclarecerlo y desarrollarlo, que *también* es útil conferirle una orientación positiva y no sólo crítica. Pero este monólogo interior que debe reconfortarnos tiene como vocación eliminar el pensamiento insidioso, larvado, y no el intercambio con los demás, ni la acción... Volveremos sobre ello.

12. NO VIOLENCIA CON UNO MISMO: ¡DEJA DE HACERTE DAÑO!

«Nunca sabré por qué me detestaba tanto... Ni por qué tuve que alcanzar el umbral de la vejez, cuando ya es demasiado tarde, para reconocer que era un error.»
FRÉDÉRIC MITERRAND,
La mauvaise vie

La lucha contra las emociones y pensamientos negativos de la autoestima no debe ser una lucha contra uno mismo.

Al tratar la autoestima de mis pacientes he tenido ocasión de ver cosas sorprendentes. Recuerdo a una hermosa joven que se propinaba violentas bofetadas cuando no estaba contenta de sí misma, por ejemplo al volver de una velada en la que creía haberse comportado como una idiota (hablando demasiado) o como un zoquete (hablando poco). El deseo de golpearse es frecuente cuando las personas con problemas de autoestima están descontentas consigo mismas. Algunas se limitan a tener envidia, otras se muerden o se queman con la punta del cigarrillo. Otras se golpean la cabeza contra un muro. Y todas se maltratan verbalmente, se insultan, se amenazan, se infravaloran... «¡Si supieras cómo se trata a veces!», me contaba la mujer de un paciente depresivo crónico con una autoestima muy baja.

EL MALTRATO HACIA UNO MISMO

¿Hasta dónde puede llegar la mala relación con uno mismo? Los problemas de autoestima pueden hacernos derrapar más allá de la simple irritación hacia nuestra persona cuando no logramos hacer lo que queremos o ser como querríamos. Así, existen diversos grados de mala relación con un mismo:

• Dudas e insatisfacciones: no felicitarse nunca ni reconocer los avances y progresos. La insatisfacción crónica (centrarse siempre en lo que podría mejorar) es una forma de violencia hacia uno mismo porque es una injusticia, y la injusticia es una violencia.

• Auto-menosprecio íntimo: no limitarse a reconocer que hemos fracasado en la consecución de los objetivos marcados y lamentarnos por ello, sino añadir una segunda capa criticándose o infravalorándose en exceso. Normalmente es el trabajo de la emoción de la tristeza: infligirnos un pequeño dolor que nos incita a hacerlo mejor la próxima vez. Inútil perseverar: el papel de nuestra inteligencia no es castigarnos, sino precisamente ayudarnos a reflexionar para que no se reproduzca la decepción.

• Comportamientos de fracaso: hay comportamientos que prefiguran el fracaso y son modos de evitar el juicio sobre uno mismo. Así, no prepararse de cara a un examen para si suspendemos, atribuirlo a la desidia y no a la falta de inteligencia. Pero ciertos fracasos también pueden comportar un aspecto auto-punitivo: «Por esta razón no merezco irme de vacaciones, acudir a aquella fiesta, disfrutar de tal recompensa... Mejor me hundo...».

• Autoagresividad: psíquica (insultarse) o física (el tristemente frecuente "deseo de golpearme", que en el mejor de los casos se transfiere a violencia y golpes contra los objetos). He conocido a muchos pacientes que se habían infligido heridas diversas: fracturas de mano y pie debidos a golpes propinados contra una puerta; fracturas de nariz tras golpearse la cabeza contra un muro. A veces se dan impulsos suicidas que derivan del odio al yo engendrado por la decepción ante uno mismo.

¿GUERRA O PAZ CON UNO MISMO?

«Mi cerebro es un campo de batalla...», me decía un día un paciente. ¿Por qué esta situación, tan frecuente en los sufrimientos de la autoestima, de tensión belicosa hacia uno mismo?¿Por qué no gestionamos con más sencillez las cuestiones planteadas por los problemas de nuestro ego?

No existe una sino muchas explicaciones, que pueden sumarse unas a otras. Así, podemos declararnos la guerra como prolongación o resurrección de las carencias de la infancia: este desprecio a uno mismo es frecuente en quienes no fueron amados o tuvieron carencias afectivas en su más tierna edad. O porque somos víctimas de nuestros ideales: la decepción ante nuestros actos y pensamientos nos empuja a la violencia hacia nuestro ser. Sólo estamos dispuestos a aceptarnos si somos perfectos. O tal vez porque pensamos que la dureza hacia nosotros mismos nos será beneficiosa: nos observamos con un permanente recelo, creemos que si condescendemos a la ternura y el respeto (cuando les decimos "más" ellos escuchan "demasiado"), las "malas inclinaciones" invadirán nuestra existencia y nos conducirán al grado más abyecto de apatía y mediocridad.

¿CASTIGARSE O AYUDARSE A CAMBIAR?

Una pregunta importante que habrá que responder es: ¿qué queremos, castigarnos o cambiar? Si tu respuesta es «castigarme para cambiar», has de saber que desde hace mucho la psicología ha demostrado el escaso interés del castigo como herramienta pedagógica. ¿Nos hace progresar? En absoluto. «El castigo sólo enseña una cosa: a evitarlo», acostumbraba a decir Skinner, uno de los mejores especialistas en el estudio científico del condicionamiento.[1] *Eventualmente, el castigo sirve para mantener el orden, no para crear una situación psicológica de motivación y cambio personal.*

Y la violencia, en todas sus formas, incluso la violencia hacia uno mismo, sólo es un detestable abuso de la fuerza. *Creer que la fuerza y la severidad con uno mismo bastan para cambiar es una visión arcaica e ineficaz,* e incluso peligrosa, ya que progresivamente se instaura una lógica de la violencia que facilita el regreso sistemático de los mismos errores e idéntico sentimiento de insatisfacción: como no conseguimos los resultados deseados, redoblamos la violencia hacia nosotros mismos y aumentamos la severidad de los castigos que nos infligimos. *Es la lógica del sufrimiento doble: al del fracaso añadimos el del castigo. Pero sufrir no equivale a progresar.* Comprender por qué sufrimos y cómo superarlo es lo que nos hace progresar. El castigo y la violencia no tienen nada que enseñarnos en este ámbito.

Entonces, ¿cómo tenemos que tratarnos? ¿Tenemos que ser más duros o más blandos con nosotros mismos? Ante todo hemos de recordar que *lo contrario de la violencia no es la debilidad, sino la suavidad.* Podemos ser perfectamente suaves y firmes con nosotros mismos.

El arte del cambio no violento

Así pues, toda forma de violencia y ofensa hacia uno mismo es inútil. Siempre que el ser humano ha renunciado a la violencia, la humanidad ha progresado. En la actualidad hemos olvidado, al menos en el mundo occidental, todas las justificaciones de la violencia contra las mujeres («Pégale a tu mujer todos los días, si no sabes por qué, seguro que ella sí lo sabe»), los niños («Para que crezcan rectos como parras»), los esclavos («Sólo entienden eso»), los prisioneros («Se lo tienen bien merecido»), etc. La violencia hacia uno mismo sólo tiene un sentido puntual: es el sentido de la expresión "violentarse", con el significado de "forzarse". Pero violentarnos no funciona, definitivamente. Es un sufrimiento gratuito que prepara el regreso de la violencia ante la mínima dificultad. La violencia también puede extenderse a nuestro alrededor y contaminar a nuestros familiares, a nuestros hijos, sencillamente porque ven que nos comportamos así.

La mirada de sus hijos ayudó a uno de mis pacientes a renunciar a la violencia auto-infligida: «Mis hijos me han hecho cambiar: no quiero transmitirles eso. Cuando me invadía la cólera hacia mí mismo, gemía y me increpaba gritando en el apartamento: "¡Eres un idiota, pero mira que eres idiota!". Me castigaba negándome a salir de paseo el fin de semana, con la familia, acudir a una fiesta o disfrutar con los amigos. Poco a poco, mis hijos comprendieron que así era como yo reaccionaba ante los fracasos. Un día observé cómo mi hijo mayor se enfadaba y se insultaba por un ejercicio de matemáticas que no conseguía solucionar, empleando las mismas expresiones que yo usaba contra mí. Me quedé anonadado. Entonces me dije: ¿eso es lo que quieres enseñarles? ¿Es la herencia que les quieres legar? ¿Es lo que quieres que apliquen en sus vidas? Sé de donde me vienen estas historias.

En cualquier caso, conozco al menos una de las fuentes: en mi infancia observé el mismo comportamiento en mi padre. De ningún modo podía continuar transmitiendo esa tara».

Erradicar la violencia es un proceso largo cuando nos hemos acostumbrado a ella bajo las presiones de los trastornos de autoestima. *Si durante mucho tiempo practicamos la agresividad hacia nosotros mismos, sin duda tendremos que desconfiar toda la vida*: cuanto mayor sea el cansancio, más se insinuarán los antiguos reflejos. Pero cada combate que ganemos, cada retroceso que le inflijamos harán que su regreso sea cada vez menos... violento.

13. LUCHAR
CONTRA LOS COMPLEJOS

«Allí se sobresaltaron de pavor donde no había miedo.»
Salmo 53

Un complejo es una duda que se transforma en dolor.

Es normal dudar de uno mismo y no estar completamente satisfecho del conjunto de nuestros rasgos. Sin embargo, el complejo supera con creces el estadio de la insatisfacción ocasional. Consiste en la focalización dolorosa y obsesiva, constante o muy frecuente, de la totalidad de los pensamientos en una parte del cuerpo que consideramos desagradable, o una dimensión de la personalidad que creemos insuficiente o inadecuada y que perturba nuestro bienestar moral y nuestro comportamiento social. Sufre el conjunto de la autoestima, pero el malestar se concentra en el complejo.

TODO PUEDE INDUCIR UN COMPLEJO

Los complejos son tan frecuentes y variados… Un sondeo realizado por la revista *Psychologies*[1] ha mostrado que aquello de lo que más dudamos es de nuestra cultura (70%, del cual 10% duda "con mucha frecuencia"), de la capacidad para expresarse correctamente (69%), las capacidades intelectuales (67%) y el aspecto físico (54%). De este modo, podemos centrarnos en lo que no está bien (al menos en nuestra opinión) respecto a la apariencia física: existe el complejo por exceso (grasa, vello), por defecto (cabello, altura, músculos), el complejo «no es como debería ser» (piel, nariz, senos), y por último el «no sé qué es exactamente pero no me gusta» (estilo, modo de caminar), etc. En general, la insatisfacción relacionada con el cuerpo es un factor muy importante de desestabilización de la autoestima.[2] También podemos centrarnos en los supuestos defectos de nuestras características psíquicas: falta de cultura, de inteligencia o vivacidad mental (sólo encontramos la respuesta adecuada dos horas después del momento en que habría sido útil), carisma, etc. Por último, podemos sumirnos en una intuición insidiosa y general de impotencia: sufrimos entonces un complejo de inferioridad global, activado por el mínimo elemento. Se trata de una especie de capacidad universal, hiperreactiva, para acomplejarse, que se puede desencadenar incluso cuando no estamos en el punto de mira del juicio ajeno. Por ejemplo, cuando el individuo admira las cualidades de otro. Enseguida emergen pensamientos negativos sobre sí mismo: no se limita a admirar, sino que se compara desfavorablemente y se reprocha no estar a la altura de su comparación. Estos complejos de inferioridad son un caldo de cultivo infinito de sufrimientos; son menos espectaculares que los complejos físicos, pero a veces mucho más perniciosos. Reflejan la certeza, oscura y dolorosa, de la "propia inferioridad".

En las terapias de grupo tengo que "apretar el cinturón" a nuestros pacientes cuando abordamos el problema de la comparación social y los sentimientos de inferioridad que puede provocar. Al observar al resto de participantes, la

mayoría de ellos están convencidos de ser los menos talentosos del grupo: cuando se dan cuenta, sonríen y reaccionan.
Así, cada uno de ellos, incluidos aquellos a quienes admiran,
se sienten inferiores a los demás... Quizá esto quiere decir
que esos sentimientos de inferioridad son tan absurdos como
inútiles. También trabajamos su tendencia a idealizar a los
terapeutas del grupo, médicos, psicólogos, enfermeras, que
les parecen "tan tranquilos" en comparación con ellos.
También en este caso les recordamos que nadie es "superior"
a ellos como ser humano, que tan sólo hay personas que
dominan ciertos hábitos y habilidades mejor que ellos y que
el hecho de que los terapeutas parezcan tranquilos en una
sesión es algo normal y trivial y no es indicio de ningún tipo
de superioridad. Un fontanero está a gusto en una fontanería,
eso es todo... Un terapeuta es como un monitor de autoescue-
la: no es un campeón de fórmula 1, pero ha pasado las suficientes horas en el coche para saber qué errores hay que evitar y qué gestos cultivar si se quiere conducir correctamente... Si existe superioridad, reside en la experiencia y el entrenamiento en un campo específico. Todo esto se puede aprender y adquirir si así lo deseamos. Es una cuestión de tiempo
y trabajo. Tan sólo hay que decidir si merece la pena.

Evidentemente, los complejos guardan relación con un
déficit de la autoestima. Más que la realidad eventual del
defecto que nos acompleja (a veces real, a veces imaginario),
lo que constituye este fenómeno es la convicción de que los
demás no perciben otra cosa, y que tendrá consecuencias
negativas: con un físico idéntico, unos se atreverán a ponerse el bañador y otros no; con una cultura idéntica, algunos se
atreverán a hablar en la cena y otros no... El propio objeto
del complejo no supone sino una pequeña parte de los problemas relacionados con este fenómeno... Como psicoterapeuta he tratado a personas de baja estatura, algunos estaban

muy acomplejados y otros no, sorprendentemente, habida cuenta del valor social de la estatura. Recuerdo a un paciente que medía 1,48 y me contaba, con humor, cómo tenía que pedir ayuda al hacer las compras en el supermercado para que otros clientes le alcanzaran los productos de los estantes superiores. Me contó cómo había superado sus complejos. Cómo incluso llegó a divertirse pidiendo ayuda sólo a mujeres, si era posible que fueran de su interés. Le gustaba bromear con ellas a propósito de su estatura: «¡Adoro a las mujeres altas!», y pasaba un rato agradable.

COMPLEJOS: LO QUE CONVIENE EVITAR

Los complejos no son una preocupación trivial, pueden acarrear grandes sufrimientos. Por ejemplo, lo que en psiquiatría se conoce como dismorfofobia, la insatisfacción enfermiza respecto a la apariencia física.[3] Como todos los problemas relacionados con la autoestima, los complejos, al margen de la fuente que los origine, se agravan y se tornan crónicos mediante las actitudes de sumisión y abandono hacia los miedos vehiculados por la insatisfacción hacia uno mismo. Es necesario combatir todo lo que se inclina en la dirección del complejo:

• Obedecer al complejo, es decir, renunciar a exponernos a las miradas o juicios huyendo de las ocasiones en las que revelaremos nuestro supuesto defecto: no hablar para que no vean nuestra incultura, no ponernos el bañador, etc.

• Exponernos sólo cuando el complejo ha sido "compensado" y está bajo control: hablar sólo sobre temas que tenemos muy trillados; salir maquillada; llevar alzadores o peluca.

• Sacrificar la libertad o la dignidad para que nos acepten: el destino de muchas cabezas de turco está relacionado con su temor a ser rechazados. Estas personas están dispuestas a todo para ser aceptadas, incluso a sufrir bromas y humillaciones, lo que origina diversos comportamientos de dependencia o sumisión en el campo de las relaciones interpersonales, sexuales, etc.

Complejos: lo que funciona

No existe "una" solución que cure infaliblemente los complejos, sino todo un conjunto de estrategias que, adoptadas de forma global, pueden inhibir progresivamente el complejo o al menos sus excesos:

• Como siempre, comprender de dónde proceden nuestros complejos. ¿Un ambiente educativo que en general tiende a infravalorar al individuo, aun cuando ése no sea su objetivo? ¿Mensajes humillantes transmitidos por los padres? ¿Carencias afectivas? ¿Ciertos acontecimientos de la vida? ¿He vivido la experiencia del rechazo por mostrar lo que me avergonzaba?; en este caso, ¿se puede exportar esa experiencia a nuestro presente, a otras personas?, ¿se puede aplicar a las personas a las que trato en la actualidad?

• Observar a los demás: advertir cómo "defectos" semejantes no impiden a otros vivir libremente. Intentar comprender cómo viven con sus defectos y no tratan de ocultarlos a cualquier precio. Comprender que esa libertad, asumida junto a sus límites, no es producto del azar, sino el resultado de actitudes mentales y comportamentales adaptadas, como las que tratamos aquí.

• Hablar con los demás: *los complejos se alimentan de la vergüenza y el aislamiento.* Contárselos a los demás no los cura, pero los debilita. Y si los demás nos dicen que también tienen complejos, debemos escucharlos, preguntarles y dejarles hablar en lugar de encerrarnos como una ostra en su concha diciendo: «No comprenden nada, no se dan cuenta de que mis complejos me asfixian y paralizan». Aun si tienes razón, ¿de qué servirán tu irritación y retraimiento?

• Escucha con más atención la opinión de los demás cuando te aseguran que no tienes razones para dudar a ese respecto. Aun cuando los individuos acomplejados digan: «Comprendo que funcione para los demás, pero mi insatisfacción proviene de mí», es beneficioso hacer el esfuerzo de recordar habitualmente las opiniones externas positivas.

• Luchar contra la "paranoia del complejo": no, no todos nuestros fracasos provienen de los defectos que nos acomplejan, todas las miradas que se clavan en nosotros no significan que los demás observan nuestros puntos débiles. A veces, la intensidad de los complejos es tal que nos empuja a atribuirles todas nuestras dificultades...

• Intentar la experiencia de afrontarlos: es el mejor método para erosionar progresivamente los complejos. Sometiéndonos poco a poco a situaciones que nos provoquen vergüenza, lograremos contrarrestar más fácilmente los pensamientos ligados al complejo mediante mecanismos de atenuación progresiva de la respuesta emocional («Todo el mundo lo ve, es espantoso; soy ridículo...»).

• Ampliar la mirada que tenemos de nosotros mismos: *vernos como un conjunto de elementos, ampliar el campo de visión de nuestra persona y no limitarnos a nuestras debilidades, carencias y defectos.* No centrarnos en lo que nos falta. ¡Recordarme que no soy sólo un montón de defectos! En las formas más severas de los complejos, por ejemplo aquellas que desembocan en trastornos de las conductas alimentarias como la bulimia y la anorexia, se ha demostrado la práctica incapacidad para interesarse en las partes armoniosas del cuerpo y una obsesión por las que se consideran poco agraciadas, mientras que en los sujetos "normales" es al revés.[4]

LA CIRUGÍA ESTÉTICA "CURA" LOS COMPLEJOS SÓLO SI MODIFICA EL COMPORTAMIENTO

Hoy en día mucha gente recurre a la cirugía estética (hábilmente rebautizada como plástica, una formulación neutra y más discreta). Es probable que este número aumente constantemente en los próximos años debido a las presiones sociales ejercidas sobre la apariencia física.

Por extraño que parezca, no se dispone de datos claros para saber si mejoran notoriamente el bienestar psicológico y la autoestima. Los escasos estudios realizados, más bien positivos, se han financiado con los fondos de asociaciones estadounidenses de cirujanos plásticos, lo que plantea un problema importante,[5] sobre todo cuando se conocen las cifras del mercado de la "belleza cosida a mano": 11,9 millones de intervenciones en Estados Unidos en 2004.[6] La cirugía estética es eficaz con los defectos físicos, pero ¿lo es con la autoestima?

Es posible que lo sea al facilitar ciertas modificaciones del comportamiento: en los complejos sabemos que es fundamental esforzarse por abrirse a los demás en lugar de retraernos. Los complejos incitan al retraimiento, y éste a su vez los alimenta porque impide comprobar los límites y darnos cuenta de que podemos ser aceptados pese a nuestros defectos.

Si observamos cómo actúa la cirugía estética cuando es coronada por el éxito, parece que en buena medida su efecto se debe a que no sólo modifica la apariencia física, sino también la aceptación de uno mismo. Las personas, convencidas de que se han librado de su defecto y que a partir de ese momento se las aceptará mejor, se comportan más libre y naturalmente. De pronto aumenta su "éxito" social, se las acepta mejor que cuando se mostraban precavidas, temerosas y suspicaces, cuando se vigilaban a sí mismas en lugar de avanzar. Sin embargo, estos beneficios se deben más a los cambios de conducta que a los de apariencia. Finalmente, cuando la cirugía estética tiene éxito actúa sobre todo en la mente, en la autoestima...

Este efecto se parece un poco a lo que ocurre con esos conmovedores pacientes autodidactas y acomplejados de serlo, que siguen cursos de cultura general para sentirse más a gusto en sociedad. Si esto les ayuda, es evidente que se debe más a la confianza ligada al sentimiento de que su cultura les da derecho a hablar, y no tanto por el saber en sí mismo.

El largo camino para pasar
de los complejos enfermizos
a las dudas benignas

Ante todo hemos de buscar el "complejo cero" y no el "defecto cero". Además, tampoco es el "complejo cero" lo que hemos de buscar, sino sencillamente simples dudas sobre uno mismo, que podremos atender o ignorar a voluntad. Es mejor tener a la vista el objetivo de restaurar nuestra libertad de movimientos y no tratar de acercarnos a la perfección... La finalidad consiste en poder elegir mostrar o no los propios defectos. Los complejos no nos ofrecen esa opción: nos obligan a ocultarnos.

En general, la lucha contra los complejos es un combate de larga duración, cuya evolución pasa por las siguientes fases:

• Se piensa en ello todo el tiempo, incluso fuera de las situaciones que desencadenan el complejo. No se intenta afrontarlo. Muy doloroso.

• A continuación, no se piensa en él continuamente, sino sólo cuando nos enfrentamos a situaciones que lo activan. Tratamos de afrontarlo y es doloroso.

• Poco a poco, aunque nos afecten este tipo de situaciones, olvidamos momentáneamente los complejos y nos liberamos de esta hiper-conciencia dolorosa.

• Por último, logramos que no nos afecten salvo si nos comparamos con superhéroes, muy bellos o inteligentes. Como esto no ocurre todos los días, podemos seguir así...

Finalmente, en los complejos lo más duro es "salir del bosque". Cuando durante toda nuestra vida hemos escondido un aspecto de nosotros mismos, ¿cómo dar el paso incluso si hemos comprendido que no debemos ocultarlo más? ¿Cómo no llevar peluca o teñirse el cabello y arriesgarnos a atraer la atención, cosa que no estamos acostumbrados a hacer? ¿Cómo no guardar silencio cuando alguien con "más estudios-más inteligente-más brillante" entra en la habitación? ¿Arriesgarnos a decir tonterías (como todo el mundo)? Finalmente, el complejo, y el silencio que nos impone, es un medio radical de no decir tonterías... A menudo, los esfuerzos de cambio que pretende la psicoterapia son muy delicados en este aspecto: volver a asumir el riesgo de la mirada y el juicio ajeno nos devuelve la libertad y sus inmensas ventajas, pero también heredamos algunos de sus pequeños inconvenientes. Cuanto más hábiles hemos sido en engañar y aparentar, más nos atrapan nuestros complejos, como un mentiroso se encuentra atrapado por sus mentiras. Es conveniente tenerlo presente una vez que estamos motivados y hemos decidido dar el paso, porque con frecuencia es un elemento que bloquea con decisión. En este punto específico el terapeuta puede aportar ayuda.

Moraleja: no ocultarse completamente para disimular un aspecto de uno mismo

Por último, las dos grandes direcciones de la lucha contra los complejos son, por una parte, la aceptación del aspecto de uno mismo que nos parece inadecuado y, por otra, la ampliación de la visión que tenemos de nosotros mismos. No considerar que esa parte que no nos gusta se sitúa en el corazón de nosotros mismos. Sólo es un aspecto que no merece ni la sobreexposición que nuestra imaginación le atribuye, ni el disimulo que le impone nuestra vergüenza.

14. PROTEGER LA AUTOESTIMA DE INFLUENCIAS NOCIVAS, DE LA PUBLICIDAD Y LAS PRESIONES SOCIALES

«La sociedad se basa en una ventaja mutua,
pero cuando es onerosa, ¿qué me impide renunciar a ella?»
MONTESQUIEU,
Cartas persas

Las influencias sociales son inevitables…, y la autoestima y sus desórdenes se encuentran profundamente sometidos a su dependencia e influencias. Por supuesto, esas normas sociales no son completamente absurdas: si la mayoría de las personas se consideran más dignas de consideración si son ricas y no pobres, altas en lugar de pequeñas, hermosas en lugar de feas, es porque en general estos rasgos se consideran deseables en nuestra sociedad y aportan ventajas concretas. Evidentemente, se trata de una forma de desigualdad que la sociedad debe limitar en lo posible: en todo grupo humano digno de ese nombre debe existir un lugar para cada individuo, con independencia de sus características, deseables o no. En la historia de la humanidad, todas las sociedades se esforzaron por celebrar otras cualidades, como la inteligencia, la bondad y otras virtudes que obedecían menos a las leyes de la genética o de la transmisión familiar que la belleza, la fuerza, la riqueza o el poder. Sin embargo, vivimos una época extraña, en la que parece que nos estamos alejando de esas otras modalidades de atribución de autoestima para regresar a fundamentos primarios y que promueven la desigualdad: cada vez parece más difícil tener autoestima si no se es joven, rico y guapo. Aparte de la naturaleza, otras fuerzas ahondan en esta desigualdad, por ejemplo, la publicidad y el márketing.

Presiones en la imagen del cuerpo

Siempre ha existido la búsqueda de la belleza en razón de las ventajas sociales que procura.[1] El latino Cicerón ya lo recordaba: «El bien final y la tarea suprema de una persona prudente es resistir a la apariencia».[2] Sin embargo, indudablemente hoy hemos alcanzado una presión máxima donde la dictadura de la apariencia –ser joven, hermoso y delgado– llega a un nivel de toxicidad pocas veces visto.

Hay muchas explicaciones posibles, pero la más simple es, quizá, la aceleración tecnológica. Desde hace unos siglos estamos sometidos a la omnipresencia de las imágenes, más que ninguna otra cultura anterior. Nos encontramos bajo el efecto de una doble presión: por una parte, la democratización del espejo, de la fotografía y del vídeo (para nuestras propias imágenes), pero también, por otro lado, la proliferación de imágenes de cuerpos perfectos en el cine, la televisión y las revistas.

De este doble movimiento se desprende un aumento de la conciencia de nuestro cuerpo, normalmente imperfecto, y de las múltiples ocasiones de comparación con los modelos sociales perfectos (estrellas de todo género); de ello resulta una creciente insatisfacción con la apariencia personal.

Diversos indicadores corroboran estas inquietudes: así, disponemos de estudios que muestran que el aumento de la conciencia de uno mismo (por ejemplo, al ser filmado y observar después la propia imagen) aumenta la tendencia a compararse con los estándares (no sólo corporales).[3] Se sabe que los resultados de esta comparación dependen de la auto-estima: si ésta es frágil, serán malos... También existen prue-bas casi experimentales respecto a la evolución social de esta tendencia: la aparición de las mismas inquietudes en la ima-gen corporal en el hombre tanto en Europa como en Estados Unidos, unas décadas después que en las mujeres.[4] Y asimis-mo el incremento de trastornos psiquiátricos, equivalentes a la anorexia femenina, en muchos culturistas, tan convenci-dos de no tener la suficiente musculatura como las anoréxi-cas lo están de su supuesta obesidad.[5] Entre las causas posi-bles pensemos en la multiplicación, en los últimos años, de la publicidad que utiliza los cuerpos musculosos de jóvenes adonis, tanto para hombres como para mujeres. Pensemos en el impresionante desarrollo de la musculatura en juguetes de guerra como GI Joe, Jungle Jim y otros Action Men, que para los chicos cumplen el mismo papel que la Barbie en las chi-cas y progresivamente presentan estándares físicos inaccesi-bles como si fueran la norma. Pensemos en el incremento constante de la musculatura de los héroes del cine: compare-mos al héroe del *peplum* de los años sesenta con los de la actualidad. Basta con presentar imágenes de cuerpos mascu-linos muy musculosos para que la satisfacción de los hom-bres respecto su propio cuerpo caiga en picado,[6] exactamen-te como en el caso de las mujeres.

¿Cómo aumentar la insatisfacción hacia uno mismo? Exponte el mayor tiempo posible a las imágenes vendidas por nuestra sociedad y no pienses en ellas de modo crítico. Piensa simplemente en tus pequeños senos o tus ridículos pectorales.

Pregúntate de manera obsesiva cómo acercarte a los modelos ideales en que te encuentras sumergido. Consagra buena parte de tus energías y recursos al embellecimiento de tu cuerpo. Frecuenta a personas que compartan tus mismas preocupaciones y lee sólo revistas obsesionadas con los cuerpos adulterados de las estrellas... ¡Así es como podemos arruinarnos la vida! ¡Es tan fácil!

PRESIONES SOBRE EL ÉXITO
Y EL CONFORMISMO SOCIAL

En las sociedades tradicionales, marcadas por poderosas desigualdades sociales relacionadas con el nacimiento, había poca movilidad social: el hijo del campesino se convertía en campesino, el plebeyo seguía siendo plebeyo, mientras que el nacimiento en una familia noble aseguraba un estatus privilegiado. No tenía sentido demostrar nada. Era mejor ocupar el lugar asignado y conformarse. La satisfacción con uno mismo se relacionaba con el hecho de cumplir con el deber (la nobleza del "trabajo modesto pero bien hecho"...) y ocupar el lugar correspondiente en el tablero social. A quienes no tenían suerte y nacían pobres y oprimidos, el cristianismo les recordaba que los vencedores en el juego social perderían su lugar en el más allá y que los últimos en la Tierra serían los primeros. Por tanto, no tenía sentido infravalorarse si se era pobre entre los pobres, si se era feo o nadie nos quería. Todo esto podía sernos concedido más tarde y no significaba una falta de valor personal. Advirtamos que esta actitud beneficiaba a todo el mundo: a los ricos, que encontraban un argumento para explicar a los pobres que debían perseverar en su condición, y a los pobres, que, pese a ello, podían no sentirse inferiores en lo que atañe a la autoestima.

Con las grandes revoluciones políticas e intelectuales nacidas del siglo XVII, las sociedades tradicionales retrocedieron a favor de sociedades más dinámicas donde existe la permeabilidad social: los pobres logran hacer fortuna, los ricos se hunden en la miseria. Al menos para los pobres, es un progreso. Pero también hay un reverso de la medalla: si se fracasa en esta competición social, ya no es un problema del destino, sino una ausencia de valor personal.[7] Estas nuevas reglas del juego social, supuestamente meritocrático, seguían siendo interesantes para las clases dominantes porque a pesar de todo sus feligreses partían con grandes ventajas en la competición (la herencia de la fortuna y de la buena educación). Sin embargo, ahora los pobres podían ser culpados de su pobreza, lo que presagiaba los severos problemas de autoestima que sufrirían los marginados de esta organización social cuando exhibieran sus fallos: por ejemplo, sabemos que los parados de larga duración acaban por padecer grandes problemas de autoestima.

En realidad, toda sociedad segrega sus propias normas y presiones: tener un trabajo, pero también pareja cuando se rebasan los treinta años; o un hijo en el caso de las mujeres… No cumplir esas condiciones exigirá un esfuerzo suplementario en materia de autoestima.

Mentiras de la publicidad

Retomando el ejemplo más característico de nuestra época, el del cuerpo, el problema finalmente consiste en que la industria puede ganar mucho dinero con la apariencia. Por supuesto, los aspectos más psicológicos de la autoestima también pueden generar ganancias, por ejemplo a los psicoterapeutas, pero de modo artesanal y claramente menos atractivo a la economía capitalista. Y esto pese a algunas tentativas como las extrañas y típicamente estadounidenses *Self-Esteem Shops* que puedes encontrar sin dificultad en Internet y que te propondrán, entre otros productos, tazas y camisetas que enarbolan orgullosas divisas («Orgulloso de ser yo», «Me siento bien»). El fondo del problema es indudablemente éste: se puede ganar más dinero (gracias a la ropa y productos de belleza) susurrando a las mujeres que tienen que ser bellas y deseables que sugiriéndoles que sean felices, simpáticas o abiertas (esto no vende).

Muchos trabajos atribuyen un *papel nocivo a la publicidad de las revistas en la autoestima de las mujeres*, sobre todo en las que conceden importancia a su apariencia física y se encuentran insatisfechas.[8] *¿Qué proponen esas numerosas imágenes sino comparaciones permanentes, y perdidas de antemano, con las chicas más hermosas del mundo?* El mecanismo de la comparación social es entonces temible. Aunque se intente luchar contra él, se instaura inconscientemente. Hace tiempo se demostró que tras exponerse a fotografías de chicas muy hermosas, las mujeres se sienten menos atractivas.[9] Sin embargo, sabemos que hoy en día las cosas van más lejos. Es lo que demuestra un estudio sobre la presentación de imágenes subliminales a voluntarios: tras haberles expuesto al rostro de un bebé, se sienten más viejos.[10]

Del mismo modo, *las fotografías y poses de felicidad, amor y amistad que vende la publicidad están tan alejadas de la realidad* (la felicidad, el amor y la amistad requieren una paciente construcción) que de ellas sólo se pueden desprender frustraciones y decepciones con uno mismo, amén de un número creciente de personas con una sensación de fracaso íntimo en su autoestima. Además, al mismo tiempo están sometidas a presiones del mercado y de la publicidad que se orientan en un sentido opuesto: mantente delgado, pero come

mucho, todo el tiempo («¿tienes ganas de picar?») y toma
bebidas azucaradas. Ten muchos amigos pero sé tú mismo,
cultiva tu independencia, no hagas concesiones, etc.

¡NO A LAS LISONJAS A LA AUTOESTIMA!

¿Y si decimos que no a esas mentiras, a esas falsas promesas? Nuestra autoestima vale más que todo esto. He aquí
algunas pistas:

• Aprender a descifrar la publicidad: ¿qué quieren hacerme creer? ¿Mediante qué resorte o halago a mi ego pretenden hacerme comprar ese producto? El peor peligro es creerse protegido de esas influencias sociales perniciosas gracias
a nuestra inteligencia o lucidez en general. La única protección consiste en revelar los procesos de influencia y manipulación en el momento en que se ejercen sobre nosotros.
Existen buenos libros de divulgación sobre este tema.[11]

• Aprender a conocer los propios puntos débiles: «¿Cuál
es la verdadera necesidad que me impulsa a querer comprar
lo que me muestran?», «¿Acaso ese producto aumentará mi
bienestar y felicidad?». Reflexionar sobre los medios no
mercantiles de progresar y ser un poco más feliz.

• Ante las imágenes de bellos y bellas modelos, recordar
que, en efecto, son bellos, pero que su trabajo consisten en
serlo (su vida se basa en comer, dormir, cuidarse y posar), las
fotos se retocan detenidamente y la ilusión natural que ofrecen es completamente falsa (sesiones fotográficas de quince
días en el Caribe con un equipo de doce personas), etc.

• Pensar en el futuro y enseñar a los niños, desde edad
temprana, a ser críticos con la publicidad.[12] ¿Seremos cada
vez más estúpidos o cada vez más listos ante las maniobras

que se realizan para manipular la autoestima del ciudadano moderno? Aquí y allá pueden observarse señales del desarrollo de la capacidad de resistencia, que las nuevas generaciones, más críticas con la publicidad que sus mayores, parecen ir adquiriendo. Sin embargo, no es tan sencillo, porque el discurso crítico puede ser compatible con comportamientos de sumisión a las presiones sociales (véase su obsesión con las marcas).

LAS CONSECUENCIAS DE LAS PRESIONES SOCIALES EN LA AUTOESTIMA

¿Es necesario precisar que este bombardeo permanente, como una contaminación que no percibimos, da sus frutos y modela nuestras expectativas en lo que respecta a la autoestima? Como siempre, en materia de agresión social, son los más débiles los que claudican, los más pobres, aquellos ciudadanos que no disponen de modelos alternativos fiables en cuanto a autoestima. Modelos alternativos que muestren, por ejemplo, que podemos estar bien sin llevar ropa de marca o conducir coches lujosos.

Influida por estos mensajes, nuestra sociedad fabrica autoestimas altas pero frágiles, inestables, dependientes, condicionales («Me tendrán en cuenta si...») e inadaptadas a los verdaderos combates de la vida, que son los de la felicidad y el sentido que concedemos a nuestra existencia. «¡Eres formidable!», nos repiten. ¿Por qué todo el mundo (políticos, medios de comunicación, publicidad) quiere convencernos de que somos formidables? Esas autoestimas "con hormonas", artificiales, son elevadas pero quebradizas («No tengo lo que merezco») o rebeldes («Esto no se quedará así»). Todo, salvo armoniosas.

A largo plazo, el combate consistirá en interiorizar las fuentes de la autoestima: ¿por qué no hacerla depender sólo o principalmente de objetivos dictados por nosotros mismos? Enfadarse menos, o con menor intensidad, o no tan a menudo. Escuchar más a los demás. Trabajar con mayor eficacia. Progresar en la práctica de la música, de un deporte o un arte.

15. ESCUCHARSE, RESPETARSE Y AFIRMARSE

«Pregunto en el Lion d'Or:
−¿A qué hora se come?
−A las once.
−Bien. Daré un paseo por la ciudad.
Comí en otro hotel y no me atreví a pasar delante del Lion
d'Or. Puede que todavía me esperen. "Vendrán a cenar", se dirán.
¿No enviarán al comisario de la ciudad? Estúpida ansiedad.»
Anécdota de JULES RENARD en su *Diario*
(15 de agosto de 1898)

¡Pobre y viejo Jules! ¿De dónde nos viene esa inquietud ante el juicio de los demás, ese temor −hasta el extremo− por las consecuencias de nuestros más leves actos? ¿Por qué esa ansiedad ante la idea de afirmarnos y eventualmente poder molestar? Presentamos algunas reflexiones para quienes ven Lion d'Or por doquier.

¿QUÉ ES LA AUTO-AFIRMACIÓN?

Afirmarse es poder expresar las propias necesidades, pensamientos y emociones, es decir, manifestarse sin inhibición teniendo en cuenta al otro, sin hacerlo de manera agresiva.

No se nace así; es un proceso que se aprende, normalmente gracias a una educación adaptada que nos anima a expresarnos libremente sin castigarnos por ello, o más tarde, mediante un aprendizaje voluntario en la edad adulta.

En teoría parece fácil afirmarse salvo cuando nos encontramos en ciertas situaciones, como pedir, rechazar, mostrar una opinión diferente a la de nuestro interlocutor, negociar, expresar el descontento, etc. Las dificultades para afirmarse están muy extendidas: son masivas y crónicas en enfermedades como la fobia social[1] y ocasionales en ciertas formas de depresión; pueden afectar a todo el mundo de manera puntual.

¿Cómo afirmarse si no tenemos autoestima?

La falta de afirmación frecuentemente se asocia a problemas de baja autoestima y provoca entonces diversas conductas evasivas que, a su vez, refuerzan la mala autoimagen. En otras palabras, la persona evita enfrentarse a situaciones que parezcan representar un riesgo social en términos de la posibilidad de que nos rechacen o desprecien: «No me atrevo a pedir nada porque me da miedo molestar, claro, pero también porque sé que escuchar una negativa es para mí un trauma». En estos casos, también entra en juego el miedo al conflicto, que esos individuos sobrevaloran sistemáticamente: «En las relaciones normales y tranquilas todo el mundo me impresiona; por tanto, me digo que si pongo nerviosos o enfado a los demás, aún me sentiré más influido por ellos, y esto es lo que ocurre en las raras ocasiones en que me dejo intimidar sin pretenderlo, porque evidentemente hago todo lo posible para que no ocurra...».

La falta de auto-afirmación se puede encontrar asimismo en personas con una autoestima elevada y frágil, pero en este caso adopta la forma de comportamientos agresivos y poco seguros: se piden las cosas ofensivamente (para estar seguro de obtenerlas), se rechaza de un modo cortante (porque nos sentimos a disgusto), etc. Esta agresividad superficial es un pésimo maquillaje que oculta el temor a los demás e inhibe una posible resistencia a éste: «No me encuentro bien si no me sitúo en una posición predominante; en las relaciones de igualdad no me siento relajado. Tengo la necesidad de intimidar de antemano, para disuadir de toda agresión o intrusión posible».

Las manifestaciones del déficit asertivo son múltiples:

• *Comportamentales*: no atreverse a decir no, a preguntar o molestar, no atreverse a reconocer el desconocimiento en algún aspecto, o a decir que no estamos de acuerdo; dificultad para responder a las críticas... Cuando el individuo se expresa lo hace agresivamente, con irritación o cólera.

• *Emocionales*: frustración, ira reprimida, tristeza, resentimiento con uno mismo o los demás, etc.

• *Psicológicas*: autoimagen vulnerable, dependiente, sometida... Pequeños y reiterados golpes a la autoestima. Acumulación de pequeñas renuncias perniciosas.

Por último, los pretextos para no afirmarse atestiguan el genio de que somos capaces a la hora de no mirar a la cara las realidades que nos perturban. Recuerdo las justificaciones evasivas que una paciente traía a colación de la relación con sus suegros. Quería interrumpir el ritual que consistía en pasar con ellos las vacaciones de Navidad: «Quiero decírselo, pero nunca encuentro el momento oportuno. Si el ambiente es bueno me digo que no es adecuado: podría estropearlo. Pero cuando es malo, me digo que tampoco es el momento: podría hacerlo explotar todo».

El momento para afirmarse no llega nunca mientras no

estemos preparados para afrontar la eventual contrariedad de los demás...

La afirmación de uno mismo no debe ser sólo un comportamiento sino una manera de estar en el mundo

Estas dificultades para afirmarse son tan frecuentes y molestas que se ha diseñado un conjunto de técnicas psicoterapéuticas específicas para superarlas: las terapias de auto-afirmación. Se trata de un conjunto de técnicas de comunicación concebidas en los años sesenta, en un principio para la defensa de las minorías (mujeres, negros); más tarde fueron usadas por todos los individuos que podían beneficiarse de ellas. A menudo consisten en juegos de rol que escenifican situaciones problemáticas; los pacientes las interpretan a fin de superarlas en el marco de terapias de grupo.

Como en el caso de la autoestima, la afirmación de uno mismo se ha convertido en una necesidad con la aparición de las sociedades modernas, democráticas y patriarcales: en otro tiempo, el modo en que una persona se dirigía a los demás dependía más de su estatus y poder que de la asertividad. La necesidad de auto-afirmación sólo existe en las sociedades donde las relaciones entre individuos son libres e iguales, al menos en teoría.[2]

Sin embargo, *no se trata de recitar fórmulas establecidas.* La asertividad no es sólo un comportamiento fijo y estereotipado; su naturaleza profunda atañe no sólo a la conducta, sino también a la visión global que la persona tiene de sí misma, y por tanto a su autoestima: al atreverse a expresarse y afrontar ciertas situaciones, poco a poco se construye una auto-imagen más positiva, se permite existir entre los demás sin tener que rebajarlos. En terapia, los ejercicios que proponemos van más allá de los "trucos" que mejoran la comunicación: al involucrar a las personas en nuevas situaciones que hasta ese momento evitaban, les hacemos vivir nuevas experiencias emocionales e intelectuales. Se les pone en marcha y se les enseña a aprender de su vida diaria. En la terapia de auto-afirmación, el terapeuta no le dice a su paciente lo que debe hacer (decir sí o no en una situación), sino cómo hacerlo para que ocurra algo interesante. Es como un profesor de música que enseña a tocar un instrumento a su alumno, que pronto escogerá por sí mismo el estilo de las piezas y el repertorio (jazz, clásico u otro) que quiere tocar. Como todas las terapias comportamentales, la auto-afirmación no se reduce al comportamiento: lo utiliza como una palanca, como una puerta de entrada al cambio.

De este proceso derivan las etapas que describimos en el presente capítulo: para afirmarse es necesario, ante todo, escucharse (con el fin de discernir las propias necesidades), respetarse (si no es así se siguen arrastrando las represiones del pasado y de la sociedad sin reflexionar ni rebelarse contra ellas), y a continuación lanzarse a la piscina (también en este caso sólo tiene sentido la práctica habitual y no los esfuerzos puntuales).

ESCUCHARSE EN LUGAR DE MENTIRSE

Las carencias de autoestima a menudo conducen a reprimir las aspiraciones y necesidades fundamentales, porque pueden parecer incompatibles con la inmensa necesidad de aceptación social, o menos necesarias: «Más vale renunciar a lo que necesito y sentirme frustrado(a) que expresarlas y correr el riesgo de que me juzguen mal y ser incomprendido(a) y por último rechazado(a)».

Año tras año, las personas que proceden así consigo mismas acaban por no sentir de manera consciente su necesidad psicológica de afirmación: han rechazado completamente su deseo de decir que no, tomar la palabra, la idea de que pueden negarse a algo, etc. Habitan esas existencias de "calmada desesperación" de las que hablaba Henry Thoreau. Ni siquiera se les ocurre atreverse a afirmarse o hacerse escuchar; no verbalizan lo que quieren o piensan.

La auto-negación representa una forma de represión de uno mismo que también se extiende a la represión de las emociones. ¿Frustrado? Nunca. ¿Envidioso? Nunca. ¿Infeliz? Nunca... A pesar de todas las evasiones que nos imponemos... Sin embargo, nuestras racionalizaciones («Realmente no lo necesito o no me apetece») pueden engañar a nuestra mente, no a nuestras emociones: éstas nos impedirán cumplir cómodamente ese pequeño crimen contra nosotros mismos que representan nuestras renuncias. Nuestras emociones nunca renuncian a activarse: normalmente nos hacen sentir leves indicios físicos de tensión o incomodidad. Antonio Damasio, investigador en neuropsicología, los llama "marcadores somáticos".[3] Aunque nuestra razón quiera reprimir nuestros intereses vitales, nuestro cerebro emocional, más primario y menos sensible a las convenciones sociales (excesivas en el caso de los trastornos de la autoestima), protesta a través de estas señales: «¡Yo sí quiero!».

Es necesario aprender a mostrarse más atento a estos indicios, a todas las discretas sensaciones físicas que se ponen en juego en las situaciones sociales. No es fácil cuando hemos pasado años reprimiendo nuestras necesidades.

RESPETARSE

En materia de auto-afirmación, respetarse consiste en respetar las propias expectativas. No necesariamente lográndolas todas, ni a cualquier precio, pero sí asumiéndolas y atendiéndolas en lugar de reprimirlas como un padre severo haría con las legítimas exigencias de un niño: «¿Salir a jugar con tus amigos? Ni se te ocurra...». A fuerza de convencernos de que es mejor renunciar, acabamos por no percibir la violencia que cometemos con nosotros mismos. Con el pretexto de protegernos del rechazo y los problemas, nos ahogamos lentamente, nos negamos el derecho a la existencia.

También, en este caso, las consecuencias son múltiples. Hemos hablado del coste emocional de esta represión, pero asimismo tiene un coste comportamental: aleja numerosas relaciones sociales. Cuando renunciamos a pedir un servicio o a decir no, evitamos que los demás sepan quiénes somos realmente y se interesen en nosotros, y nos privamos de los alimentos relacionales que todo ser humano necesita. Al no asumir ningún riesgo en nuestras relaciones sociales, las volvemos extremadamente asépticas y las empobrecemos. Por supuesto, también hay un coste psicológico, directamente relacionado con los problemas de la autoestima: el mantenimiento de una auto-imagen inferior a la de los demás.

Un modo de trabajar este aspecto con el paciente consiste, por ejemplo, en *reflexionar sobre los derechos personales: el derecho a decir no, a ocuparse de uno mismo, a defraudar, a no cumplir con la palabra dada si hay razones para ello.* Se establece entonces una lista de situaciones en las que la persona se ha atrevido o no a afirmarse, evaluando las ventajas e inconvenientes en cada ocasión. Nos ponemos en situación reproduciendo las escenas a través de juegos de rol. Se establecen objetivos para afrontar de otro modo esas situaciones.

AFIRMARSE "PARA" OCUPAR UN LUGAR, PERO NO "CONTRA" LOS OTROS

La puesta en práctica de todas esas reflexiones conduce a la práctica de conductas de afirmación. Esta práctica constante permitirá consolidar profundamente los cambios evocados. Profundamente, es decir, no sólo en un hipotético inconsciente, sino en el nivel de nuestros automatismos y actitudes reflejas. Esto se hace poco a poco.

Así, los pacientes cuentan cómo las primeras modificaciones no consisten en decir "no" donde antes decían "sí", sino en preguntarse «¿Por qué no digo que no?», rápidamente, en el momento, e intentarlo de vez en cuando. De vez en cuando, aunque no se logre, reflexionar sobre las causas del bloqueo, etc. Cuanto más se practica un comportamiento, más fácil resulta; de ahí que el terapeuta prescriba pequeños ejercicios. Por ejemplo, a quienes experimentan dificultades para negarse les recomendamos acudir a diferentes vendedores de cocinas, dejar que nos propongan unos muebles y no comprarlos. Es fundamental practicar muchos ejercicios de este tipo, sin un compromiso relacional relevante, con el objetivo de ser capaces de afirmarnos cuando el reto social sea más importante, como en el caso de nuestros familiares o el entorno profesional. En todos los casos insistimos en la necesidad de practicar estos comportamientos de afirmación de un modo positivo y respetuoso con los demás. Contrariamente a lo que temen los pacientes (que imaginan que afirmarse desencadena frecuentes conflictos), esto es posible casi siempre, con casi todos los interlocutores.

Los comportamientos de afirmación deben ser compatibles con el mantenimiento de un vínculo social de larga duración, y en este sentido se diferencian de los comportamientos relacionales agresivos, incluyendo la empatía, que es el reconocimiento de las necesidades de nuestros interlocutores. *No nos afirmamos contra alguien sino por algo*. No *contra* los otros, sino *por* uno mismo, *por* una persona a la que defendemos, *por* un ideal... *El objetivo es hacernos un lugar, no usurpar el de los otros*. Ahora bien, el error frecuente, cuando se trata de auto-afirmación, es recurrir a la agresividad: «Estaba harto de amilanarme ante los demás», me contaba un día un paciente para justificar un arranque de cólera que le valió una reprimenda en su trabajo.

Así, todo comportamiento relacional apunta a tres grupos de objetivos que a veces no se alcanzan al mismo tiempo:

• *Objetivos materiales*: obtener lo que deseo (el servicio pedido, la reducción de precio, no hacer lo que no quiero hacer...).

• *Objetivos emocionales*: hacer lo que mi voz interior me pide que haga (me he atrevido a pedir una rebaja; me han dicho que no, pero me alegra haberla pedido; no haberlo hecho me habría atormentado más).

• *Objetivos relacionales*: afirmarse preservando la relación a largo plazo, lo que no quiere decir renunciar a toda forma de conflicto, sino dominar el arte de no emponzoñarlos: si la situación se degrada, saber soltar lastre, por ejemplo diciendo: «Bien, no estamos de acuerdo, volveremos a hablar de ello; sólo quería decirte que me planteaba un problema».

SÓLO LA PRÁCTICA
CONDUCE A UN VERDADERO CAMBIO

Como la autoestima, la autoafirmación no se decreta; se aprende. En la terapia, muchas veces me sorprende comprobar la gran diferencia que existe entre el hecho de hablar de las dificultades y el hecho de afrontarlas. Extrañamente, a menudo los pacientes con problemas de autoestima subestiman sus problemas de afirmación. Cuando les pregunto si tienen dificultades para rechazar, pedir, negarse o mostrar su desacuerdo, es frecuente que me digan que, en líneas generales, no las tienen. Y cuando, para mayor tranquilidad, les hago participar en un pequeño juego de rol, esa puesta en situación despierta aprensiones que les sorprenden bastante: «No creía que me provocaría ese efecto».

La miríada de pequeñas renuncias cotidianas que el paciente practica desde hace años sitúan esta emoción en primer plano; esta emoción invade al paciente en cuanto deja de hablar y se involucra en la situación. Posee un gran valor: muestra el camino y la necesidad de un futuro esfuerzo. También muestra, en cierto sentido, su sencillez: basta con ponerse manos a la obra. La dificultad estriba en hacerlo con calma (escoger objetivos fáciles al principio) y constancia (cada día hacer algo que tendemos a evitar).

16. VIVIR SIENDO IMPERFECTO: EL CORAJE DE SER DÉBIL

«Amar la perfección porque es el umbral, pero negarla una vez la hemos conocido, olvidarla muerta, la imperfección es la cima.»

YVES BONNEFOY

En ausencia de trastornos psicológicos encontramos un complejo de inferioridad global y significativo aproximadamente en un 15% de la población.[1] Semejante sentimiento crónico de inferioridad no necesita la confrontación con las situaciones, puede existir en una simple anticipación de la imaginación. Por supuesto, desencadena un fuerte sentimiento de vergüenza y suscita diversas inhibiciones y evasiones. Sin embargo, a buena parte de la población le sobrevienen pensamientos ocasionales de inferioridad e imperfección.

EL SENTIMIENTO DE INSUFICIENCIA PERSONAL

¿Cómo el sentimiento –sin embargo normal– de tener limitaciones y carencias puede transformarse en *dolor por no ser perfecto* y en inquietud por verse rechazado y apartado? Con frecuencia se trata de una especie de error de juicio respecto a lo que suscita la popularidad y el aprecio en los demás: creemos que seremos mejor aceptados y queridos si somos perfectos, si brillamos y somos irreprochables. Alfred Adler, alumno de Freud, que rápidamente lo excomulgó debido a divergencias sobre la comprensión de la naturaleza humana, fue uno de los primeros en insistir en la omnipresencia de ese complejo de inferioridad en nuestra mente: «ser humano es sentirse inferior», escribía. Según Adler, muchas de nuestras motivaciones para actuar y tener éxito se deberían al deseo de superar ese sentimiento de inferioridad, anclado en el nivel físico, relacional o social.[2] Y el sentimiento de inferioridad, esa «creencia de una persona en su incapacidad para resolver los problemas de la vida», tendría así diversas repercusiones en nuestra vida cotidiana.

Las situaciones
en que tememos desprestigiarnos

Según su intensidad, ese sentimiento de inferioridad puede ser una constante en nuestro paisaje mental o activarse sólo en situaciones precisas. A grandes rasgos se trata de todas las situaciones en las que, equivocadamente o con razón, tenemos la sensación de revelar nuestros límites y puntos débiles. Por ejemplo:

- no saber responder a una pregunta,
- perder en un juego,
- fracasar ante los demás o encontrarse en una situación de fracaso potencial,
- desconocer los códigos y costumbres de un ámbito,
- tener un nivel cultural inferior (titulaciones, conocimientos…) que los demás (especialmente si estamos, o creemos estar, solos en esta situación).

Considerar que no es normal no saber o no ser como los otros identifica estas situaciones como peligrosas para la autoestima. También creer que si los demás lo perciben descenderá el aprecio que nos tienen, lo que entraña un riesgo de rechazo social. De ahí la opción de decantarse por estrategias de ocultamiento (no hemos podido evitar meternos en un berenjenal, por tanto disimulemos...), desde la menos comprometedora (mantenerse rigurosamente al margen para evitar que nos soliciten) a la más comprometedora y emocionalmente costosa (fingir que sabemos y conocemos). En los sujetos con una autoestima alta y frágil se da asimismo la tentación de la huida hacia adelante, de *brillar para no dudar*: se intenta permanecer en primer plano, pero atrayendo la conversación hacia donde creemos tener la capacidad de impresionar a los demás. Otra tentación es la de la diversión: armar mucho ruido y alboroto mediante el humor y el sarcasmo, para desviar la atención y disuadir a los demás de comprobar más de cerca la solidez del edificio.

La costosa tentación del fingimiento

Ante la amenaza de estos fracasos sociales (en todo caso percibidos como tales), la tentación de fingir es grande: fingir saber, fingir que ciertas cosas no nos importan, etc. Estas estrategias de fingimiento tienen un coste tanto emocional como intelectual: decae nuestra eficacia y nuestro bienestar. En algunos de los estudios que han analizado este tipo de fenómeno, se pidió a una serie de voluntarios que se presentaran de manera poco habitual, es decir, ventajosamente ante personas conocidas, y modestamente ante desconocidos, cuando en la mayoría de la gente es al revés: presentar el mejor perfil a los desconocidos y mostrarse más natural con nuestros allegados y familiares. Tras este tipo de ejercicios, los voluntarios observaban cómo en ellos emergía toda una serie de discretas disfunciones:[3] abandonaban con mayor rapidez la resolución de problemas matemáticos, se mostraban menos eficaces en las relaciones sociales, etc.

UNO DE LOS RIESGOS DEL FINGIMIENTO: EL SENTIMIENTO DE IMPOSTURA

Otro inconveniente: estas actitudes de "fingimiento" alimentan el sentimiento de impostura, tan frecuente en los sujetos con problemas de autoestima, alta o baja. Por supuesto, este sentimiento en nada revela el valor real de la persona en la situación en que se siente "impostora". Tampoco resulta de un deseo de engañar voluntariamente, como haría un estafador, para abusar de los demás. Este sentimiento de impostura es tan sólo la complicación de las estrategias defensivas inadaptadas de la autoestima. Una de mis pacientes empleó un día la fórmula: «Tengo la impresión de *ser* una superchería y de que todo el mundo se dará cuenta pronto».

La paradoja del sentimiento de impostura es que se activa a partir del momento en que se empieza a actuar y "tener éxito" a la hora de encontrar un cierto lugar entre los demás.[4] No se activa si permanecemos en la fase de evasión e inacción. Pero una vez que nos lanzamos a la piscina nos sobreviene el temor lancinante de ser descubiertos y que los demás vean lo que somos: una persona menos competente de lo que los otros piensan. *Cambiamos entonces una emoción negativa, la tristeza («Nadie me ve»), por otra, la inquietud («Me ven»), que desemboca en el miedo a ser "desenmascarados"*. Recuerdo a un paciente que acudió a mi consulta a los 50 y me confesó: «Toda mi vida he tenido un miedo absurdo e irreprimible a ser desenmascarado. Pese a mi éxito profesional y a tener amigos y familia, he pasado mi vida en una pesadilla en la que me veía en el punto de mira, criticado y convencido de haber estafado a los demás respecto a mis capacidades reales. He pasado mi vida temiendo que en las reuniones o en las veladas otras personas se fijaran en mí y me desnudaran con un placer malsano, revelando a todo el mundo mi fragilidad, mi incapacidad para defenderme, mi falta de recursos personales, mis vacíos interiores».

Al principio de la oleada de teléfonos móviles circulaba la siguiente anécdota: la historia de un chico que no paraba de hablar por móvil en el TGV... Todo el mundo estaba sorprendido y molesto, porque era uno de los primeros aparatos de este tipo que veían. En realidad no era un verdadero móvil sino un juguete de plástico. Así pues, el chico continúa fingiendo y dejando boquiabierto al personal hasta que uno de los pasajeros sufre un repentino ataque, probablemente un infarto. Le piden entonces que use ese teléfono tan extraño y valioso para avisar a la siguiente estación, de modo que tengan preparada una ambulancia. El aturdido pasajero confiesa entonces que sólo es un juguete y que fingía... La expresión "muerto de vergüenza" se aplica bastante bien a esta situación. Verdadera o falsa, esta historia embarazosa conoció un cierto éxito, sin duda porque fue ampliamente divulgada por los preocupados por la impostura.

MENTIR PARA PROTEGER LA AUTOESTIMA...

Así pues, los problemas de autoestima pueden llevar a mentir... Normalmente hay muchas explicaciones para las mentiras, según las circunstancias: se puede mentir por miedo a desagradar, provocar un conflicto o entristecer al otro.[5] Y, a menudo, el sujeto mentirá por necesidad de valorarse si se siente inferior en uno u otro aspecto.

En este último caso, la mentira es una mala respuesta a un problema real. Es mala porque nos acostumbra a no enfrentarnos a las dificultades de la existencia. Es mala porque para conseguir un escaso beneficio inmediato nos garantiza problemas futuros. Cuando se ha elegido la mentira para curar los problemas, complejos, frustraciones y limitaciones, rápidamente todo se complica y la persona se sumerge en la culpa y la inseguridad. *Muchos mentirosos compulsivos son personas que no creen poder ser amados como son, sin adornar su persona o actividad; mucho de ellos no saben negarse. Para no mentir tendrán que aprender a afirmarse.* Mienten con el fin de atribuirse valor, atraer la piedad o la compasión. Mienten para evitar las explicaciones o un conflicto del que desean evadirse. Jules Renard escribió: «El hombre realmente libre es el que sabe rechazar una invitación a cenar sin ofrecer pretextos». La tentación de la mentira a veces induce a inventar pretextos imaginarios, y así no tener que afirmarse… En el caso de la mitomanía, la relación con la mentira va mucho más allá, llega a una verdadera dependencia con el hecho de mentir, aunque sea completamente inútil, como un reflejo sin sentido, la puesta en marcha de un mecanismo imparable.

Sin embargo, en la mayoría de los casos las mentiras relacionadas con la autoestima son inofensivas y se acercan a lo que Alain Souchon cuenta en la canción «Bidon», donde hace creer a sus novias que es sucesivamente un cantante de rock, un piloto de fórmula 1, etc., antes de confesar, tras ser cogido con las manos en la masa, que sólo es «un tipo engañoso, atiborrado de aspirinas», con sus pinzas de ciclista, lo que a pesar de todo habría bastado para seducirlas.

LA SOLUCIÓN: AUTOAFIRMACIÓN NEGATIVA

Si creemos que hemos recurrido con cierta frecuencia al disimulo o a "pequeños arreglos con la verdad", es conveniente actuar: es agotador pasar toda la vida mintiendo y fingiendo. Es menos frustrante que renunciar, pero infinitamente más agotador.

Por supuesto, el problema no estriba en nuestras debilidades, sino en nuestra incapacidad para asumirlas. Sin duda porque tememos que impliquen un rechazo irremediable (y no la comprensión que buscamos), o porque creemos que son insuperables. Ambos errores nos empujan a estrategias inadaptadas.

El trabajo sobre la auto-afirmación negativa consiste en acostumbrarnos progresivamente a desvelar nuestras debilidades y limitaciones con el objetivo de volver a graduar nuestro detector de riesgo de rechazo social. Los individuos con baja autoestima sobrevaloran este riesgo por razones subjetivas no razonadas. Así pues, se les incita a comprobar la validez de sus predicciones mediante una serie de ejercicios con el terapeuta. Por ejemplo, acostumbrándose a confesar la incapacidad para responder a las fichas del Trivial Pursuit, si es posible la edición Genius, o a preguntas de cultura general: se pueden encontrar listas en Internet; de vez en cuando practico este ejercicio con mis pacientes. Otro ejercicio clásico: acudir a una tienda y pedir que nos expliquen el funcionamiento de un aparato de alta fidelidad, decir que no hemos entendido bien y pedir que nos lo repitan. *Idem* en la calle al preguntar por algún lugar; pedir a la persona que nos repita el trayecto.

La idea es enfrentar al paciente con lo que siempre ha temido y se ha ingeniado para evitar. Como siempre, descubrimos que los riesgos reales son inferiores a los riesgos supuestos.

Después de estos pequeños ejercicios de calentamiento quedará por afrontar lo más difícil: experimentarlo en la vida real, con personas verdaderas, y no sólo en el marco de un juego de rol. En ese momento aumentará el riesgo de pérdida de la autoestima. Lo que se pretende enseñar al paciente no es que exhiba *siempre* sus debilidades, sino que *se sienta capaz*, en función de los interlocutores, las circunstancias, los lugares, etc.

Recuerdo a un paciente que no sabía cómo funcionaba un programa informático el primer día en su nuevo empleo. Pasó horas antes de atreverse a pedir ayuda; finalmente se decidió a hacerlo. Un compañero benévolo le ofreció algunas explicaciones. No lo comprendió todo, pero no se atrevió a decirlo. Afortunadamente, el compañero se dio cuenta y le dijo: «Normalmente es difícil comprenderlo a la primera, necesitarás muchos días para conseguirlo, no dudes en pedirme ayuda, todos hemos pasado por esto». Pero si su compañero no se hubiera mostrado generoso, es probable que el paciente hubiera dimitido; ya lo había hecho en el pasado por menos que esto.

También recuerdo a una paciente que tenía que ver al tutor de su hijo, por las dificultades de éste en la escuela. Como tenía muchas cosas que preguntarle, las anotó en un papel, pero cuando se halló ante el profesor, no se atrevió a sacarlo. Ante mi sorpresa, me preguntó sinceramente: «¿Está seguro de que no habría parecido estúpida?». Esta paciente provenía de un medio socio-profesional elevado y ejercía un oficio prestigioso. Era precisamente esto lo que complicaba las cosas y más bien le acrecentaba el miedo a que la apreciaran menos si mostraba sus debilidades, por insignificantes que fueran. Recuerdo que practicamos un juego de rol en el que ella tenía que extraer de su bolso una lista de "peticiones", confesando a su interlocutor, con una sonrisa: «Tengo mala memoria, es para asegurarme que no olvido nada. ¿Le molesta si lo compruebo?».

Otra paciente, una chica joven, inteligente, se auto-censuraba en las reuniones de amigos, convencida de que toda opinión proferida por su boca era menos razonable o interesante que las demás. La sesión de trabajo con ella consistía en escoger al azar entre una serie de papelitos con temas de conversación (la última película vista, el último libro leído, las últimas vacaciones, un recuerdo de la infancia…) y pedirle que improvisara a partir de ahí. Fueron necesarias varias sesiones para lograr atenuar el influjo parasitario de los pensamientos que emergían a su mente, del tipo: «Lo que digo es una tontería, no es razonable ni interesante, es caótico…». También se le encomendaron "trabajos prácticos" con amigos de confianza, a fin de que llegara a la misma conclusión que La Rochefoucauld: «la confianza estimula más la conversación que el espíritu». Su problema no era la calidad de sus argumentos, sino el de la exigencia de su autoestima.

Invulnerable, o casi…

Relato de Loïc, uno de mis pacientes: «Tengo un compañero que no es en absoluto una víctima. Posee una increíble capacidad para desconcertar a todos los depredadores sociales, a los vampiros de nuestras debilidades, a los tiburones que acuden en cuanto perciben nuestra vulnerabilidad [Loïc duda tanto de sí mismo que ve depredadores por doquier]. Si le hacen una crítica se muestra indiferente, se la toma bien. No significa que la acepte, sino que enseguida replica: "Muy bien, quiero que me cuentes más". Rápidamente la situación se invierte y es el otro quien se justifica y se explica. Sin que rehúse cuestionarse, nueve de cada diez veces es el otro quien lo hace. Es la única persona que conozco con ese método: como un campeón de aikido. Siempre fuerte, pero sin recurrir nunca a la fuerza...».

A menudo he trabajado con pacientes que tenían que impartir conferencias o clases. Uno de sus temores consiste en no saber responder a las preguntas del público o las de los estudiantes. Pero ¿por qué habría que saberlo todo, e inmediatamente? ¿Para ser admirado? ¿Merece la pena el estrés? También he trabajado con otros que sufrían enormemente al reconocer que no tenían argumentos en una discusión, que se equivocaban en su posición, o que los argumentos del interlocutor eran mejores o más lógicos. En todos los casos, la mejor solución, la más mesurada, honesta y poderosa, y por último la más enriquecedora, es decir sencillamente: «No lo sé» o «Tal vez me equivoque».

El movimiento se produce en dos sentidos: por supuesto, una buena autoestima permite adoptar semejantes comportamientos. Pero, a la inversa, adoptar estos comportamientos es bueno para la autoestima: nos enseña que pueden apreciarnos sin que seamos perfectos. Asumir mis limitaciones es duro, pero también útil y necesario. ¿Existen riesgos? Las personas con baja autoestima cuentan con un arsenal de anécdotas de personas poco delicadas que han abusado de la expresión de esta vulnerabilidad. Entonces les recordamos que la solución recomendada no es generalizar la respuesta de "desbloqueo", sino adaptarla a los interlocutores. De ahí la importancia de observar más al otro que a uno mismo en las relaciones sociales, así como la importancia de multiplicar las ocasiones de afirmarse negativamente a fin de crear esta experiencia humana, basada en diversas interacciones, de la que carece mucha gente. A partir de este momento se beneficiarán de las ventajas de su actitud: obtener informaciones verídicas respecto a la aceptabilidad social de sus puntos débiles. Progresaremos mejor a partir de estos datos, y no tomando nuestros fantasmas como base.

Paradoja e injusticia común: cuanto más alta es la autoestima en una persona, más se libera de la necesidad de asertividad. El escritor Paul Valéry, cosmopolita y dotado para las relaciones sociales, a veces declaraba al principio de sus conferencias: «He venido a mostrar mi ignorancia ante vosotros». Muchas veces he visto a presidentes de Estados Unidos, los políticos más poderosos del mundo, declarar que estaban especialmente emocionados ante un discurso. Coquetería, pero también estado anímico. ¿Y si nos inspiramos en estos ejemplos en lugar de admirarlos o envidiarlos?

17. OCUPARSE
DE NUESTRO ESTADO DE ÁNIMO

«No se amargue...»
COURTELINE reconfortando a JULES RENARD

«Mis estados anímicos y yo», o el pequeño teatro de nuestra vida interior...

LA ESTRECHA RELACIÓN ENTRE AUTOESTIMA, EMOCIONES Y ESTADO DE ÁNIMO

La autoestima no es sólo cuestión de observarse a uno mismo, también es la experiencia emocional global que nos invade cuando pensamos en nuestro ser. Algunos investigadores incluso definen la autoestima como el «componente afectivo del auto-concepto»[1] para señalar hasta qué punto está "contaminada" por esta dimensión emocional, que es la que facilita que no seamos "identidades gélidas".[2]

Existe una clara correlación entre nuestro estado de ánimo y nuestra autoestima: todo lo que nos pone de buen (o mal) humor mejora (o estropea) levemente la autoestima.[3] A la inversa, todo movimiento (herida o nutriente) de la autoestima influye (negativa o positivamente) en nuestro estado de ánimo.[4]

En términos generales, las personas con una autoestima frágil tienden claramente a sentir emociones negativas, sobre todo ante situaciones estresantes.[5] Podemos incluso preguntarnos si ciertas carencias crónicas de autoestima no serán una expresión particular de trastornos del estado de ánimo (es decir, todas las enfermedades depresivas) que se manifiestan especialmente en el ámbito de la apreciación que hacemos de nosotros mismos. Así, en las personas que padecen distimia (forma de depresión crónica y poco intensa), la prescripción de un tratamiento antidepresivo a veces induce una clara mejoría de los problemas de autoestima.

Una buena autoestima también parece propensa a estimular lo que se conoce como inteligencia emocional: la capacidad de percibir, descodificar y regular el conjunto de las emociones propias y ajenas.[6] Asimismo, una buena autoestima desempeña la función de termostato emocional y ayuda a modular el impacto de las emociones negativas, para no dejar que ocupen un excesivo lugar o se generalicen. Probablemente, también evita desórdenes psicológicos a partir de la onda de choque emocional de los fracasos y dificultades: «Estoy harto, esto no puede durar, no lo conseguiré, es demasiado duro…». Así pues, las emociones influyen decisivamente en el juicio y la visión que tenemos de nosotros mismos. Este vínculo entre autoestima y vida afectiva parece más específico respecto a las emociones relacionadas con la autoimagen: vergüenza en lugar de ira, orgullo en lugar de bienestar.[7]

Esto sólo se aplica a las emociones fuertes. Este efecto existe incluso en el nivel del sentimiento global de energía: un estudio de siete semanas de duración mostraba una estrecha correlación entre el nivel de energía experimentado por los voluntarios (sentirse a tope) y la autoestima.[8] Por último, sabemos que esas emociones discretas que representan nuestros estados de ánimo, esas oscilaciones diarias del humor, tan ligeras que a veces olvidamos su presencia e influencia, también desempeñan una función en el equilibrio de nuestra autoestima.

Las personas con problemas de autoestima no saben subirse el ánimo

Se sabe que las personas con una mala autoestima tienden a "hundirse" cuando no se encuentran bien: si no se sienten queridos, tenderán a replegarse en sí mismos, en lugar de tratar de renovar los vínculos sociales reparadores. Si creen haber fracasado, tenderán a la auto-inculpación y a infravalorarse, en lugar de animarse a seguir actuando. Apenas tratarán de subirse el ánimo[9] y, peor aún, se contendrán ante las emociones positivas, que los sujetos con una buena autoestima serán capaces de disfrutar, como corresponde.[10]

¿Por qué esto es así? Los investigadores ofrecen muchas explicaciones.[11] ¿Será por la costumbre de sentirse melancólico, y por tanto con una gran familiaridad hacia las emociones negativas que nos empujaría a no tratar de evitarlas? ¿Por la convicción, debida a fracasos en el pasado, de que es muy difícil modificar el estado anímico, y por tanto la renuncia a hacerlo? ¿Debido a la intuición de que mejorar nuestro ánimo nos incitaría a volver a confrontarnos con las situaciones, y por tanto el temor de que esto atraiga de nuevo heridas de la autoestima? ¿O debido a la fragilidad específica de los mecanismos de regulación del ánimo en las personas con una baja autoestima y su rápida alteración a partir de los agentes estresantes de la vida diaria (de ahí la dificultad a la hora de mantener las resoluciones y hacer lo que sabemos que tenemos que hacer para mejorar)? Esta última hipótesis parece corresponder mejor a lo que observamos sobre el terreno, junto a los pacientes.

El problema es, evidentemente, que estos fracasos reiterados en las tentativas de ajuste entrañan una usura emocional y una desmotivación psicológica (sentimiento de impotencia y de ineficacia personal), que agravan aún más los problemas de autoestima, etc.

Quizá existen circuitos cerebrales que progresivamente se sensibilizan ante el fracaso reiterado y provocan que al menor contratiempo sobrevengan emociones y pensamientos negativos con una violencia y una intensidad desproporcionadas. Una de mis jóvenes pacientes, neuróloga investigadora, me hablaba de una "autopista sináptica negativa": «Cuanto más progreso en la terapia, mejor percibo cómo se activa de antemano y soy capaz de proporcionarme desviaciones psicológicas a fin de no estrellarme contra el muro en cada ocasión».

LAS CAÍDAS DEL ÁNIMO
DESPIERTAN LOS PROBLEMAS DE AUTOESTIMA

De un modo general, aquellos de entre nuestros pacientes que padecen trastornos de la autoestima describen claramente cómo algunos días son peores que otros en función de fluctuaciones (que sin embargo son normales) en su estado de ánimo: lo que en otros sería tan sólo un nubarrón mental pasajero despierta en ellos una serie de pensamientos de desapego hacia uno mismo, obsesión ante las dificultades y una pérdida del deseo de actuar y vivir.

No obstante, los estados anímicos negativos no sólo provocan malestar; parecen disminuir las capacidades para actuar, crear, resolver problemas, etc. Del mismo modo, se cree que leves caídas en el estado de ánimo facilitan las recaídas depresivas en personas vulnerables en este nivel, especialmente si presentaron diversos episodios depresivos en el pasado.[12] También se ha podido mostrar que los descensos en el estado de ánimo, incluso mínimos y transitorios, en las personas con antecedentes depresivos e intentos de suicidio, ejercen un impacto en su capacidad de resolver los pequeños y sencillos problemas de la vida cotidiana.[13] Estos trabajos son importantes porque permiten comprender cómo aconte- cimientos adversos insignificantes a veces pueden conducir a un verdadero trastorno depresivo, con un aflujo de ideas oscuras y el sentimiento de desesperación, que puede llegar a ideas suicidas en personas predispuestas a ello, más aún cuando el intento de suicidio fue una "solución" para escapar a ese sufrimiento en el pasado.

¿UNA NEUROPSICOLOGÍA DE LA AUTOESTIMA?

Los progresos de la neuro-imaginería, técnica que permite visualizar las diferentes zonas del cerebro en acción, han sido y se anuncian espectaculares: permiten comprender mejor que todos los fenómenos psíquicos, pensamientos y emociones están relacionados con manifestaciones psico- biológicas y que no existe sufrimiento psicológico que no se asocie a perturbaciones cerebrales: la enfermedad imaginaria no existe. Y cómo los diversos tratamientos, psicoterapéuti- cos o médicos, normalizan esas perturbaciones.[14] No tengo conocimiento de que por el momento se haya realizado nin- gún trabajo de este tipo sobre el funcionamiento de los tras- tornos de la autoestima. Por el contrario, sí existen en el campo de la depresión, cuyos vínculos con la autoestima son estrechos. Así, un equipo francés ha señalado los cimientos neuropsicológicos de ciertos "errores" que acontecen en el cerebro de los individuos deprimidos.[15]

La experiencia se desarrolla así: los investigadores presentan listas de palabras a los sujetos, tanto deprimidos como no deprimidos. Algunas describen cualidades (generoso, inteligente, amable, etc), otras defectos (avaro, hipócrita, rencoroso, etc.). En primer lugar se pide a los sujetos que lean estos adjetivos bajo una perspectiva general («¿Qué piensas de la generosidad? ¿Y de la avaricia?»), y a continuación desde una perspectiva personal («¿Eres generoso o avaro?»).

Entonces se advierte que en los sujetos "normales" (no deprimidos) no se activan las mismas zonas del cerebro en función de si las palabras se leen desde una perspectiva general (¿se trata de una virtud o un defecto?) o personal (¿esa virtud o defecto me pertenecen?). Así, la mente de las personas no deprimidas efectúa una clara diferencia entre reflexionar sobre un rasgo de personalidad y atribuírselo. En efecto, existe una zona específica del cerebro, recientemente descubierta, que actúa como sede de la tendencia a "personalizar" la información tratada: el cortex prefrontal dorsomediano. Si no te encuentras deprimido(a), esta zona sólo se activará cuando te cuestiones a ti mismo. En los sujetos deprimidos, esta zona tiende a activarse a cada paso, especialmente con la evocación de palabras negativas, incluso desde una perspectiva general. En otras palabras, cuando se les pregunta «¿Qué piensas de este defecto?», los deprimidos reaccionan como si hubieran escuchado «¿Este defecto es tuyo?», y tienden a pensar que sí.

Sabemos que esta tendencia a la personalización de las informaciones, sobre todo las negativas («Es culpa mía», «Siempre me toca a mí»), es una característica de la enfermedad depresiva. Se encuentra en el origen de los sentimientos de desasosiego, culpabilidad y auto-menosprecio que parasitan constantemente la vida interior de los depresivos y arruinan su autoestima. Es uno de los blancos privilegiados de la psicoterapia cognitiva, que consiste en que el sujeto deprimido tome conciencia de la existencia de esas distorsiones automáticas del pensamiento.

Es la primera vez (y sin duda es sólo el principio) que las bases cerebrales de un mecanismo psicopatológico han sido descubiertas por la investigación en neuro-imaginería. Cuando los sujetos deprimidos nos explican que es «más fuerte que ellos» y que no pueden evitar reaccionar así, podemos creerlos: estos mecanismos no dependen, en ningún caso, de su voluntad. Pueden tratar de corregirlos, pero no evitar su aparición.

Afortunadamente, el hecho de que un fenómeno descanse en una base biológica no significa que no se pueda modificar por la fuerza de la mente. Ésta es la segunda gran enseñanza de este tipo de investigaciones. Otro equipo, en esta ocasión canadiense, ha demostrado que las disfunciones cerebrales de los sujetos deprimidos mejoran con un tratamiento psicoterapéutico:[16] las perturbaciones observadas se consideran "funcionales", no son lesiones cerebrales. La tendencia a atribuirse informaciones negativas es, pues, "reparable" en el caso de la depresión. No hay ninguna razón que lleve a pensar que no pueda ser así en el caso de los sufrimientos de la autoestima.

UTILIZAR LAS EMOCIONES
PARA TRABAJAR LA AUTOESTIMA

El interés y la posibilidad de trabajar en nuestros estados anímicos, esa mezcla entre nuestro estado de ánimo y nuestros pensamientos, han sido ampliamente avalados en el presente.[17] Sabemos que dejar que reinen las emociones negativas (tristeza, ira, inquietud...), al menos durante mucho tiempo o muy a menudo, no es en absoluto inofensivo. Tampoco lo es para la autoestima. Además, *hay que prestar especial atención al estado de ánimo* (apelación que en inglés se expresa con el término *mood*) tanto o más que a las emociones fuertes y violentas: aunque el estado de ánimo de fondo sea más discreto que las emociones, con frecuencia es más destructivo por ser más insidioso y menos fácil de detectar y combatir, y en numerosas ocasiones puede ejercer un mayor impacto en todos los aspectos de nuestro comportamiento y visión del mundo.

Menos excepcionales, más frecuentes y permanentes, *estos estados anímicos que marcan nuestro humor actúan, en cierto sentido, por «infusión»*:[18] son poco poderosas pero activos si dejamos que impregnen nuestra mente durante mucho tiempo. Una paciente bastante graciosa a quien expliqué este mecanismo me contó un día: «Doctor, he comprendido su teoría. En mi caso funciona así: esos estados anímicos son como una tisana o infusión. No es gran cosa, pero si dejamos que la infusión se haga durante largo tiempo, la cosa se complica. Muchas veces mi cerebro se sumerge en una infusión de tedio; no le presto atención, lo dejo macerar, y al cabo me siento mal. De un modo parecido, hay días en que me siento inmersa en una infusión de irritación… A veces es como en las verdaderas tisanas estilo poleo-menta, son mixtas: padezco ira-inquietud, o tedio-remordimiento. Sin embargo, ahora lo he comprendido: procuro que mi cerebro no hierva ahí dentro…».

Así pues, el trabajo sobre esos estados anímicos empieza a ser un reto importante en las psicoterapias de la autoestima y la prevención de la recaída depresiva gracias a que esas capacidades pueden "muscularse" y desarrollarse poco a poco mediante un entrenamiento constante.[19] ¿Es una buena noticia, no? Entre otras, éstas son las acciones que habrá que realizar para adquirir progresivamente esas capacidades:

• *La observación constante de nuestros movimientos emocionales* (grandes y pequeños): es lo que denominamos "cronometría afectiva". Consiste en evaluar regularmente nuestro estado anímico y consignar nuestra impresión en una libretita, en la que también estableceremos su relación con los pensamientos y acontecimientos vitales que se le asocian.[20] Cuando sufro de tedio, ¿qué tipo de pensamientos y comportamientos induce en mí? ¿Qué hago para combatirlos? ¿Qué acontecimientos desencadenan esos estados de ánimo? ¿Mi reacción es proporcional a lo acontecido, o declaradamente excesiva? Si es así, sin duda soy víctima de alguna alteración de mi termostato emocional: tendré que practicar ejercicios constantes para regularlo de manera más adecuada.[21]

• *El trabajo en los contenidos del pensamiento*, que denominamos "trabajo cognitivo":[22] en otras palabras, consiste en no confundir los pensamientos con la realidad. Hemos hablado de ello anteriormente.

• *La práctica constante de ejercicios de meditación*, al margen de la forma que adopten: plena conciencia, Zazen, etc., que ayuda en gran medida al reconocimiento precoz de los micro-movimientos del ánimo y a situarnos a cierta distancia de ellos.

• *El esfuerzo deliberado por suscitar o acoger todas las ocasiones en que se presenten emociones positivas, legítimas y sinceras;*[23] esto facilita el equilibrio emocional global si se practica de un modo adaptado y no estereotipado o reprimido.

A veces es necesaria la ayuda de terapeutas para llevar a cabo este trabajo sobre uno mismo, especialmente cuando el sujeto presenta marcadas tendencias depresivas. Las terapias adaptadas serán aquellas que le hagan trabajar en el punto exacto de intersección entre emociones, pensamientos y situaciones detonantes. Convendrá no olvidar que también hay que prestar atención a la regulación de nuestro "timostato", el termostato de nuestros más discretos estados emocionales (*thymie* significa "humor" en griego). Nuestro querido Jules Renard observaba: «Por supuesto, hay buenos y malos momentos, pero nuestro humor cambia más a menudo que nuestra fortuna».

BARUCH SPINOZA

A menudo, mis compañeros se burlan de mí cuando en nuestras reuniones científicas hablo de la alegría o las emociones positivas. Nuestro trabajo como psiquiatras y médicos de la mente nos lleva a considerar como más noble, más legítimo y sobre todo más urgente la tarea de aliviar los sufrimientos. Y como algo secundario, anecdótico e incluso inapropiado («No es asunto nuestro») el ayudar a los pacientes a construir su felicidad con pequeñas pinceladas. Confieso que a veces me irritan esas pequeñas burlas de mis colegas (no hablo aquí de las grandes burlas de mis compañeros y enemigos, que nunca he escuchado ni afrontado porque no se dan en mi presencia). Las acepto y sonrío, pero a pesar de todo…

Entonces busco aliados. Uno de mis aliados más prestigiosos es Baruch Spinoza (1632-1677), un magnífico filósofo y cantor de la dicha. Escuchad lo que dice Gilles Deleuze, en un libro dedicado a este autor: «Spinoza no es de los que creen que una pasión triste tiene algo bueno […]. *Sólo la alegría tiene valor, sólo la alegría permanece* y nos acerca a la acción y a la beatitud de la acción. La pasión triste engendra siempre impotencia […]. ¿Cómo lograr un máximo de pasiones alegres, y de ahí pasar a los sentimientos libres y activos?».[24]

Spinoza no tenía nada de ingenuo o soñador. Gracias a ello ensalzó la alegría contra la tristeza. Por un azar o una señal del destino, su nombre era Baruch.

Que significa *dichoso...*

18. SER NUESTRO MEJOR AMIGO

«La amistad que cada cual se debe a sí mismo.»
MICHEL DE MONTAIGNE

En su célebre novela *La soirée avec M. Edmond Teste*, Paul Valéry escribió una de las frases más célebres de la literatura francesa respecto a la relación con uno mismo: «Rara vez me he perdido de vista: me he detestado, me he adorado –y más tarde hemos envejecido juntos». Tras las inevitables oscilaciones entre el desamor y el amor a uno mismo, ¿cómo conseguir una coexistencia apacible?

¿TENEMOS QUE ADMIRARNOS? LOS RIESGOS DE LA AUTOFILIA...

El error que frecuentemente cometen los sujetos que padecen problemas de autoestima consiste en pensar que sólo somos dignos de aprecio si somos admirables. Así pues, las estrategias pueden variar según el nivel de autoestima. Quienes poseen una autoestima alta y vulnerable procuran obtener esta admiración de los demás, de lo que derivan sus esfuerzos de autopromoción y de estar siempre en primera línea, amén de convencerse de que son admirables. Aquellos cuya autoestima es baja se contentan con soñar: fantasmas de éxito y gloria, pero la ausencia de esfuerzo y la renuncia a asumir riesgos los mantienen alejados de ello. Esta búsqueda de admiración, en la realidad o en el sueño, no es sino un callejón sin salida para la autoestima: hemos visto cómo la debilita sometiéndola a condiciones y a una extremada dependencia de situaciones exteriores y poco controlables.

Así pues, *tratemos de apreciarnos, no de admirarnos*. André Comte-Sponville[1] ha resumido perfectamente la diferencia entre aprecio y admiración: la admiración para lo que nos supera ampliamente, el aprecio para lo que es ligeramente superior a nosotros, una "especie de igualdad positiva". Es una perfecta base en cuanto a la definición de los objetivos cotidianos que cada uno aspira a alcanzar: de cara a apreciarnos, mejorar nuestra respuesta espontánea. Es inútil pretender la acción gloriosa o el éxito deslumbrante. Sería demasiado difícil y también un excelente pretexto para renunciar a seguir actuando.

Esta prudencia, unida al deseo de ser admirable, ha sido descrita en muchas ocasiones; por ejemplo, en las *Confesiones* de Jean-Jacques Rousseau: «Me hizo sentir que era infinitamente mejor tener siempre el aprecio de los hombres que su admiración esporádica». O en La Rochefoucauld: «Nuestro mérito nos atrae el aprecio de la gente honrada, y nuestra estrella el del público».

¿ES NECESARIO AMARSE?

En materia de autoestima, la mayoría de los autores (yo también me incluyo) han insistido siempre en el necesario amor que hemos de profesarnos para tenernos aprecio. Desde el punto de vista pedagógico quizá sea una mala idea. Además de que el sentimiento de amor es difícil de dominar, advertimos que el amor descansa en una mezcla inextricable de atracción física, una necesidad de fusión y acercamiento, una expectativa de exclusividad, que parecen incompatibles respecto a esa relación apacible con el propio ego que esperamos de una buena autoestima. En este caso nos acercaríamos al narcisismo, el amor excesivo hacia uno mismo. O más bien amor a secas. ¿Por qué habría que querer *amarse*? ¿No hay otras posibles relaciones afectivas con uno mismo?

En realidad, cuando observamos el comportamiento de las personas con buena autoestima, parece que el tipo de vínculo que mantienen consigo mismas es más bien de naturaleza amistosa. *Finalmente, una buena autoestima está más cerca de la amistad que del amor*: sólo la amistad logra conciliar *exigencia* (no dejar que nuestros amigos hagan lo que quieran) y *benevolencia* (no juzgarlos, sino ayudarlos), *presencia* (estar atentos y disponibles cuando nos necesiten) y *tolerancia* (aceptamos sus faltas y defectos). Sería necesario que este amor fuera de la misma naturaleza que el de los padres hacia sus hijos: sin condiciones e infinitamente benévolo. En la actualidad, ciertas terapias exploran esta senda de auto-parentesco con unos primeros resultados prometedores.[2]

Simplemente, ser su amigo

Aprecio y afecto, ¿no es lo que define a la amistad? Un amigo o amiga es precisamente una persona por la que experimentamos ambos sentimientos. Y es muy probable que la relación amistosa constituya un buen modelo para la relación con uno mismo.

Esto es lo que propone *el ejercicio del "mejor amigo", un clásico de la terapia cognitiva*: el terapeuta pide a su paciente que anote sus pensamientos negativos cuando se encuentra en una situación difícil. Por ejemplo: «Al fracasar en una tarea me dije: realmente eres un inútil, abandona, no lo conseguirás nunca». Le pregunta entonces si le habría dicho lo mismo a su mejor amigo si éste se enfrentara a la misma situación. Por supuesto que no, responde el paciente. Es consciente de que este discurso sería erróneo, injusto e ineficaz... A continuación se le pide al paciente que modifique el discurso como si tuviera que transmitirlo a un amigo: ¿qué le dirías si tuviera que enfrentarse al mismo problema? El discurso cambia: a partir de los mismos hechos, su tonalidad se suaviza y tiende a ayudar al otro, al tiempo que se vuelve más justa: «Bien, es duro, no lo has conseguido. Son cosas que pasan. Trabajando poco a poco podrás hacerlo. Y si te exige mucho esfuerzo puedes abandonar».

Poco a poco se incita al paciente a aplicar este tipo de discurso interior a su propia persona. Con el fin de inculcar esta costumbre, se practican regularmente juegos de rol en los que el terapeuta (a partir de sus notas) asume el papel de paciente que se auto-critica con severidad, mientras que el verdadero paciente adopta el rol de un amigo con un discurso conciliador: debe reconfortar, sin mentirle, a este interlocutor, que no es otro que él mismo... Se anima al paciente a recurrir a verbalizaciones deseables: no encumbrarse («Tú eres genial, los demás son idiotas o este problema carece de sentido») ni negar el problema («Todo va bien, me río de él»), sino abordarlo con tranquilidad («De acuerdo, hay de qué preocuparse»), no generalizar («¿Es tan grave y definitivo como tu decepción te hace creer?»), subrayara las soluciones («No eres el primero en tener estos problemas, tiene que haber un modo de afrontarles»).

El aprendizaje de las relaciones de amistad con uno mismo

Algunas personas consiguen establecer fácilmente esta relación amistosa con uno mismo. Cuidan de sí mismas, no se reprenden si se sienten frustradas. Además, no se "frustran": examinan tranquilamente sus fracasos y extraen enseñanzas. Su persona les inspira afecto sin pasión. Sin embargo, este tipo de relación ha de aprenderse cuando no nos la ha proporcionado nuestro pasado o nuestra educación. Podemos aprender a pasar de relaciones exigentes, recelosas y condicionales («Te quiero si...») con uno mismo a relaciones más serenas. Como todos los aprendizajes que atañen a la autoestima, llevan su tiempo. No obstante, si estamos en la buena dirección...

19. «SENTADA
ENTRE DOS ESTRELLAS»

Una paciente por la que siento un gran aprecio. Acudió a mi consulta debido a unos violentos ataques de pánico que le habían provocado una claustrofobia y agorafobia extremas. Trabajamos provechosamente durante un año y ha logrado librarse de sus problemas. De vez en cuando regresa el miedo, pero sabe mantenerlo a raya sin dificultad. Como habíamos simpatizado, me habló de otros problemas, menos violentos, pero que también le arruinaban la vida, problemas de autoestima. Desde que era niña tiene la impresión de no ser lo suficientemente buena como para merecer el amor de los demás. Creía que sus padres preferían o admiraban a sus hermanos: a ella la querían, pero no la admiraban en absoluto. A lo largo de toda su vida ha vivido con extraños temores sociales: por ejemplo, cuando era adolescente temía que su olor o su fealdad molestara a los demás. Por supuesto, no había ningún olor ni fealdad. Hoy es consciente de eso, y probablemente también lo era en aquel tiempo, pero era así, sus temores se fijaron en el «temor a que no soportaran olerme o mirarme», me dice sonriendo. Durante un tiempo trabajamos y conversamos sobre sus problemas de autoestima. No son dramáticos, como a veces ocurre, pero a pesar de todo le molestan. Por mi parte querría que los atenuara porque pueden ser un factor de recaída en sus fobias. Mi trabajo con ella es fácil: avanza casi sola, apoyándose en los consejos que le brindo.

Hoy se presenta con muchas cosas que contarme: «Anoche pensé en usted, ¡adivine lo que me ha pasado! Afronté una situación que me hizo trabajar todo lo que hemos hablado últimamente. Cené con X (célebre escritor) e Y (presentador de televisión). ¿Se imagina?».

Me lo imagino bastante bien. Mi paciente vive tan acomplejada y se encuentra tan a disgusto en cuanto tiene la impresión de que sus interlocutores son más inteligentes, que lo que habría podido ser una velada pintoresca e interesante ha tenido que ser una prueba. Trabaja en la Administración, y su marido, empresario en el este de Francia, es un hombre extravertido, muy comprometido con la vida cultural y asociativa local, lo que la obliga a participar en frecuentes cócteles, ceremonias, exposiciones y otros encuentros públicos que evitaría de buen grado. En especial el de anoche, organizado con motivo de un festival cultural.

«Cuando nos acercamos a las mesas, comprobé que estábamos situados en primer lugar, y que mi asiento se hallaba entre los dos famosos. Enseguida me sentí mal: ¿qué podría decirles durante toda la comida? Estaba muy nerviosa y me odié por haber aceptado la invitación. Conozco esas comidas, en las que cuento los platos diciéndome: sólo queda el postre, sólo el café... Pero pensé en nuestros ejercicios y me esforcé. Me concentré en lo que habíamos trabajado: no centrarme en mi malestar; plantear preguntas, sin censurarme interrogándome sin son lo bastante inteligentes u originales; escuchar realmente las respuestas en lugar de torturarme por saber si la respuesta indica la pertinencia de mi pregunta... ¡Qué duro me resulta simplificar las cosas!

»La sorpresa de anoche fue que X (el escritor) resultó ser un hombre encantador y cálido que me respondió con placer y me planteó muchas preguntas sobre mi trabajo, la región, etc. Al cabo de un momento me sentí aliviada y segura; no veía en él a un juez ni censor, sino a un tipo simpático. Me alegré de estar allí. Y (el presentador de televisión) era lo que yo llamo "educadamente desagradable", estirado, altivo, distante, me hacía sentir la distancia entre él, célebre en París, y yo, funcionaria de provincias: suspiros, una ceja arqueada, miradas de soslayo para comprobar que lo miraban y exhibir su aburrimiento… En ese momento sentí cómo la angustia se disponía a asaltar mi diminuto y frágil ego. Despertaron todos mis viejos pensamientos automáticos: "Idiota, insípida, completamente inútil…". Sobre todo cuando Y me dio la espalda, al parecer ostensiblemente, para conversar con su vecina, que al menos tenía la ventaja de ser más joven que yo, si no más interesante. Entonces ocurrió lo peor: nadie me dirigía la palabra. Mi escritor estaba inmerso en una conversación a su derecha; mi presentador me rechazaba. Me encontraba sola entre las dos estrellas, ante mi plato y mi malestar, con la impresión de que toda la sala me observaba, o más bien contemplaba la escena diciéndose: es tan lerda e insípida que le han dado de lado. Con la impresión de que el resto de las mesas sólo observaba aquella situación… Entonces reaccioné de un modo distinto a como acostumbro. Respiré y me dije: "No te hundas como sueles hacer. No empeores la situación. Resiste, permanece en la superficie, no te ahogues, no vuelvas a caer en tu neurosis".

»Así que me recuperé y miré alrededor luchando contra mi miedo a encontrarme con otras miradas. Algunos amigos me saludaron desde otras mesas y les sonreí. Me dije que era normal que mis dos famosos conversaran con sus vecinos. Y dado que las mesas estaban dispuestas de tal modo que era imposible escuchar a los comensales de enfrente por el ruido ambiental, era normal que me encontrara sola como una tonta. Además, tenía derecho a no ser interesante. El derecho a ser imperfecta. Y aquellos dos señores tenían derecho a pensar lo que quisieran, igual que el resto de la sala, me daba igual... En realidad no me daba igual. No del todo. Pero ocurría algo nuevo: era la primera vez que la frase "me da igual" me parecía casi cierta y posible, la primera vez que no estaba muy lejos de sentirla entre mis emociones en lugar de simplemente repetírmela en mi pensamiento. Entonces me concentré en un sencillo objetivo: sentirme bien en aquel momento, minuto a minuto, sentarme bien, respirar adecuadamente, saborear cada sorbo de vino y cada bocado...

»Más tarde, el escritor se volvió amablemente hacia mí diciendo: "Discúlpeme, soy un grosero, ¿cómo he podido abandonar a una joven tan encantadora?". Y retomó la conversación, en la que participé completamente relajada. Esos cinco minutos me habían liberado. En lugar de destruirme y hundirme debido a este *abandono*, a esta *negación* por todos contemplada, y más tarde ser incapaz de retomar la conversación, como habría ocurrido antes, me alegró volver a charlar como con un viejo amigo muy inteligente y cultivado, pero cuyas cualidades me alegraban en lugar de acomplejarme. Permanecí en la situación en lugar de ahogarme en el malestar. No se imagina lo grato que me resultó reaccionar *normalmente*.

»En realidad, ambos comensales representaban los dos aspectos de mi problema, la encarnación de dos facetas de mi personalidad. Por un lado, el placer –y la capacidad– de ser yo misma, espontánea, alegre, inteligente e interesante porque me siento aceptada, y por tanto segura. Y por el otro, la angustia de sentirme juzgada y abismarme en ese aspecto de mi ser, crispado, inquieto, paralizado, hundido, y por último realmente poco interesante. No porque no *sea* interesante, sino porque el miedo a serlo *me vuelve así*».

«Todo esto está muy bien, felicidades. ¿Y cómo acabó la velada?

–Muy simple. El final de la comida fue agradable, me despedí afectuosamente de mi escritor. Me repitió que había pasado una velada deliciosa gracias a mí, que era encantadora, etc.

–¿Y qué impresión te produjeron esas palabras?

–En otra ocasión no me habría creído nada. Me habría dicho: es mera cortesía, seguro que lo dice siempre aunque se aburra profundamente.

–¿Y anoche?

–Anoche fue sencillo. En lugar de llenar mi cabeza con preguntas enmarañadas del estilo: ¿qué piensa en realidad cuando me dice cosas amables, etc.?, me planteé dos preguntas: 1) ¿Has pasado tú una velada agradable? Sí. 2) Y él, ¿ha pasado una velada agradable? Probablemente, porque lo muestra y lo dice. Y si lo dice sin pensarlo, entonces es problema suyo, en realidad no me concierne, ¿no es así?

–¡Así es! Es exactamente así.»

Suspiro de alivio. Adoro los momentos en que advierto que los pacientes están a punto de curarse…

PARTE III:
VIVIR CON LOS DEMÁS

Animal social.

Y miedos sociales.

Mil y un miedos: a ser olvidados, rechazados, ridiculizados o poco queridos... A veces, estos temores nos vuelven hipersensibles a aquello que tememos, hasta el punto de que por todas partes percibimos sólo un riesgo de rechazo o desamor. Nuestra expectativa de reconocimiento se transforma entonces en vulnerabilidad y más tarde en un sufrimiento que cualquier cosa despierta.

La gran inquietud, la gran obsesión de la autoestima es el rechazo bajo todas sus formas: indiferencia, frialdad, maldad, agresiones, desprecio, negligencias... Estamos dispuestos a todo para evitarlo: pelear, someternos, asumir esfuerzos desmesurados. Todo salvo no existir en la mirada o el corazón de los demás.

Para liberarnos de los excesos de este miedo tenemos que aprender otras formas de vivir la relación: cultivar, con plena libertad y lucidez, la confianza, la admiración, la gratitud, la amabilidad, las cosas en común... En resumen, las mil y una formas de amor. En esto no hay nada sorprendente: la autoestima siempre prefiere el amor.

20. EL DOLOR INSOPORTABLE
DEL RECHAZO SOCIAL

«¡Desdichado el que está solo!»
Eclesiastés, 4, 10

Has aceptado participar en un experimento en el laboratorio de tu universidad. Tras pasar un test de personalidad, el investigador que te ha recibido te entrega los resultados: «Lo siento, pero tiene todo el perfil psicológico de las personas que terminan su vida en soledad, incapaces de mantener relaciones fructíferas». ¡Listo! A continuación te hacen pasar a otra habitación con el pretexto de someterte a otro test. En la habitación hay dos sillas, una ante un espejo, la otra de cara a la pared. ¿En cuál de ellas te sentarás? Si acabas de recibir tan siniestra predicción, elegirás preferentemente la silla que da la espalda al espejo (90% de los sujetos). Si por el contrario has tenido la suerte de pertenecer a otro grupo echado a suertes, al que se le anuncia una vida relacional feliz, llena de afectos y vínculos perdurables, elegirás cualquiera de las sillas.[1] Creer en un porvenir halagüeño no suscita la auto-adulación; por el contrario, presentirlo melancólico y solitario induce a no soportar la propia imagen y huir de ella.

«NO PODÍA MIRARME EN EL ESPEJO»

A menudo, los pacientes me cuentan que tuvieron que quitar todos los espejos de casa, que no soportan su propia imagen y se apartan en cuanto hay cámaras fotográficas o de vídeo. Casi siempre se trata de personas que padecen trastornos de la autoestima y un permanente sentimiento de desamor. Y que, en efecto, han vivido un rechazo social crónico.

Sentirnos rechazados nos incita a huir de nuestra imagen, que nos remite entonces a algo incómodo y doloroso: ese algo somos nosotros... «Puesto que los demás no me aceptan, ¿cómo puedo aceptarme yo mismo?» Como si fuéramos culpables de ese rechazo, como si nos diéramos asco, o al menos nos inspiráramos aversión, cuando en realidad somos víctimas de esa marginación y deberíamos consolarnos; sin embargo, nos alejamos de nosotros mismos y nos abandonamos.

EL DOLOR DEL RECHAZO

Todos sabemos hasta qué punto la experiencia del rechazo social es dolorosa. La mayoría de las personas sólo experimenta formas "leves": ruptura amorosa, exclusión de un grupo o clan, a veces marginación en el seno de una empresa. Algunos han vivido rechazos traumáticos como las humillaciones públicas. Otros, rechazos leves pero continuos, como todas las manifestaciones de racismo.

«Todos los días cojo el tren en mi suburbio elegante. Todos los días voy trajeado y con corbata y leo un periódico elegante. Y todos los días el asiento contiguo al mío es el último en ser ocupado. Especialmente por las mujeres. Sólo cuando no quedan otros asientos libres alguien ocupa el que se encuentra a mi lado. Un día en que bajé del tren detrás de una de esas mujeres, vi cómo sujetaba con fuerza su bolso mientras me miraba de soslayo. Me he vuelto tan hipersensible a todo este asunto que ahora, cada vez que una mujer blanca corre delante de mí, sin duda porque llega tarde, lo primero que se me pasa por la cabeza es que me tiene miedo. Es un proceso automáti-co...»[2] Este testimonio de un ciudadano negro estadounidense, de 2002, nos recuerda la usura y la sensibilización que suponen los pequeños rechazos sociales cotidianos. Desgraciadamente podemos suponer que esta anécdota sigue siendo actual, y que también se aplica a Europa... El racismo no consiste sólo en escuchar cómo nos dicen «maldito negro, árabe, judío, chino, etc.». También implica todo un contexto de acontecimientos sutiles, insignificantes que pasan desapercibidos a ojos ajenos y que acaban por generar una hipersensibilidad al rechazo, de efectos desastrosos: en cuanto el sujeto se sumerge en un contexto propicio a esos rechazos se vuelve "paranoico" y está siempre alerta; vigila, detecta y exagera. A veces con razón: el racismo existe, de hecho, bajo múltiples formas y con diversas intensidades y niveles de conciencia. Y a veces erróneamente: el detector, excesivamente alerta, es demasiado sensible.

El ejemplo del racismo es muy revelador porque muestra bien cómo es infinitamente más doloroso e indignante ser rechazado por lo que *somos* que por lo que hemos *hecho*. Podemos aceptar que ya no quieran hablar con nosotros *porque* hemos metido la pata, no le hemos devuelto el dinero a alguien, etc. En cambio, la creencia de que se apartan de nosotros porque pertenecemos a una raza, nacionalidad, religión o clase social... diferentes, implica un dolor mucho más devastador.

EL RECHAZO DIARIO

En las experiencias de rechazo social organizadas en experimentos, uno de los hechos más sorprendentes es la contundencia con la que esos rechazos provocan dolor aunque los participantes sepan que se trata de situaciones artificiales y transitorias, junto a personas que no volverán a ver nunca. Como si un instinto profundo nos señalara que no hay nada más peligroso que ser rechazados por nuestros semejantes. Incluso el rechazo de personas desconocidas o invisibles, o en situaciones que no suponen compromiso alguno, como ser ignorados en un *chat* de Internet, implicará una franca perturbación de la autoestima.[3]

En la vida diaria, las situaciones equivalentes son, por ejemplo, no obtener respuesta a una carta, un *mail* o una llamada de teléfono: de ahí la aversión por los contestadores que experimentan las personas con problemas de autoestima (mejor no dejar mensajes a correr el riesgo de no recibir respuesta, que abriría el camino a los fantasmas del rechazo). También hay otros que no se atreven a telefonear por miedo a *molestar* o *caer mal*, pero se alegran si les llaman (en este caso, al menos están seguros de que su interlocutor realmente desea hablarles). Otros ejemplos de situaciones que implican un riesgo para la autoestima y la activación de los fantasmas del rechazo, son: sufrir un rechazo y tener la impresión de que otros han obtenido una respuesta positiva al pedir lo mismo; no estar invitado a una velada en la que podríamos estar; no estar incluido en una lista junto a otras personas, en función de su valor (personas que participan en un proyecto, etc.); que nos quiten la razón o nos critiquen...

Por supuesto, todo esto se agrava si hay un público: en este caso sentimos un rechazo generalizado, que indudablemente es la cima del dolor social. Por esta razón las burlas que marcan el rechazo de un grupo hacia un individuo aislado y vulnerable son tan peligrosas. Son frecuentes en la infancia y adolescencia, y los padres deben estar atentos y ver si sus hijos son las víctimas. Es necesario intervenir con el fin de frenar una marginación excesiva (que puede llegar a convertirse en persecución) y ayudar al niño a apoyarse en otro grupo de amigos. *El rechazo por parte de todo un grupo provoca siempre un terrible sentimiento de aislamiento en el momento de las burlas, pero también cuando el individuo se encuentra solo*: el dolor y la humillación, las ideas obsesivas sobre el carácter permanente y la gravedad del rechazo implican, según mi experiencia como psiquiatra, un incremento del riesgo de suicidio. Otro factor agravante se da cuando quienes nos rechazan normalmente son amigos o aliados en los que confiábamos; esto induce un doble sentimiento de traición y abandono que conmociona a la persona y aniquila sus ganas de vivir. Los testimonios de semejante dolor existen desde que la humanidad escribe sus penas... Por ejemplo, en este fragmento de un salmo de la Biblia:[4]

«De todos mis enemigos soy objeto de oprobio / y de mis vecinos mucho más; / doy miedo a mis conocidos: si me ven fuera, huyen. / He sido olvidado de su corazón como un muerto. / He venido a ser un despojo».

LAS PERTURBACIONES LIGADAS AL RECHAZO

Si estuviéramos en el mejor de los mundos posibles y nos rechazaran, procuraríamos intentar comprender la razón y reparar lo que fuera pertinente. Desgraciadamente, a menudo el rechazo implica comportamientos que van en contra del interés del individuo,[5] y esos comportamientos incrementarán el riesgo de ser nuevamente rechazado. He aquí una lista de probables reacciones contra las que hemos de precavernos:

- Comportarse de modo agresivo.[6] El rechazo y la sensación de rechazo provocan muchos comportamientos y actitudes agresivas: «En los momentos en que me siento inseguro o tengo miedo de no estar a la altura, a menudo me muestro desagradable *a priori*; prefiero que nadie se me acerque a ser rechazado».
- Aislarse. Es la tentación de la introspección, que agrava aún más el problema, pues la persona se queda sola con sus emociones y pensamientos. Acercarse a los demás es la estrategia prioritaria en caso de rechazo: aun cuando no nos comprendan completamente, aunque no nos consuelen del todo y su ayuda nos defraude, lo peor es quedarse solo... A veces es muy difícil hacérselo entender a los pacientes hipersensibles al rechazo: acudir a los demás no para que nos consuelen o sentirnos mejor, sino como un acto de supervivencia que no nos proporcionará forzosamente un bienestar inmediato (aunque a veces se da el caso), pero resultará indispensable. Como desinfectar una herida de inmediato: no evita que duela, pero impide el riesgo de infección. La infección de las experiencias de rechazo se traduce en paranoia, autocastigo, amargura, misantropía, reacciones que incrementarán nuestro sufrimiento y limitarán nuestras capacidades para volver a relacionarnos con los demás.
- Destruir los lazos existentes con los más allegados. Aun cuando junto a ellos podríamos encontrar apoyo y consuelo, con frecuencia la hipersensibilidad al rechazo también se infiltra en las relaciones conyugales y aumenta el riesgo de insatisfacción con el cónyuge.[7] El descontento y el resentimiento pueden asimismo desplazarse a nuestra familia y amigos.

• En ciertos individuos, los más vulnerables o propensos a ser rechazados, acaba insinuándose la tentación de hacerse daño. El individuo siente el oscuro deseo de mutilarse o autodestruirse. El consumo inmoderado de sustancias tóxicas como el alcohol remite a esa dinámica de autodestrucción, especialmente en las mujeres, en las que tras el rechazo se observa un fuerte consumo de alcohol que desemboca en la ebriedad y el coma etílico. Las experiencias de rechazo social, aun insignificantes (no recibir correo, *mails* o mensajes en el contestador: «Todos me olvidan, estoy sola...») o supuestas, a menudo desencadenan crisis de bulimia. Una ola de desasosiego inunda a la persona y la empuja a compensarlo mediante la comida.

• Sorprendentemente, infligir a alguien la experiencia del rechazo actúa en detrimento de su facultades intelectuales. Obtendrá peores resultados en los tests de inteligencia y será menos hábil en la resolución de problemas.[8] Este efecto erosivo no parece deberse únicamente al impacto emocional del rechazo: nuestra eficacia no disminuye sólo porque estemos tristes o inquietos, o porque nos obsesione nuestro infortunio. Al parecer, la situación de rechazo provoca una "onda de choque" inconsciente que de algún modo moviliza y coagula nuestra energía psíquica. Así pues, el rechazo no sólo nos limita emocionalmente, sino también intelectualmente, al menos en un primer momento. Por tanto, prudencia con las "grandes decisiones" o los "asuntos importantes" de nuestra existencia.

Atención, las heridas emocionales relacionadas con el rechazo social no siempre son visibles; pueden ser discretas, silenciosas, como los abscesos que evolucionan sin síntomas aparentes... Cuando se pondera la intensidad de la angustia que sigue a un rechazo, ésta no es sistemáticamente intensa, al menos de forma consciente, como si estuviéramos equipados con un mecanismo que amortiguara el dolor. Esto puede ser útil a corto plazo. Pero a largo plazo, semejante anestesia puede provocar efectos perversos: aunque sin duda su función es evitar la desesperación en las experiencias de rechazo de la vida cotidiana, numerosas en una vida en sociedad y no necesariamente dramáticas, también puede aletargarnos y ofrecer a los observadores y allegados una ilusión de indiferencia, sobre todo en los rechazos constantes y habituales.

Esto es lo que ocurre, por ejemplo, con los excluidos sociales, mendigos y marginados, víctimas desde su infancia de repetidos rechazos, normalmente violentos y generalizados:[9] en los casos más avanzados de marginalidad se da, con gran frecuencia, un proceso de "zombificación" que atestigua la muerte de su ser social, o al menos la desintegración de su autoestima.

En otro registro de gran desesperación, diversos trabajos sobre las etapas previas al suicidio han estudiado el estado psicológico inmediatamente anterior al acto (por lo general a partir de las cartas dejadas por el suicida) y señalan el mismo tipo de alejamiento de lo real, esa desintegración y apatía de pensamientos y emociones que no tienen que ver con la calma y la renuncia, sino con un estado infligido por la intensidad de la desesperación. Muchos suicidios se deben a rupturas insoportables de los vínculos sociales, sentimentales, familiares y profesionales.[10]

«Si nadie me quiere, ¿para qué esforzarme?»

Un nuevo experimento psicológico no muy divertido, pero que nos ayuda a demostrar y acorralar los mecanismos del sufrimiento del rechazo social.[11] Los participantes se dividen en pequeños grupos de seis personas del mismo sexo. Tras conocerse mutuamente mediante pequeños encuentros de veinte minutos, se hace pasar a cada sujeto a una pequeña habitación en la que le piden que elija a dos de las personas que acaba de conocer para trabajar en grupo. Poco después le dicen al sujeto que desgraciadamente nadie lo ha escogido (en realidad se trata de un simple sorteo, pero sólo lo sabrá más tarde). La otra mitad de los participantes recibe un mensaje más suave: «Varias personas del grupo te han elegido como compañero para otras experiencias, pero no inmediatamente».

A continuación, tanto si ha sido rechazado como aceptado, le piden que participe, solo(a), en otros experimentos. La siguiente experiencia consiste en evaluar, según un cuestionario muy preciso, el sabor y la textura de una determinada cantidad de galletas (35) depositadas en una bandeja. Le dejan diez minutos con las galletas, el cuestionario y la reciente experiencia de rechazo social.

Los participantes que acaban de sufrir el rechazo comen una media de nueve galletas a fin de responder al cuestionario de evaluación, mientras que los que no han sido rechazados tomarán cuatro o cinco. Da la impresión de que los "rechazados" hubieran perdido su capacidad de autocontrol, tan decisiva a la hora de no hundirse ante cada dificultad de la vida... Otras pruebas durante el mismo estudio arrojaron el mismo resultado: si el sujeto es rechazado desciende su capacidad de esfuerzo y autocontrol, abandona antes las tareas difíciles y asume riesgos absurdos. Un análisis pormenorizado de los resultados muestra que, *además de la pérdida de la capacidad de autocontrol, en las personas que han vivido una experiencia de rechazo también queda aniquilado el deseo de esforzarse.*

Estos datos son los mismos en los sujetos que han perdido a su cónyuge; hay estudios sorprendentes que revelan una tasa anormalmente elevada de asesinos entre los viudos, como si la ausencia de su pareja, la pérdida de esa relación fundamental para su bienestar, redundara en la pérdida del autocontrol.[12]

AFRONTAR EL RECHAZO

¿Cómo recuperar el deseo de luchar? Los experimentos muestran que los pequeños detalles pueden facilitar el proceso: tras el rechazo, encontrar motivación en tareas simples o situarnos ante nuestra imagen en el espejo. Los sujetos sometidos a estas modalidades experimentan un aumento de su capacidad de autocontrol en comparación a aquellos que se abandonan a sí mismos tras el rechazo. Ahora bien, como hemos visto y otros estudios señalan estos sujetos tienden naturalmente a evitar su imagen... En realidad sería conveniente que se dominaran tomando conciencia de sí mismos, de su valor e identidad. En otras palabras, apoyándose en los recursos de la autoestima.

Buscar apoyo social tras un rechazo, sistemáticamente; no evadirse en el alcohol, el trabajo o el sueño; aceptar dedicarse a tareas cotidianas aunque parezcan ridículas en comparación con nuestra tristeza... Trabajar en asuntos insignificantes y asumir esas pequeñas tareas de autocontrol supondrá una ayuda, mínima pero vital. Un estudio de larga duración realizado con escolares que se convirtieron en adultos mostró claramente que la capacidad de autocontrol (por ejemplo en los niños, preferir esperar un poco más para recibir una gran recompensa en lugar de una recompensa inmediata pero menos cuantiosa: «¿Un bombón ahora o tres dentro de cinco minutos?») predice con mucha precisión la capacidad ulterior para regular la hipersensibilidad al recha-

zo,[13] que además se asocia a diversos problemas: baja autoestima, conflictos frecuentes, recurso a las drogas, etc.

Otro medio de afrontar el rechazo consiste en las afiliacio-
nes múltiples: cultivar una red social vasta y tan variada como
sea posible, ofreciendo todos los grados de intimidad. Como
norma general, cuanto más sensibles somos al rechazo, más
tendemos a seleccionar a personas fiables que nos inspiren
mucha confianza, de las que esperamos que no nos "defrau-
den". De este modo corremos el riesgo de sufrir mucho si nos
decepcionan, porque la escasez de relaciones hace que su pérdida o alteración sea más dolorosa. «Prefiero la calidad a la
cantidad», nos dicen a veces los pacientes. Pero ¿quién ha
dicho que la calidad no puede convivir con la cantidad? *¿Por
qué el hecho de tener algunos amigos íntimos no es compatible con tener muchos colegas y conocidos más superficiales?*
Obviamente, quizá no siempre sean fiables en la adversidad,
pero pueden tener otras virtudes: la fiabilidad no debe ser el
único criterio de selección de nuestros contactos sociales. He
aquí un excelente ejercicio de aceptación de los demás: aunque
fulano sea superficial puede ser muy divertido; aunque fulana
es algo pesada, siempre brinda oportunos consejos; aunque
aquel me haya propinado "golpes bajos" (según mi parecer)
somos muy eficaces cuando trabajamos juntos... ¿Por qué
apartarlos de mi vida con el pretexto de que no son exactamente como yo querría que fueran? También puedo apreciarlos por
sus virtudes, sin esperar otra cosa de ellos.

21. LA LUCHA CONTRA EL MIEDO AL RECHAZO (Y SUS EXCESOS)

«Nuestra necesidad de consuelo es imposible de saciar.»
STIG DAGERMAN

«Leo en los pensamientos y en las miradas. He desarrollado una especie de sexto sentido para detectar la ironía, la condescendencia, el desprecio, la hostilidad oculta y todas las cosas desagradables en el alma de la gente que conozco. Pero esta hipersensibilidad me hace sufrir espantosamente. Si en el restaurante de mi empresa nadie se sienta a mi lado, me siento herida. En las reuniones mensuales de una asociación de voluntarios en la que participo y en la que somos lo bastante numerosos para no conocernos todos, si alguno coloca sus pertenencias a mi lado y luego se incorpora para sentarse en otro lugar, me siento enfermar. Es algo muy antiguo que procede de mi infancia: en el mejor de los casos, que los demás me olviden; en el peor, que me rechacen. No rechazada abiertamente, pero sí apartada, al margen de invitaciones y afectos... Por ejemplo, recuerdo que hace algunos años mi cuñada me confió a su hija de diez años durante un día. Nos divertimos mucho, y al final mi sobrina me confió: «No entiendo por qué mamá me dijo que podía llamarla para que viniera a buscarme si me aburría contigo. ¡Me lo he pasado muy bien!». Me apenó mucho este comentario, viniendo de mi cuñada. Siempre me pregunto si aburro a la gente. Parece que no sé darme a querer. En realidad necesito una gran dosis de signos tranquilizadores y vínculos amistosos de larga duración para sentirme segura y ser yo misma; desconfío de la gente demasiado amable. Hoy sé que esto es completamente enfermizo. En un momento determinado, cuando mis propios hijos crecieron y empezaron a ser partícipes de mi vida, sentí que me observaban y juzgaban. Leer preguntas («¿Por qué se enfada por esto?») o juicios en su mirada («¿Le ocurre algo?») fue muy duro para mí. Tenía la impresión de que preferían a mi marido, psicológicamente más asentado que yo. Sentía que la única fuente de amor incondicional de que disponía me abandonaba. Entonces empecé mi terapia.» (Angèle, 38 años).

El miedo al rechazo y sus deslices

La necesidad de relación, pertenencia y aceptación es sin duda una de las más fundamentales en el ser humano.[1] Sin duda es una herencia de nuestro pasado genético como primates indefensos, que sólo podían sobrevivir juntos frente a los depredadores: el rechazo equivalía a la condena, de ahí la importancia de las relaciones en la autoestima, la necesidad de saber suscitarlas y saborearlas y también la desconfianza cuando esa necesidad de relación y el detector del rechazo se alteran y nos convierten en hipersensibles a toda forma de distanciamiento.

Cuando se trabaja la autoestima es fundamental reflexionar sobre esta cuestión del rechazo social, sus consecuencias y nuestra propia participación en ellas a través del exceso de sensibilidad que podemos arrastrar año tras año. Hemos visto que es importante procurar no ignorar nunca las consecuencias del rechazo: hay que actuar rápido y bien, aunque el dolor sea, paradójicamente, leve. En cambio, *es esencial prestar aten-ción no sólo al rechazo, sino también a nuestro sistema de detección del rechazo*: si está estropeado (algo frecuente en los problemas de autoestima), podemos prepararnos para sufrir mucho y abundar en el fracaso... Porque *sentirse rechazado no significa que lo seamos realmente*: hemos visto que, si en el pasado hemos padecido auténticas y frecuentes experiencias de rechazo, hemos heredado un detector hipersensible, aun cuando nuestro ambiente actual sea más acogedor.

En cierto sentido se trata de un sistema de alarma estro-peado. La evolución nos legó este sistema: como éramos ani-males sociales y sólo podíamos sobrevivir en grupos solida-rios, nuestra existencia dependía de la capacidad para con-servar nuestro lugar en el seno del grupo. La soledad equiva-lía a una condena a muerte. Pero lo que se justifica en una situación de peligro objetivo puede escapar a nuestra volun-tad en las situaciones en las que sabemos que en teoría el peligro no es tan grande: no podemos desconectar ni regular este "programa" según las necesidades...

El temor al juicio negativo por parte de los demás, tan fre-cuente en los problemas de autoestima, está de hecho rela-cionado con sus posibles consecuencias negativas: el que nos juzguen comporta el peligro de ser rechazado si el juicio es negativo. Como cuando nuestra estima es baja normalmente nos juzgamos de forma negativa, suponemos que el juicio de los demás será tan lúcido, despiadado y severo como el nues-tro. Entonces nos apartamos de lo que consideramos peligro-so y, al hacerlo, validamos inconscientemente la posibilidad de ese peligro. Esta hipersensibilidad al juicio no es sino la punta del iceberg del miedo al rechazo. Se asocia a menudo (¿siempre?) a los problemas de autoestima.[2] Nada es tan sen-cillo como parece, porque la autoestima apenas puede discernir la diferencia que hay entre la impresión de fracasar y el fracaso mismo. Ante la duda, se decanta por la intuición. «Si me siento rechazado o apartado, es porque lo soy. No hay humo sin fuego.» *Por desgracia, en materia de psicología de la autoestima a menudo hay humo sin fuego, contrariamente al proverbio.* Afortunadamente, los mecanismos que explican esta hipersensibilidad comienzan a ser cada vez mejor conocidos.

EL RAZONAMIENTO EMOCIONAL Y SUS RIESGOS

Este tipo de distorsión del razonamiento se da en las personas que son presa de una fuerte activación emocional: como nos *sentimos* incómodos, pensamos que *somos* incómodos y que todo el mundo nos *percibe* como incómodos. Si nos sentimos ridículos, creemos serlo en realidad, etc. Tomamos las emociones no como una advertencia de la *posibilidad* de un problema, sino como una certeza sobre su *realidad* y su *gravedad*. Sin darnos cuenta, obviamos una etapa esencial.

La fuerza de esta convicción implica una modificación del propio comportamiento en el sentido de aquello que tememos: podemos atraer la atención sobre nuestra persona ya que nuestra actitud se ha vuelto extraña. Así, las personas que de manera obsesiva temen ruborizarse cuando les miran pueden atraer la atención no por su rubor, sino porque están envaradas, crispadas por su malestar, y pierden su compostura natural. Esto es lo que provoca que eventualmente sean objeto de atención. El mero hecho de ruborizarse no atrae la atención si la persona sigue hablando y actuando. Por el contrario, bloquearse a partir del rubor u otra forma de incomodidad, la amplificará, incrementará su duración y aumentará el riesgo de que "algo" pueda ser observado por el interlocutor.

Así pues, hay que prestar mucha atención a esta tendencia a leer el pensamiento y al auto-envenenamiento del razonamiento emocional debido a pensamientos equivocados: las interacciones sociales son complejas y sutiles, y por tanto existe un elevado riesgo de error en la descodificación de las diversas actitudes. El significado de una mirada, una sonrisa, un silencio o una palabra susurrada al oído de alguien cuando estamos a punto de hablar o realizar una exposición corre el riesgo de ser interpretado de modo erróneo debido a nuestra incomodidad (al margen de que ésta se deba al deseo de hacerlo bien o al temor a fallar). En las terapias encontramos, con cierta frecuencia, individuos que presentan una tendencia a interpretar todos los detalles bajo la lupa de la sospecha y que padecen una especie de "paranoia relacional" de la que son conscientes, pero que no aciertan a controlar. «Basta con que un compañero asienta sin levantar la cabeza cuando le pido una información para que empiece a plantearme preguntas», me contaba un paciente. «O que por la mañana otro olvide saludarme cuando ha saludado a todo el mundo. En mi caso, basta para prender la mecha de inmediato. Me someto a un terrible esfuerzo para no abandonarme a pensamientos paranoicos. Por suerte he observado que este malestar se disipa si hablo con ellos. Entonces descubro que la mayoría de las veces no tienen nada contra mí. O si es así, esta actitud me permite comprender el problema. No obstante, durante muchos años me apartaba de ellos tras advertir detalles semejantes, con lo que lograba el efecto inverso: mantenía viva la duda y enfriaba la relación. Creía que se trataba de una prueba cuando en realidad era algo que había provocado yo mismo...»

También podemos auto-exiliarnos, alejándonos incluso de los más allegados: por ejemplo, cuando los sujetos con una baja autoestima advierten que su pareja se muestra crítica o insatisfecha con ellos tienden a diluir la relación, distanciarse y pensar en su compañero en términos negativos, lo que en la vida real no arreglará las cosas, tanto si la insatisfacción de la pareja es real como imaginaria.[3]

EL "MIEDO ESCÉNICO": ¡PERO NO TODO EL MUNDO TE OBSERVA!

Así pues, atención a la proyección de los propios procesos mentales: como la persona duda de sí misma y de sus procesos mentales, los vigila y cree que los demás hacen lo mismo; entonces se tiene la desagradable sensación, muchas veces equivocada, de ser el centro de atención e interés. Los psicosociólogos denominan "miedo escénico" a esta sobredimensión de nuestra "notoriedad": la sensación de que los focos nos iluminan permanentemente.[4] Una divertida experiencia permitió medir la distancia entre la impresión de ser observado por los demás y la realidad de esa observación. Nada más empezar se pedía a los voluntarios que vistieran una camiseta con el rostro de un personaje célebre pero hortera (la experiencia se desarrolló en Estados Unidos en 1998; en este caso se trataba del cantante Barry Manilow, del que personalmente yo no había oído hablar). A continuación tenían que sentarse en una habitación donde había otros voluntarios, sin saber lo que iba a ocurrir. Antes se les pedía que predijeran cuántas personas considerarían ridícula su camiseta, y después se preguntaba a esas personas si recordaban el rostro de la camiseta del voluntario que había entrado más tarde… Como era de esperar, mientras el portador de la camiseta estaba convencido de que al menos la mitad consideraría ridícula la fotografía, apenas la cuarta parte tenía un vago recuerdo (dos veces menos que lo previsto). Y este porcentaje caía a una décima parte si el retrato de la camiseta no era el de un cantante hortera sino una persona valorada (por ejemplo, Martin Luther King o Bob Marley).

Moraleja: tendemos a sobrevaluar al menos en un 50% el número de personas que nos observan con atención… El estudio ni tan siquiera llegaba a sus últimas consecuencias: lo ideal habría sido preguntar a los observadores si el hecho de llevar esa camiseta hortera restaba valor a su portador, y si era así hasta qué punto. A menudo las cosas suceden de este modo: no sólo somos menos observados de lo que creemos, sino que cuando nos observan y juzgan lo hacen con menos severidad de lo que pensamos. Todos los estudios lo confirman: cuando se fuerza el fracaso de voluntarios en diversas pruebas ante la presencia de observadores, *los juicios externos siempre son mucho más favorables que los del propio sujeto*.[5] Por último, cuando somos juzgados negativamente siempre es posible invertir este juicio mediante un comportamiento social interactivo y positivo, que permitirá corregir la primera impresión que hemos ofrecido en el caso de que haya sido criticada.

Esta primera etapa de concienciación y desconfianza respecto a lo apresurado del propio sistema de detección de juicios y rechazo social es esencial, pero hay que consolidarla con trabajos prácticos sobre el terreno: por esta razón sometemos a nuestros pacientes a *ejercicios de exposición al ridículo* durante los que, como los voluntarios del experimento, salimos con ellos a la calle con un elemento en nuestra vestimenta susceptible de exponernos a una crítica social, por ejemplo, caminar con los pantalones remangados hasta las rodillas, la camisa fuera del pantalón, la bragueta abierta, o un sombrero ridículo Por supuesto, de entrada estos ejercicios no son obligatorios para los pacientes que se sienten incapaces de afrontarlos. Empezamos con débiles "dosis de ridículo"; para algunos el umbral de aparición de la sensación de ridículo es muy bajo y se activa al preguntar por una calle, o al no comprender las explicaciones de un vendedor. Por último, es obvio que el terapeuta debe realizar primero los ejercicios, delante del paciente. Esto permite advertir que una cosa es dar consejos y otra aplicarlos.

Afrontar el temor al rechazo

«¡No te escondas, que no eres tan importante!»

Una de mis pacientes me contaba un día cómo esta pequeña frase, sugerida por uno de sus amigos, le servía de ayuda cada vez que vacilaba por la presión de su miedo al juicio social. *No eres tan importante como para que todo el mundo te observe, tal como temes. Respira, alza la cabeza, mira a tu alrededor: no te escondas...*

Éstas son algunas estrategias que pueden servirnos a afrontar el miedo al rechazo:

• *Conocer bien las situaciones que desencadenan nuestra angustia ante la evaluación*: se trata de todas las ocasiones en que somos observados, competimos o actuamos... A veces lo que parece inofensivo para unos desequilibra a otros: jugar al Trivial Pursuit, participar en una discusión donde los comensales rivalizan en retórica y conocimientos culturales. Saber que en esos momentos tendemos a sobrevaluar el juicio que los demás se harán de nosotros es una primera etapa: «Desconfía de tus impresiones. En estas situaciones tiendes a examinarte, reprenderte y centrarte en tus carencias en lugar de disfrutar del talento ajeno o divertirte por su ansia de exhibirlo. Si no tienes nada que decir, participa en el espectáculo y observa, disfruta. Disfruta estando ahí, y no solo e ignorado en algún otro lugar. Acéptate así, silencioso, amable y atento. No te aprecias así, no estás a gusto porque crees que sólo te aceptarán si hablas y destacas. Pero deja que juzguen los demás. Acepta su juicio en lugar de imaginarlo y anticiparlo. *A veces* será favorable y *a veces* desfavorable, mientras que si eres tú quien te juzgas será *siempre* desfavorable».

• *Recordar que los demás piensan fundamentalmente en sí mismos.* Sí, no somos el centro del mundo, como nuestra incomodidad a veces tiende a hacernos creer. «¿Los demás te juzgan y observan? ¡Pero ellos piensan en sí mismos, como tú!» El siguiente estudio te tranquilizará en este sentido: se analizaron más de cien casos de falsos médicos que habían ejercido en Gran Bretaña. La mayoría de ellos fueron desenmascarados no por su incompetencia (aunque algunos cometían peligrosas imprudencias), sino debido a detalles complementarios insignificantes (situación administrativa irregular, otros fraudes aparte de los médicos, mentiras o jactancia excesiva, etc.). Si la gente estuviera tan atenta a juzgar el valor de los demás, estos falsos médicos no habrían ejercido durante tanto tiempo.[6] Además, el estudio no tenía en cuenta, y con razón, a todos aquellos que no fueron descubiertos.

• *Aceptar que nos juzguen ocasionalmente.* En lugar de tratar de evitar este juicio a cualquier precio, aceptarlo y a continuación intentar modificarlo con calma (siempre a partir de la idea de un yo global y no un yo centrado en las limitaciones y defectos): si creemos que nuestra vestimenta no es la adecuada para la velada, más vale que nos mostremos abiertos y habladores. ¿Mejor un hortera simpático que un hortera asqueado, no? También nos conviene aceptar la idea de que algunas personas nos juzgarán efectivamente por la apariencia, la conversación, el acento, los buenos modales u otros elementos sociales estúpidos. Es cierto que esto es así, pero no es menos cierto que esas personas no constituyen la mayoría (salvo si te mueves en medios donde la apariencia es decisiva, como el mundo de la moda o el cine). ¿Por qué dedicar la mayor parte de nuestras energías a protegernos de individuos que pueden criticarnos cuando esto nos impedirá disfrutar de relaciones con personas más interesantes y abiertas?

• *Adoptar comportamientos sociales activos, es decir, abrirse a los demás.* En psicoterapia es frecuente que luchemos contra los primeros signos del miedo al rechazo haciendo caso omiso a ese miedo: si acudo a una velada o a un lugar de vacaciones donde no conozco a nadie y siento cómo surge en mí el miedo y la tentación de la huida, lo mejor que puedo hacer es presentarme *enseguida* y hablar con las personas que no conozco. Es el mejor medio para abortar, de entrada, mis temores y aumentar la posibilidad de una grata sorpresa: alguien simpático o interesante. Es fundamental no esperar a que nos hagan "señales de receptividad" social, no esperar a que los demás den siempre el primer paso, sobre todo si tenemos problemas de autoestima. Soy consciente de que a menudo se actúa así porque nos decimos que es una especie de prueba: «Si los demás me dirigen la palabra es porque realmente lo desean, mientras que si soy yo quien los interpelo, en cierto sentido los estoy forzando». Diferentes estudios han confirmado el carácter nocivo de esta expectativa que deriva del miedo al rechazo, especialmente en las situaciones sentimentales.[7] Así, cuanto más fuerte es el miedo al rechazo, más sobrevaloramos la visibilidad de nuestras "señales de receptividad" (mostrar que se desea entablar contacto) y aguardamos a que los demás las perciban y descodifiquen, esperando que comprendan nuestra incomodidad y den los primeros pasos... Sin embargo, estas señales de receptividad, que creemos evidentes, a menudo son invisibles para el otro, y como creemos que las hemos exhibido suficientemente, nos quedamos ahí, esperando.

Pero no ocurre nada y nos sentimos frustrados... Esta situación de expectativa explica la frecuencia de las decepciones sentimentales en la vida de las personas con una baja autoestima: sus preferencias y atractivos son menos visibles de lo que creen. Un consejo: ¡sé más claro! Hay que elegir entre dos riesgos: el de un eventual y puntual rechazo, o el del arrepentimiento (que se dice puede ser eterno...). Pronto veremos que a largo plazo *el peso del arrepentimiento a veces es más insoportable que el de un rechazo*.

22. EL MIEDO A LA INDIFERENCIA Y EL DESEO DE RECONOCIMIENTO: EXISTIR EN LA MIRADA DE LOS DEMÁS

> «Cuando sentimos que no tenemos nada que el otro
> pueda apreciar, estamos cerca de odiarlo.»
> VAUVENARGUES

«Mi mayor temor: la indiferencia. Que me olviden o no se interesen por mí. Todas las ocasiones en que tengo la impresión de ser invisible, transparente para los demás, me siento muerta antes de tiempo. Inexistente. Cuando me siento triste y camino entre la multitud al anochecer, y por supuesto nadie me mira, me siento completamente sola, sobre todo en invierno, cuando todo el mundo se apresura de regreso. Imagino que todos vuelven a casa y alguien les espera, entran en calor, los reciben, los quieren y son importantes para los demás. ¿A quién le importo yo? Vuelvo a casa sola. Sólo los vagabundos son tan desgraciados y están tan solos como yo. A veces me invaden extrañas visiones: me veo como un átomo, una partícula aislada alrededor de la cual giran miles de millones de partículas, vinculadas entre sí por fuerzas invisibles que no me acogen ni me alcanzan jamás.»

Además del rechazo, existe un miedo anterior, más discreto, menos visible pero también perjudicial para nuestro bienestar y nuestro comportamiento: el miedo a la indiferencia. ¿Qué ocurre en nosotros cuando tenemos la impresión de no contar para los demás?

EL DESEO DE RECONOCIMIENTO

Sentirse ignorado es doloroso, de modo que todos desarrollamos un gran deseo de reconocimiento. ¿Es ésta una maniobra de prevención de eventuales rechazos? Sentir que ocupamos un lugar reconocido y constantemente confirmado junto a otras muchas personas, ¿nos permitiría temer menos el rechazo y, si se presenta, experimentar un sufrimiento menor?

Así pues, ser o sentirse reconocido(a). Pero ¿qué es el reconocimiento? Es una necesidad diferente a la de aprobación o amor, y que las precede. Es el hecho de que los demás nos consideren seres humanos en el sentido completo del término: por ejemplo, que nos saluden y reciban cuando llegamos a algún lugar, o que nos llamen por nuestro nombre o apellido en función de la familiaridad que nos testimonien nuestros interlocutores... Todas estas manifestaciones son perfectamente sutiles: su presencia no procura necesariamente la felicidad; su ausencia no se percibe de manera ostensible, pero es dolorosamente perjudicial. Es normal que nos tranquilice el hecho de que nos conozcan. Un ejemplo interesante en los ancianos es la relación que mantienen con los comerciantes: ser recibidos y saludados por su nombre en el mercado, saber que conocen sus costumbres, preferencias y ciertos elementos de su existencia... Todos estos detalles son importantes para ellos porque con frecuencia sus vínculos sociales son tenues, vulnerables y cada vez más escasos (sus amigos mueren poco a poco). Quizá de ahí procede el temor de muchos ancianos a morir solos en casa, sin que nadie se dé cuenta. Todas esas historias espantosas de vecinos alertados por el olor…

Todo ello proviene del sentimiento de reconocimiento y recuerda la *absoluta necesidad que el ser humano tiene de disponer de un capital social a su alrededor*. Este hecho explicaría el sentimiento oscuro y primitivo de que las grandes ciudades son "contra natura". En todo caso, contra la naturaleza humana… Otro ejemplo de reconocimiento: ser requerido sin pedirlo, es decir, recibir invitaciones, atenciones, tarjetas postales, visitas, un pequeño regalo que nos indique que "han pensado en nosotros" sin que hayamos tenido que manifestarnos… Ésta es una de las quejas que más a menudo profieren ciertos pacientes depresivos a los que se llama, con razón o equivocadamente, "abandonados": «Nadie me llama ni piensa en mí. Siempre soy yo quien debo hacerlo todo. Si me dirijo a los demás, me aceptan y reciben, ése no es el problema. Pero si desaparezco, como suele decirse, entonces muero realmente en sus conciencias: se olvidan de mí».

Recuerdo haber encontrado esa necesidad de reconocimiento en un estudio sobre el estrés en los conductores de autobús parisinos de la RATP:[1] partimos de la idea de que su estrés estaría relacionado con problemas de conducción y circulación, sin embargo la mayoría nos contaron que lo que más les afectaba eran las situaciones de indiferencia social. El hecho de que los viajeros subieran sin saludarlos ni mirarlos («Como si fuésemos robots»), les dolía, les hundía, humillaba y entristecía («Cuando me tratan así tengo la impresión de no ser más que una pieza de mi autobús, anónima e intercambiable. Poca cosa…»).

Sentirse reconocido confiere simplemente un sentimiento de existencia social y de existencia a secas. Por otro lado, el reconocimiento no tiene por qué ser necesariamente positivo. Así, a veces los niños atraen la atención con sus caprichos o tonterías, cuando no se les hace caso en determinado momento, o de manera habitual si su familia no se preocupa por ellos... Algunos de nuestros pacientes, que han cometido delitos menores, nos dicen retrospectivamente: «Ahora me doy cuenta de que lo hice para que me hicieran caso». En ciertos narcisistas también se da la satisfacción de ser detestados: suscitar la aversión alimenta la necesidad del reconocimiento a su existencia y también de su importancia, que miden en función de la intensidad de la aversión que despiertan y del número de personas que los odian. Tenemos pocas ocasiones de recibir en consulta a estos sujetos (más bien son sus allegados, a quienes hacen sufrir, quienes se someten a terapia). Con frecuencia son poco aptos para entablar relaciones amistosas de igualdad, y sólo actúan en el conflicto y las relaciones de dominio. Se han dado cuenta de que la aversión es una relación y una forma de reconocimiento, al contrario que la indiferencia. En este sentido, el rechazo les importa poco: siempre y cuando se acompañe de emociones fuertes en quienes los rechazan, se trata de un reconocimiento, y por tanto una victoria a sus ojos. De ahí su necesidad de provocar constantemente: el rechazo sosegado y la indiferencia les atemorizan y hacen dudar, como a todo el mundo. Sin duda, una persona con este perfil inventó esta expresión: «Amamos u odiamos, pero no permanecemos indiferentes».

¿Reconocimiento de conformidad o de distinción? Dos modos de aumentar la autoestima a partir del reconocimiento de los demás

Existen dos modos de obtener el reconocimiento (y por tanto, la autoestima): ser como los demás es el reconocimiento por conformidad; diferenciarse es el reconocimiento por distinción.[2]

La búsqueda de un reconocimiento por conformidad se da con mayor fuerza en los extremos de la existencia, en el niño y el anciano. Ser como los demás en su apariencia, gustos y discurso... representa un pasaporte, una garantía de aceptación social. Este reconocimiento de conformidad a menudo se relaciona con un sentimiento de relativa vulnerabilidad.

La búsqueda de reconocimiento por distinción es más frecuente en jóvenes y adolescentes porque les sirve para afirmarse y construir su identidad. De ahí la importancia del *look*, pero también el cuidado de presentar ese *look* como una elección vital global, y no sólo como una decisión fútil o una sumisión a la moda. Puede divertirnos el hecho de que el reconocimiento por distinción no sea en el fondo sino un reconocimiento por conformidad que funciona sólo en el seno de un reducido grupo al que se ha elegido (o se trata de) pertenecer. En realidad se trata siempre de una necesidad de reconocimiento por parte de un grupo, es decir, una necesidad de afiliación: el verdadero reconocimiento por distinción es, de hecho, rarísimo. ¿Existe en verdad?

Por otro lado, la existencia de signos de reconocimiento aumenta cuando el grupo se siente minoritario o amenazado. Por ejemplo, el saludo que se cruzan los motoristas y que les procura un sentimiento agradable. Tiende a desaparecer como signo de reconocimiento espontáneo debido sobre todo a la proliferación de vehículos de dos ruedas (es menos necesario en cuanto la comunidad deja de ser minoritaria). En cambio, otro pequeño ritual, específico de los motoristas parisinos (tal vez extensible a otras grandes ciudades, no he indagado): levantar el pie en signo de agradecimiento en la ronda de circunvalación, si uno de ellos deja pasar a otro entre la hilera de coches. Se trata de un signo de reconocimiento a la vez que de agradecimiento, por la atención brindada (vigilar el retrovisor, apartarse para deslizarse entre la fila de coches).

Ser o no ser como los demás es un reto para la autoestima: conformarse con los códigos de la mayoría es, frecuentemente, la elección de las autoestimas débiles. Distinguirse o conformarse con los de una minoría suele ser la elección de autoestimas fuertes y vulnerables. Las autoestimas sólidas optan por no afiliarse a grupo alguno.

LOS RIESGOS Y ERRORES
DE LA BÚSQUEDA DE RECONOCIMIENTO

Para las bajas autoestimas, el primer riesgo de esta búsqueda consistirá en la hiperconformidad, con el riesgo de alienación. Se ocultará todo "lo que destaque" para tratar de conformarse con la imagen social que creemos nos garantizará la mayor aceptación. Se seguirá la moda a una distancia respetuosa: ni con demasiada antelación para no atraer (o creer que atraemos) las miradas, ni demasiado tarde para no caer en la horterada. Tan sólo emitiremos nuestras opiniones cuando hayamos comprobado las de los líderes a fin de no correr el riesgo de la contradicción o la burla.

Las autoestimas elevadas y vulnerables que intentan compensar sus dudas mediante la aceptación optarán por una ruptura con la "masa", en cuyo anonimato se sienten desaparecer y no se ven reconocidas. De ahí el riesgo de provocaciones gratuitas e inútiles. En los adolescentes es bastante frecuente encontrar jóvenes que dudan de sí mismos e intentan ser aceptados por otros más violentos que ellos lanzándose a comportamientos delictivos que les franquean la entrada al grupo.

Todos nos enfrentamos a las mismas posibilidades de error:

• *Error de no sentirnos reconocidos cuando en realidad lo somos* y emprender así una búsqueda de reconocimiento suplementaria y aleatoria, cuando habría bastado con abrir los ojos.

• *Error de no conceder importancia a las señales de reconocimiento recibidas, no sentirnos valorados por el grupo y las personas que nos reconocen.* Dirigiéndose a los poderosos de su época, Sieyes (político que en 1789 se hizo famoso con su panfleto *¿Qué es el Tercer Estado?*) escribió durante la Revolución francesa: «Pretendes distinguirte de tus conciudadanos y no que éstos te distingan... No aspiras al amor o el aprecio de tus conciudadanos; por el contrario, obedeces a una vanidad hostil contra los hombres,[3] cuya igualdad te molesta».

• *Error de confundir el deseo de reconocimiento con el deseo de amor y esperar que el primero satisfaga el segundo*: hay relaciones sociales que sólo podrán aportarnos reconocimiento, nada más. No hay que denigrarlas por ello, ni pedirles más. «Todo el mundo me quiere, pero estoy solo», me contaba una joven paciente. Sin embargo, la proliferación de relaciones normalmente facilita el encuentro con el amor mejorando el bienestar psicológico (y por tanto la apertura a los demás) y desarrollando las aptitudes relacionales. Lo facilita, pero evidentemente no garantiza nada...

SOLEDAD Y SENTIMIENTO DE SOLEDAD

«Lo más doloroso durante mi depresión no era la tristeza o la dificultad para actuar; era esa especie de angustia que me embargaba como un *vértigo de soledad*. Me sentía completamente sola incluso rodeada de seres queridos. Los miraba y me daba cuenta, estúpidamente, de que no eran yo, que se trataba de personas autónomas de las que apenas conocía lo que me dejaban entrever. Esto despertaba en mí el miedo a la vida. Esa soledad me angustiaba porque no me sentía capaz de sobrevivir sola. De hecho, *no se trataba de soledad, sino de la angustia por la soledad*, a veces sorda, como un leve rumor, a veces violenta como la amenaza del fin del mundo. Este sentimiento irrumpía y desgarraba el velo de las ilusiones (la ilusión de que somos uno con nuestros seres queridos, a quienes conocemos perfectamente). Siempre he tenido este problema. Me perturbó el momento en que mis hijos crecieron y se convirtieron en seres autónomos, en personas mayores que no me confiaban todos sus secretos.

»Más tarde comprendí que este sentimiento de soledad era inevitable y que si me daba miedo era porque me sentía incapaz de cuidar de mí misma. En realidad era peor que esto: es como si durante toda mi vida hubiera evitado ocuparme de mí misma. Había vivido en la ilusión de que formaba parte de un todo: familia, grupo.»

Hay muchos estudios consagrados al sentimiento de soledad. Sabemos que en psiquiatría la soledad y el aislamiento social son factores de riesgo en materia de depresión, dependencia de las drogas y el alcohol y, más generalmente, vulnerabilidad ante los acontecimientos vitales estresantes. Sin embargo, un punto a tener en cuenta es que *no sólo la soledad real afecta a nuestra salud, sino también la percepción de la soledad: el hecho de sentirse solo o sola* es una fuente de perturbaciones no sólo psíquicas, sino también corporales, con un especial impacto en la función cardíaca y la tensión arterial.[4] También advertimos que la cantidad de contactos sociales de las personas que se sienten solas con frecuencia es aproximadamente la misma que en aquellas que no se quejan. Con toda probabilidad se trata más de una cuestión cualitativa relacionada con la satisfacción que obtenemos de estos contactos, la actitud social (¿aprovechamos o no estos contactos sociales, por ejemplo: «estamos solos entre los demás»?) y la actitud mental (sentirse diferente e incomprendido cierra la puerta a las relaciones o a su capacidad para reconfortarnos).

La única soledad válida es la que elegimos, no la que padecemos. Es perfectamente posible definirse como un *solitario sociable*: nos gusta estar solos pero también la compañía de los demás. Preferimos ligeramente el primer estado al segundo. Si elegimos y disfrutamos esta soledad es posible celebrarla, como hacía Malraux: «Si existe una soledad en la que el solitario es un abandonado, existe otra en la que sólo es solitario porque los demás hombres no se han unido a él». Pero no todos los solitarios tienen sueños de grandeza. Muchos aprecian simplemente la distancia que les confiere la retirada del mundo y consideran la soledad un ejercicio saludable, como escribía Vauvenargues: «La soledad es al alma lo que la dieta al cuerpo». Sin embargo, la dieta sólo alcanza sentido si no estamos a punto de morir de hambre... Los que no han elegido, los marginados, los abandonados, los aislados, sólo obtienen sufrimiento y ven en ella una noche interminable de espera y necesidad insatisfecha como animal social.

Porque a fin de cuentas, para la mayoría de nosotros, la soledad no puede ser sino un paréntesis entre dos períodos de intercambio y relaciones. La soledad como *pasaje*. Muchas veces útil, a veces forzoso. Pasaje y no destino, ya que también podemos perdernos en la soledad, y algunas existencias se parecen a esa imagen de Flaubert, gran solitario pero no siempre por elección: «Me parece que atravieso una soledad sin fin para ir no sé adónde, y yo mismo soy a un tiempo el desierto, el viajero y el camello».

23. LA BÚSQUEDA DE AMOR, AFECTO, AMISTAD Y SIMPATÍA: LA BÚSQUEDA DEL APRECIO DE LOS DEMÁS

«Se puede tolerar una cantidad infinita de elogios…»
FREUD, con ocasión de su cumpleaños número ochenta y dos
(se encuentra en la cúspide de su fama)

Hemos hablado de la necesidad de que reconozcan nuestra existencia. Pero también existen formas "cálidas", positivas, de reconocimiento: simpatía, amistad, afecto e incluso amor. Sabemos que esos alimentos afectivos son indispensables para el ser humano: para desarrollarse y sentirse feliz y digno de existir. ¿Por qué meterlas todas en el mismo saco? ¿Acaso no hay diferencia entre la mera simpatía y la relación amorosa? Sí y no. En un sentido amplio, todos estos vínculos de amor remiten a nuestra necesidad de apego y seguridad, por supuesto heredada de nuestro pasado personal pero también de nuestra biología: las características de la especie humana hacen que vengamos al mundo en estado larval y que sin el amor y el cuidado de los demás –madre, padre, miembros de una comunidad– no sobrevivamos. Nuestra memoria emocional lo recuerda y se muestra muy exigente respecto a las *pruebas* de amor. En cambio, es la cultura la que modela los *objetos* en los que se vierte el amor: los vínculos con la pareja, con los hijos, no siempre se han ensalzado como modelos de amor perfecto. El hombre siempre ha sentido la necesidad de suscitar simpatía, afecto y amor, así como la pregunta fundamental, oculta tras esa inagotable necesidad de ser amado: ¿cómo existir en el corazón de los demás?

¿HASTA DÓNDE VAMOS EN LA NECESIDAD DE SER AMADOS?

Pueden darse dependencias extremas a las señales de reconocimiento y apego de los demás. Así, por ejemplo, las personas "demasiado amables" pueden ahogar al otro con sus ofrecimientos y regalos excesivos: "Estoy demasiado preocupada por agradar y me centro mucho en los demás. Siempre tengo la impresión de deberles algo. Me es imposible llegar a algún sitio sin un regalo, y, como norma general, el regalo es tanto más grande cuanto más dudo del aprecio que me tienen. Siento una obligación permanente hacia los demás. Nunca se me ocurre la idea de que puedan sentirse obligados conmigo o deberme reconocimiento. Siempre soy yo quien se siente en deuda. ¿Qué decir de *la sorpresa de descubrir que me aman y me aprecian, que hace presa en mí desde la infancia*? Es una alegría y un alivio. Sin duda, una liberación. Como si en mi fuero interno se ocultara siempre la idea de que no es lícito que me amen sin haber comprado previamente ese amor mediante un regalo u ofreciendo un servicio. Mi marido me llamó la atención sobre esto y me enseñó que no tenía que *comprar* la atención o el afecto con amabilidad o regalos».

Un paso más y entramos en los perfiles de la personalidad vulnerable, en el registro de lo que los psiquiatras llaman síndrome de abandono o hiperapetencia afectiva.

En el caso del síndrome de abandono, los sujetos reaccionan de forma muy violenta (interiormente, mediante el sufrimiento, exteriormente, con lágrimas y reproches) a todo lo que les parezca una forma de distanciamiento, para gran sorpresa de los miembros no advertidos de su entorno (en general los amigos, porque la familia lo "sabe" desde hace tiempo), menos sensibles a la distancia y para los que pasar seis meses sin contacto no disminuye un ápice la amistad o el afecto que sienten. Sin embargo, si su amigo padece el síndrome de abandono, no verá las cosas así.

En el caso de la hiperapetencia afectiva, las personas tratarán de "templar" la relación haciéndola pasar a un modo afectivo: intimar rápidamente con un nuevo conocido, trabar una relación profunda con un compañero de trabajo recién llegado... Como si creyeran que de ese modo acceden a lo esencial: «Una relación no tiene sentido sin afecto».

Estos dos tipos de personalidad parecen presentar una necesidad ilimitada de signos de afecto y reconocimiento, como si su propia existencia dependiera de ellos, según el adagio «sin amor no somos nada» de las canciones populares. Como si hubieran asumido la fórmula de Gide: «No quiero que me elijan, deseo que me prefieran», pero sin confesarlo claramente. No reivindican la exclusividad (no hay la autoestima suficiente para ello); esperan que los demás actúen "como si" sólo ellos existieran.

CÓMO SE ACTIVA LA BÚSQUEDA DE AFECTO
EN CASO DE RECHAZO SOCIAL

Diversos trabajos, tanto estudios experimentales como llevados a cabo en un medio "natural",[1] han estudiado lo que ocurre cuando somos objeto de un fracaso o un rechazo, en resumen, de algo que amenaza el lugar que ocupamos en los demás. Lo más frecuente es que se trate de una cuestión de autoestima: las personas con una autoestima frágil y baja generalmente tienden a mostrarse más amables y agradables tras un rechazo, mientras que los individuos con una autoestima elevada a menudo tienden a mostrarse menos agradables si son cuestionados. Parecen menos dependientes de la necesidad de aprobación social como reparación y consolación. No obstante, existe un riesgo importante para las personas con baja autoestima: como creen vivir un fracaso (real, temido o imaginario) de manera crónica, les tentará comprar a los demás con su amabilidad, como hemos visto. Pero se trata de una estrategia de supervivencia y prevención, y no de una elección libre.

AMOR Y AUTOESTIMA

Hay tantas preguntas sobre el amor y la autoestima... ¿El amor es bueno para la autoestima? ¿La fortalece o la debilita? Y sobre todo, ¿es razonable esperarlo todo de él?

Sorprendentemente, *existe un frecuente "derroche afectivo" en los sujetos con baja autoestima*, que presentan una irresistible tendencia a subestimar la mirada positiva que sobre ellos tienen sus compañeros sentimentales:[2] «Me ha llevado muchos años "bajar la guardia" con mi pareja. No es que recelara o no tuviera confianza, sino que me atrapaba un reflejo inconsciente de prudencia, de no creerme demasiado amado para no depender de esa persona. Esto ha provocado muchas crisis porque mi esposa lo percibía. Ella lo tomaba como falta de amor, cuando era más bien un miedo excesivo e incluso, en realidad, una falta de confianza en mí mismo. ¿Qué me ha curado? El tiempo transcurrido. Pero también fortalecer mi confianza: tener éxito en mi trabajo y ganarme la admiración de mis dos hijos. De pronto empecé a ser más sensible y receptivo al amor conyugal y a comprender que mi mujer me quería a mí y no a una imagen de mí o a uno de sus sueños adolescentes».

Los sujetos con baja autoestima tienden asimismo a no recurrir demasiado a su pareja para recuperarse de sus sentimientos de inadaptación e incompetencia,[3] a no confiarse mucho o pedir consejos y atención en los momentos en que lo necesitan.

Las personalidades dependientes experimentan la necesidad de fusión en el amor, como vimos anteriormente: este deseo también se relaciona con problemas de autoestima. La fusión nos fortalece porque nos hace menos visibles, nos expone menos y afianza nuestra posición; con el riesgo de alienación en la pareja y la tentación de desaparecer tras nuestro compañero, de existir socialmente sólo gracias a él, y sentirnos por completo aliviados y anestesiados de la propia identidad. Para un día levantarse con la conciencia de haber ignorado construir la propia personalidad si no es como "mujer o marido de", "pariente de"; y asistir a la pérdida de la autoestima.

Quizá por esto hay tanto sufrimiento y mal de amores y el ámbito de la vida amorosa es uno de los que abordamos con más frecuencia en psicoterapia: entre los miedos de la relación (miedo a decepcionar y a ser decepcionado), la mala gestión (exigir demasiado, o demasiado poco, o ambas cosas) y los ideales excesivos, no falta el sufrimiento ni el afán por superarlos.

Un "medicamante" para la autoestima

Recuerdo a una paciente –llamémosla Armelle– que acudía a verme intermitentemente para tratar sus complejos y su autoestima. Abandonaba la terapia cada vez que se enamoraba. «En esos momentos no le necesito ni a usted ni a la terapia. En cuanto me siento amada dejo de plantearme preguntas sobre mí misma...» Desgraciadamente, sus amores no ejercían un efecto terapéutico perdurable y las dudas volvían poco a poco. Además, extrañamente, volvían a propósito de sus amantes: «Al cabo de un tiempo dejo de idealizarlos y veo sus defectos, que hasta entonces ignoraba o minimizaba. Entonces, rápidamente, mis ojos vuelven a contemplar mis propios lastres y vuelvo a dudar de mí misma y acomplejarme... En ese momento corto la relación. Y vuelvo a encontrarme como siempre, con mis inquietudes y mis perpetuas insatisfacciones».

Una de las propiedades que el amor ejerce sobre las heridas de la autoestima es que nos lleva a descentrarnos, cuando es recíproco, evidentemente: dejamos de pensar en nosotros mismos para pensar en el otro. Pasamos de pensar en nuestra persona a pensar en la pareja de enamorados que formamos. El olvido de uno mismo gracias a la obsesión por el otro...

Un día Armelle encontró al hombre de su vida. O más bien conoció a un hombre que poco a poco *se convirtió* en el hombre de su vida. A pesar de sus defectos... Indudablemente realizó un trabajo sobre sí misma para que sus dudas y exigencias de perfección no constituyeran un obstáculo a su felicidad. O quizá tan sólo su compañero demostró ser el buen *medicamante*.

24. LA PRESENTACIÓN DE UNO MISMO: ¿QUÉ ROSTRO OFRECER?

> «Ganaríamos mucho más dejándonos ver como somos
> que tratando de aparentar lo que no somos.»
> LA ROCHEFOUCAULD

¡Ah, esta sociedad que interminablemente nos devuelve nuestra imagen! Y todos esos comercios donde imperan los espejos, ese templo moderno del yo que es el probador, lugar de sufrimientos y dichas... Lugar frecuentemente descrito en el cine, a veces de un modo divertido, como en aquella película donde la heroína, acomplejada y arrastrada a la fuerza por una amiga compasiva y de avasalladora amabilidad, grita desesperada: «Estoy tan gorda que ni siquiera entraré en el probador».[1]

¿HASTA DÓNDE PODEMOS Y DEBEMOS ESFORZARNOS POR CUIDAR DE NUESTRA APARIENCIA?

¿Hasta qué punto hay que trabajar la imagen y la presentación social? ¿A partir de qué momento los esfuerzos legítimos para no suscitar el rechazo o la desconfianza inmediata se convierten en obligación e hipocresía? Entre la modalidad precavida, casi alienada, de las personas con baja autoestima y la modalidad ofensiva de los sujetos con una autoestima alta pero inestable, ¿dónde se encuentra el término medio? ¿Cómo reflexionamos sin mentirnos acerca de la indispensable presentación de nuestra persona? ¿Cómo dirigir nuestro esfuerzo sin caer en coacciones que nos embarquen en falsas direcciones y atenten contra el sentido de nuestra identidad?

Evidentemente, existen reglas, tanto explícitas como implícitas, que presiden las interacciones sociales. Por supuesto, pueden evolucionar según las épocas, ambientes y edades de la vida. También podemos elegir no someternos a ellas adoptando comportamientos fuera de la norma o tolerándolos en otros.

Pero estas reglas existen. Conocerlas y ser conscientes del grado de presión que ejercen en nosotros es una primera etapa indispensable. A continuación encontraremos muchas maneras de no ser sus esclavos.

Seguir esas reglas puede conducir a liberarse y pensar sólo en ser uno mismo. Es la paradoja de la normalidad: por ejemplo, en materia de vestimenta, durante mucho tiempo los hombres eran más libres que las mujeres porque no tenían que preocuparse por elegir, siempre vestían igual. Otro tanto ocurría con los niños, no sólo porque no les preguntaban su opinión, sino también porque antes todos vestían una bata de colegio, lo que desvanecía parte de los estados mentales y las diferencias relativas al estatus social. En cambio, hoy en día es cada vez más frecuente que los padres cuenten que sus retoños están *estresados por el* look. Triste victoria de los vendedores de ropa y de la dictadura de la imagen. Sin embargo, en la presentación de uno mismo no sólo cuenta la apariencia física; la manera de comunicar también forma parte de ella.

¿Respetar ciertas reglas de comunicación?

De la vestimenta al comportamiento… Para algunos, obedecer ciertas reglas de presentación social, como la cortesía, puede parecer una coacción y suscitar el temor a perder la autenticidad o integridad. No es seguro que la búsqueda de una apariencia diferente sea el objetivo más interesante en la vida. Además, muchas pseudo-espontaneidades resultan ser, de hecho, reflejos adocenados que no valen ni ofrecen más que las obligaciones libremente aceptadas y asumidas.

Los investigadores en ciencias sociales hablan de *competencias sociales* a la hora de designar el conjunto de destrezas invisibles y útiles en materia de aceptabilidad y presencia social, desde los comportamientos más elementales ("no verbales"), como mirar a los ojos, sonreír, mantener la distancia adecuada, a los comportamientos verbales, más elaborados, como escuchar sin interrumpir, preguntar y escuchar la respuesta, etc.

¿De dónde proceden estas competencias? Normalmente de nuestra educación: ¿nos han enseñado, y hasta qué punto, a afirmarnos a nosotros mismos y respetar a los demás? Sin embargo, en nuestra extraña época, que en gran medida ha renunciado a enseñar la cortesía y las convenciones, lo esencial de este aprendizaje no se realiza mediante exhortaciones familiares o sociales, sino de manera invisible, por imitación de modelos que también son paternos, familiares y sociales. De ahí la engañosa ilusión de que no se aprenden. En realidad se aprende a todas las edades; el "aprendizaje de las competencias sociales" es una de las estrategias más exitosas y utilizadas en psicoterapia y desarrollo personal.

Otra ilusión: lo que se aprende no es espontáneo. Error. *No es espontáneo lo que aún no hemos terminado de aprender.* Es el mismo fenómeno que las interpretaciones en música: una vez que se dominan las bases, se realizan con facilidad. Lo que en un primer momento se aprendió puede ser espontáneo a continuación. Éste es el rasgo de todos los aprendizajes logrados.

¿En qué consisten estas competencias sociales? En dos palabras: en *ocupar nuestro espacio, pero no todo el espacio*... Comportan dos vertientes: expresiva y receptiva. *La vertiente expresiva corresponde a la auto-afirmación*, de la que ya hemos hablado un poco. Consiste simplemente en no esperar siempre a que nos dejen un lugar (como hacen los sujetos con una autoestima baja), pero sin querer ocupar todo el espacio (como pretenden las autoestimas fuertes). Este arte de conquistar el propio lugar, sin violencia ni fricciones, no es una cuestión baladí y es fácilmente perturbable por diversos fenómenos psicológicos (como los problemas de autoestima) y emocionales (como el miedo).

La vertiente receptiva es la de la escucha activa. Este término no se debe al azar: la escucha es un proceso activo durante el que se reactiva, se precisa, complementa o se establece una sintonía emocional con el interlocutor... Asimismo es un proceso sutil que puede ser perturbado por el cansancio, la inhibición (a fuerza de no intervenir, nos adormecemos), las dudas (en lugar de escuchar, tratamos de quedar bien), etc. Mostrarse atento es útil para la autoestima: aporta información sobre el exterior, a menudo preferible a las suposiciones; facilita las relaciones y la extroversión. La escucha también ayuda a la aceptación recordándonos que escuchar no es asentir ni condescender. Podemos escuchar activamente sin estar de acuerdo. Tan sólo hacemos el esfuerzo de escuchar en lugar de decirnos interiormente: «No es así, se equivoca, qué error pensar así».

ALGUNOS EJERCICIOS
DE COMPETENCIAS SOCIALES

Muchas veces utilizamos juegos de rol en las sesiones de terapia con el fin de reflexionar con nuestros pacientes a partir de una materia viva y emocional, vibrante, y no permanecer sin más en el discurso y la reflexión. Así, si un paciente se queja sobre sus dificultades para entrar en contacto con los demás, o de su sentimiento de no lograr interesar a los otros o ser escuchado, no nos limitamos a discutir y reflexionar acerca de los orígenes del problema, pasados (sus padres no le escuchaban) o presentes (está convencido de no ser interesante). Representamos la situación proponiéndole un juego de rol: «Imaginemos que me siento a su lado en una comida en la que no conoce a nadie, ¿cómo entablaría conversación conmigo?». Las enseñanzas que aportan estas representaciones pueden ser muy fecundas, ya que a pesar de su carácter artificial es muy frecuente que activen emociones muy cercanas a las suscitadas por las "verdaderas" situaciones y, sobre todo, que revelen ciertos comportamientos muy cercanos a lo que ocurre en la realidad.

En el desarrollo de estos juegos de rol, sorprende comprobar que a mucha gente le cuesta dar su opinión personal o información sobre sí mismos, no porque no la tengan o no sepan qué decir: cuando el terapeuta les pregunta activamente logra obtener muchas ideas interesantes. Tan sólo consideran que carece de interés: cuanto proceda de ellas es forzosamente monótono e insípido. La recomendación (y el entrenamiento mediante juego de rol) consiste en recordar que juzgar la pertinencia o el interés de nuestras observaciones no nos incumbe sólo a nosotros: si sabemos que somos nuestros peores censores, es mejor dejar que los demás juzguen si nuestras apreciaciones son o no interesantes. Ofrecemos cinco consejos, que se ponen en práctica en una serie de ejercicios:

- Comprometerse y entregarse en la relación (participar, ofrecer la propia opinión, expresar los sentimientos).
- No dudar en plantear preguntas a los interlocutores en el mismo ámbito.
- No temer los silencios. Adoptar la costumbre de esperar uno o dos segundos antes de retomar la palabra.
- Participar realmente en la relación en lugar de vigilarnos y controlar las reacciones de los demás.
- Recordar que se trata de un intercambio, no es un examen final ni una prueba oral de acceso a la universidad...

LAS VENTAJAS DE UNA PRESENTACIÓN EQUILIBRADA Y SINCERA

Así pues, ¿es necesario presentarse siempre bajo nuestro mejor perfil tanto psicológico como en lo que atañe a la apariencia física?

Todo dependerá de la intensidad de los esfuerzos que se requieran, pero cuidado con sobrevalorar lo que de espontáneo hay en nosotros creyendo que esos esfuerzos matarán la naturalidad. Lo *espontáneo* no siempre es lo *deseable*: ciertas mentiras, ostentaciones e inhibiciones son espontáneas. Más que la espontaneidad, parece que el objetivo sea el término medio y la sinceridad... Así, se ha demostrado que una presentación modesta, ni muy positiva ni muy negativa, procurará sentimientos y juicios favorables en los interlocutores, un mayor capital de simpatía y, por tanto, una mayor aceptación social.[2]

Así pues, *los beneficios de la sinceridad son relacionales, pero también internos*. A largo plazo, la sinceridad es necesaria si tenemos en cuenta el oneroso coste del disimulo. Cuando nos piden que realicemos un desmesurado esfuerzo de presentación ante los demás, normalmente acarrea efectos adversos, sobre todo intelectuales y emocionales.[3] En un estudio de este tipo, se pedía a los voluntarios que se presentaran de forma poco habitual: de un modo lisonjero y muy positivo a los más allegados, o muy humilde y modesto con desconocidos; ambas actitudes contradicen nuestra tendencia espontánea.[4] Los voluntarios de estas experiencias tuvieron a continuación grandes dificultades a la hora de efectuar una serie de multiplicaciones de tres por tres dígitos. ¿Nada que ver? Por supuesto que sí: el estrés ligado al esfuerzo de control sobre su auto-presentación alteraba, al menos a corto plazo, su capacidad de concentración. Otros resultados confirman las perturbaciones en lo que respecta a la tranquilidad emocional y la facilidad de palabra, aunque esto es más lógico.

Más complejo pero interesante: estos estudios advierten que al enfrentarse a tareas difíciles y exigentes aumentaron las tendencias narcisistas de los voluntarios (no su autoestima, sino su propensión a sobrevalorarse). La hipótesis que establecen algunos investigadores es que se trata de un argumento para afirmar que una presentación modesta de uno mismo sería más bien el resultado de una regulación (alterada por nuestra voluntad), y no algo espontáneo. Es un problema filosófico apasionante: según este tipo de trabajos no seríamos modestos de un modo espontáneo, sino por una decisión estratégica. Nuestra tendencia natural sería a la dilatación del ego, y la vida y los otros seres humanos nos llamarían al orden, a veces con tanta fuerza que podríamos vernos en la posición inversa, tan a menudo observada, de los esfuerzos que un sujeto realiza, no tanto por frenar como por *estimular* la autoestima... Volveremos sobre este tema. Así pues, el deseo consciente y desenfrenado de mostrar siempre lo mejor de uno mismo y de controlar perfectamente el modo en que los demás nos perciben (estar al acecho del mínimo malentendido o defecto en la imagen que los demás puedan detectar) constituye una fuente principal de estrés.[5]

Exponerse a los demás sin un exagerado esfuerzo de compostura quizá también representa un esfuerzo, que puede resultar más fructífero a largo plazo porque nos permite acceder al *justo medio*: *ser apreciados por lo que somos y no por lo que intentamos parecer*. Es bueno que los demás nos aprecien, pero para la autoestima aún es mejor que nos aprecien por *lo que somos* más que por *lo que hemos hecho* o logrado. Cuando se estudia este tipo de situación en el laboratorio psicológico, se advierte que sentirnos comprendidos y aceptados alivia claramente nuestras defensas y nuestra tendencia a proteger o promover nuestra autoestima.[6] Entonces, ¿abajo las máscaras?

25. EL MIEDO AL RIDÍCULO Y EL COMBATE CONTRA LA VERGÜENZA Y LAS HERIDAS DEL AMOR PROPIO

> «La misma vergüenza que me contiene muchas veces me ha impedido llevar a cabo buenas acciones que me habrían colmado de dicha, y de las que tan sólo me abstuve deplorando mi imbecilidad.»
>
> JEAN-JACQUES ROUSSEAU,
> *Ensoñaciones de un paseante solitario*

Las heridas del amor propio son frecuentes en los trastornos de la autoestima, pero a menudo son heridas fuera de lugar, que podrían no existir o haberse evitado. Normalmente se relacionan más con la hipersensibilidad de la persona que con la gravedad o la realidad de los "ataques" de que haya podido ser objeto.

LAS EMOCIONES DE LA AUTOESTIMA QUE SUFRE

Hay diversas emociones que se relacionan con las dificultades de la autoestima: los investigadores las denominan «emociones de la auto-conciencia».[1] Este término es adecuado porque nos recuerda que el origen de las emociones en cuestión no se sitúa sólo fuera de nosotros (las situaciones que las desencadenan), sino también dentro (nuestra propia sensibilidad y a veces la hipersensibilidad a estas situaciones). Además, de todas las emociones, son a un tiempo:

• *Las más secretas:* por ejemplo, se caracterizan por una poco precisa expresión del rostro, a diferencia de las emociones de la familia de la tristeza, el miedo, la cólera...

• *Las más independientes de los activadores externos:* mientras las fuentes del miedo o la cólera son universales, las de la vergüenza o el malestar son culturales y a veces individuales porque no es la situación sino su interpretación lo que cuenta (esto se aplica a todas las emociones, pero en menor grado).

• *Las más ligadas a la presencia de los demás.* André Comte-Sponville lo define con justeza en una hermosa fórmula: «El amor propio es el amor a uno mismo bajo la mirada de los demás».

En un grado mínimo, esas emociones de la autoestima dolida se traducen en *apuro o molestias*. Esta primera etapa no se vincula forzosamente a una evaluación negativa de uno mismo. Tomemos el ejemplo de un conferenciante al que presentan elogiosamente: si no es muy narcisista lo más común es que se sienta intimidado. El movimiento reflejo en este momento consistirá en bajar la mirada y sonreír levemente (las personas con baja autoestima podrán objetarme que su malestar *también* se debe al temor a no estar a la altura de los cumplidos recibidos). En otras ocasiones, el apuro se debe a un error o inadecuación de nuestro comportamiento: volcar un objeto, decir algo inoportuno o anunciar como una *exclusiva* algo que todo el mundo sabe.

El sentimiento de ridículo también es un lastre y se asocia a la convicción de haber erosionado la propia imagen social, o haber suscitado miradas mordaces o irónicas.

Etimológicamente, ridículo procede de la misma raíz que *risa*: temer el ridículo es temer que los demás se rían de nosotros. Muchas personas con una autoestima frágil presentan problemas para reírse de sí mismas junto a los demás, aun en las situaciones en las que la risa no es ofensiva. Sentirse ridículo con frecuencia, o vivir tratando de evitar ese sentimiento, es un síntoma muy claro de inseguridad de la autoestima. Pero el grado más temible de estas emociones de la autoconciencia viene representado por la vergüenza.

MANIFESTACIONES Y CONSECUENCIAS
DE LA VERGÜENZA

En psicología se ha estudiado exhaustivamente la culpabilidad, el sentimiento de doloroso desasosiego relacionado con la íntima convicción de haber cometido una falta. Pero la vergüenza es un sentimiento aún más desolador porque está relacionado con la persona, y no sólo con el comportamiento. *Nos culpamos de lo que hemos hecho, pero nos avergonzamos de lo que somos:* el daño es más grave. Así, *la vergüenza es siempre vergüenza de uno mismo*: rechazamos el conjunto de nuestro ser, y no sólo nuestros actos.

Otra característica de este sentimiento: la idea de juicio público de nuestros actos basta para activarlo. Los fracasos serán, sin embargo, más vergonzosos cuando ocurran delante de otros o cuando los demás tengan noticia de ellos.[2] Pero la simple idea de que los demás juzguen nuestras debilidades o la exposición pública de nuestras incompetencias puede bastar para desencadenar una vergüenza anticipada o retrospectiva. Y con la retahíla «si la gente supiera» a veces asistimos a una especie de suplicio que las personas con baja autoestima se infligen en su imaginación. Además, la vergüenza es una emoción muy "visual" (la escena se representa incansablemente en la imaginación) mientras que la culpabilidad es más bien verbal (nos hacemos reproches). Una última diferencia con la culpabilidad, y quizá la más importante, es que la vergüenza no necesita de "falta moral" para manifestarse; puede bastar la sensación de haber fallado o no estar a la altura.

Como la vergüenza depende de nuestras convicciones personales sobre lo que significa "estar a la altura" o "no decepcionar", se comprende que pueda ser el objeto de numerosos deslices en las personas preocupadas por no defraudar u ofrecer siempre su mejor rostro.

Cuando no se puede controlar es indudablemente *una de las emociones más temibles que pueden afectar a la autoestima*, porque si es dolorosa durante las situaciones que la desencadenan (la expresión "morirse de vergüenza" es elocuente), también es destructiva a largo plazo ya que alimenta una rumia insidiosa, que aumentará poco a poco la sensibilidad de los individuos y justificará evasiones posteriores: después de un episodio de "vergüenza intensa", el sujeto puede renunciar a hablar, bailar, expresar su opinión, etc. Y tras una vergüenza reiterada (una vez más, lo que cuenta es la experiencia de la vergüenza, no su realidad social), el individuo puede evadirse progresivamente de toda forma de riesgo social, es decir, de toda forma de espontaneidad.

Como dato revelador del imperio de la vergüenza en nuestra conducta, parece que esta emoción también puede provocar comportamientos violentos en ciertas personas: las ofensas infligidas a la autoestima aumentan el riesgo de agresión en todo el mundo.[3] Sentirnos ofendidos puede impulsarnos asimismo al deseo de venganza. Por desgracia, esto ocurre en las llamadas "culturas del honor" (como algunas culturas mediterráneas u orientales), que de hecho son culturas de la vergüenza, violentas y arcaicas.

Ejercicios para combatir la vergüenza

Como todas las emociones, la vergüenza tiene una función: nos sirve para no olvidar que si se quiere tener un lugar en un grupo humano (familia, amigos, micro o macrosociedades) hay reglas y estándares que respetar. En pequeñas dosis mesuradas, la vergüenza puede impedir que cometamos actos antisociales: mentir, traicionar, robar, maltratar a los débiles. O reincidir si ya los he cometido. Así como el miedo puede volverme más prudente al anticipar los peligros, la vergüenza me puede hacer más consciente al anticipar el arrepentimiento.

Sin embargo, todas las emociones son susceptibles de desestabilizarse. El miedo se puede transformar en esa enfermedad del miedo que es la fobia. También la vergüenza puede agudizarse. No disponemos de un nombre específico para designar estas "enfermedades de la vergüenza". Sin duda, esto indica que las sociedades tradicionales la toleraban y se acomodaban bien a ella: la vergüenza es un buen medio para mantener tranquila a la gente. Recordemos la picota en la que se exponía a los criminales en la Edad Media, o las orejas de burro con que se ataviaba a los malos alumnos hasta los años cincuenta.

En los trastornos de autoestima se dan muchas disfunciones de la vergüenza. De ahí que en psicoterapia comportamental y cognitiva existan sorprendentes –al menos para los no iniciados– "ejercicios para combatir la vergüenza"[4] cuyo objetivo consiste en acostumbrarnos a sentir malestar, embarazo, sentimiento de ridículo y, por último, vergüenza sin dejarnos impresionar por ello. Se trata, por ejemplo, de subirse al metro o al autobús y anunciar en voz alta las estaciones. Si la gente os mira, sonreís. Si os dirigen la palabra, simplemente les contáis la verdad: que estáis realizando un ejercicio para luchar contra la vergüenza. Esto es muy raro y sólo ha ocurrido una vez en los ejercicios que llevo a cabo con mis pacientes: la persona que nos interpeló se mostró muy interesada y curiosa al respecto y nos contó sus grandes vergüenzas personales (como haber sido descubierta en una flagrante mentira en el trabajo). La práctica de este ejercicio y algunos otros me ayudó a progresar también a mí, que no pensaba que tuviese un sentido del ridículo excesivo: descubrí que en realidad la vergüenza rige nuestra vida mucho más de lo que pensamos. Vergüenza de hablar en voz alta o hacer el payaso en la calle, salir de casa vestidos de prisa y corriendo, en zapatillas o pijama, etc. No abogo por que hagamos de ello un estilo de vida, sino más bien un pequeño ejercicio existencial ocasional, para *volver a calibrar el "vengonzómetro" al alza, a fin de tornarlo menos sensible*.

Al practicar estos ejercicios con los que combatir la vergüenza (que sólo deben infligir una débil dosis de este sentimiento: actos ridículos que no provocan malestar a los demás, que no comprometen realmente e implican un ridículo de intensidad moderada), comprobamos los siguientes fenómenos:

• *En principio, advertimos que nos encontramos peor antes de hacerlos que después*. La idea de ser ridículo o estar fuera de lugar es mucho más intensa y penosa que el hecho de serlo realmente. Este dato es capital porque revela el peligro de las conductas evasivas: al huir siempre, no nos percatamos de que huimos de los fantasmas del rechazo social.

• *A continuación advertimos (ya hemos hablado de ello a propósito del "miedo escénico") que los demás nos prestan poca atención,* y muy poca a lo que creíamos atraería todas las miradas. A veces incluso, el malestar de las personas que nos miran de soslayo es más fuerte que el nuestro cuando enunciamos en voz alta los nombres de las estaciones.

• *Por último, como en el tratamiento de los miedos, advertimos que cuanto más prolongamos y repetimos el ejercicio, más se debilita la vergüenza,* hasta dar una sensación de euforia y ligereza: dejamos de sentir el peso de la vergüenza y la atención a las conveniencias. Es una sensación muy agradable.

Otra de las grandes reglas es nunca, nunca, nunca (no se trata de una errata) quedarse solo con la sensación de ridículo. *La soledad y el aislamiento son las vitaminas de la vergüenza.* Ahora bien, el movimiento reflejo del ser humano asolado por el ridículo es replegarse en sí mismo: bajar los ojos, guardar silencio, desear desaparecer bajo tierra o morir... Incluso si nos avergüenza hablar de lo que nos causa vergüenza, es indispensable buscar el diálogo. Esto permite dejar de centrarnos en nosotros mismos y no ahogarnos.

Como dijimos anteriormente, hay que tener cuidado con los pensamientos obsesivos: parece que constituyen una forma de codificación de las heridas emocionales en nuestra memoria consciente e inconsciente. *Así pues, conviene desinfectar cuidadosamente las llagas de la vergüenza.* Recuerdo una sesión de terapia de grupo con una de nuestras pacientes: ese mismo día había sufrido una humillación por parte de uno de sus compañeros de trabajo. Según su descripción, este compañero era probablemente más narcisista que perverso y trataba de destacar en el grupo más que hundirla por placer. El hecho se produjo ante todo el mundo. Ese día llegó a la terapia en un estado de desasosiego espantoso, llorando y visiblemente alterada, dispuesta a dimitir. Una vez nos lo hubo contado todo, cada uno de los miembros del grupo y los terapeutas le dimos nuestra opinión sobre el incidente. Sin intentar trivializarlo o decir «no es nada», sino expresando lo que habrían sentido en su lugar (también vergüenza) y qué modo de actuar consideraban adecuado: no sobrevalorar el juicio negativo de sus compañeros; no quedarse sola; telefonear enseguida, esa misma noche, a algunas personas que asistieron a la escena y a amigos íntimos, y sobre todo no evitar al compañero en cuestión al día siguiente, en lugar de esto, pedirle una explicación, etc. Cosas muy sencillas. Nos separamos hasta el lunes siguiente. Por mi parte, estaba algo inquieto por la evolución de los acontecimientos, habida cuenta la vulnerabilidad de la paciente y la importancia de la sacudida emocional recibida. El lunes siguiente presentaba un aspecto radiante: se sentía muy aliviada de todo lo que el otro le había dicho y había puesto en práctica los consejos ofrecidos por los terapeutas y el resto de los pacientes. Todo transcurrió con normalidad. El compañero en cuestión se mostró compungido, si no arrepentido, y en cualquier caso no había vuelto a empezar durante la semana transcurrida; los otros la habían apoyado. El simple hecho de intervenir sin demora había sido indudablemente decisivo.

«No me atrevo a hablar en las veladas por temor a decir tonterías. Pero al cabo de un momento me digo que advertirán mi silencio.» El silencio constituye una prueba en los problemas de autoestima: activa pensamientos de incompetencia personal. Evidentemente, a todos nos incomoda el silencio, mirad si no la expresión «ha pasado un ángel» que se utiliza para romperlo cuando se instaura en el seno de un grupo. Sin embargo, no activa forzosamente una señal de alarma. A veces tenemos que trabajar la incapacidad a fin de soportar que el silencio se insinúe en una relación, sin pensar que esto es la constatación de un fracaso: es lo que denomino "terapia de silencio" (no es lo mismo que el silencio de los psicoanalistas ante el discurso de sus pacientes). El ejercicio consiste tan sólo en explicar al paciente lo que vamos a hacer y a continuación permanecer sentados uno frente al otro, mirándose y sin hablar, pero sin la obligación de sostener permanentemente la mirada (tampoco se trata de ver quién aguanta más). Es sorprendente comprobar cómo ciertas personas experimentan un malestar importante en esta situación: a pesar de ser sólo un ejercicio despierta una activación emocional como si se tratara de una situación real, así de intensa puede ser la intolerancia al silencio. «No hablar», me contaba un paciente, «crea una especie de corriente de aire, un remolino que hace subir a la superficie de la conciencia todos mis complejos sumergidos o reprimidos. Por esta razón procuro hablar todo el tiempo». Durante este ejercicio, la consigna dada al paciente es que permanezca en silencio y acepte su estado. Sonreír, respirar, interesarse por lo que hay alrededor. Como ocurre a menudo, es más fácil realizar el ejercicio que imaginarlo, y normalmente la calma se instaura con rapidez. Es muy instructivo.

Otro tanto ocurre con el temor a decir tonterías: un juego de rol entrenará al paciente en la actividad de plantear preguntas "a quienes saben". En estos casos es mejor construir una imagen de persona tímida pero abierta y agradable que el de alguien cultivado, divertido y cómodo en cualquier situación; si nos obcecamos en lograr este segundo objetivo, corremos el riesgo de convertirnos en un neurótico crispado que no dejará de apretar los dientes durante toda la velada. *Es mejor aceptarnos imperfectos que no aceptarnos en absoluto o fingir que somos lo que no somos.*

«DA MUCHA VERGÜENZA»

Desde que empecé a trabajar la vergüenza con mis pacientes trato de que mis hijas se beneficien de mi trabajo (éste es uno de los muchos inconvenientes de ser hijo de un psiquiatra).

Me sorprende observar hasta qué punto la expresión «da mucha vergüenza» aparece con gran frecuencia en sus conversaciones con sus primos y amigas. Por ejemplo, intento hacer pequeños ejercicios de exposición a la vergüenza, de los que hemos hablado, con mis hijas en plena calle: cantar en voz alta lo que cantamos cada mañana antes de salir para el colegio, salir con vestidos poco elegantes... Al principio me decían invariablemente: «Déjalo, papá, da mucha vergüenza...». Pero poco a poco advierto que empiezan a divertirse e incluso me desafían en este campo. Al fin y al cabo no hacemos sino representar lúdicamente el eterno escenario de la vergüenza que los padres hacen padecer a sus hijos. Así, el otro día descubrí, por azar, el siguiente pasaje de *Las preciosas ridículas*, de Molière: «Padre, lo que dice es de pequeño-burgués. Me avergüenza oírle hablar así».

26. ENCARRILAR LAS RELACIONES SOCIALES: DESCONFIAR DEL IRRESISTIBLE IMPULSO DE LAS COMPARACIONES Y RECHAZAR LA COMPETENCIA INÚTIL

«Aquel que cree poder encontrar en sí mismo los elementos para prescindir de los demás se equivoca grandemente; pero aquel que cree que los demás no pueden prescindir de él se equivoca aún más.»

LA ROCHEFOUCAULD

«Cuando mi mujer me habla de las parejas de sus amigas, si me cuenta historias de chicos geniales que ganan mucho dinero, vuelven pronto a casa, friegan los platos, se ocupan de los niños el fin de semana y les hacen masajes en los pies, me pongo muy nervioso. Prefiero que me hable de amigas cuyos compañeros les hacen la vida imposible por su egoísmo o su obsesión por el fútbol televisivo. Eso me motiva. Y no me digo: los hay peores que yo, me regodeo en mis laureles. Sino: estoy en el buen camino, no quiero parecerme a ellos.» (Samuel, 34 años)

A veces nos dejamos atrapar por razones que no son lo que habríamos deseado: entrar en comparaciones absurdas y en competiciones no menos absurdas. Este movimiento de nuestra mente es, no obstante, irresistible porque se inscribe en probables disposiciones innatas: esos reflejos se deben en parte a nuestro pasado de grandes primates que vivían en grupo, en el seno del cual vigilar lo que tenían y hacían los demás era una costumbre útil para no encontrarse en desventaja, y donde las cuestiones de poder eran importantes para el acceso a los recursos de todo tipo (alimento y lugares ventajosos). Como siempre, el hecho de que algunas de nuestras actitudes se enraícen en un lejano pasado psico-biológico no implica que las tengamos que aceptar pasivamente. Aun reconociendo que comparar y competir son tendencias innatas, podemos elegir no padecer esas influencias ciegamente y dejar que se desplieguen sólo cuando creemos que el ambiente y nuestros intereses lo justifican. Pero en este caso se trata de *elegir* y no simplemente de *reaccionar*.

El riesgo es evidente: padecer esas influencias biológicas y sociales que encontrarán un oscuro relevo en nosotros o en los demás. Las personas con baja autoestima tenderán a someterse de un modo inquieto, a comparar en su contra, a huir de todas las competiciones o resignarse a perder, mientras que aquellos con una autoestima alta y vulnerable tratarán de participar en el juego, ser mejores que los demás y ganar las competiciones, pero en un clima psicológico de gran crispación.

«ME COMPARO Y... ¿ME CONSUELO O ME ENTRISTEZCO?»

Como un irresistible movimiento del alma, el reflejo de las comparaciones sociales parece inevitable en un primer momento. Incluso sucede de manera inconsciente.[1] El simple hecho de vivir en sociedad las hace inevitables. Entre los innumerables fenómenos que activan las comparaciones sociales encontramos los siguientes:

• Centrar la conciencia en nosotros mismos:[2] por ejemplo, redactar un pequeño texto sobre uno mismo (en comparación con un texto sobre una estrella de cine) aumenta inmediatamente la tendencia a la comparación social. Y como los trastornos de la autoestima se acompañan, tal como hemos visto, de una clara tendencia a la obsesión respecto a uno mismo…

• Dudar de uno mismo: si un pseudo-test de personalidad, realizado tras responder a las preguntas de un ordenador, te proporciona una imagen confusa de tu yo («Tras examinar sus respuestas, no es posible proponer una síntesis de sus rasgos de personalidad»), serás absorbido por la tendencia a las comparaciones sociales.

• El fracaso. La tendencia a compararse con los que están "peor que nosotros" es entonces frecuente, independientemente del nivel de la autoestima.[3]

• Encontrarse en dificultades y en la duda multiplica la intensidad de la tentación. Éste es el testimonio de los padres de Luce: «Nuestra hija nació con problemas motores; durante años esperamos que se recuperaría de su atraso. En cualquier reunión familiar o lugar donde hubiera niños, nuestro primer impulso consistía en observarlos disimulada y atentamente para ver en qué etapa de desarrollo se encontraban en relación con Luce. Más tarde, año tras año, renunciamos a ese impulso que nos hacía infelices, porque Luce no iba a la par; tuvimos que resignarnos a que fuera diferente a los otros niños, y sobre todo distinta de la niña ideal que habíamos soñado y que queríamos que fuera. Nos llevó años aceptarla como era, decepcionante si esperábamos progresos y entrañable como todos los niños, porque era un pequeño ser que se va desarrollando y nadie puede saber si su existencia será feliz o desgraciada.

Sin embargo, ahora no comparamos; nuestra pregunta ya no es: ¿está retrasada respecto a los demás?, sino: ¿es feliz?».

Desafortunadamente, parece que cuanto más nos comparamos con los demás, mayor será nuestra tendencia a sumirnos en estados anímicos negativos como el lamento, la culpabilidad, la envidia, la insatisfacción, etc.[4] En general, existen vínculos recíprocos entre la sensación de no llevar una vida feliz y el hecho de proceder a comparaciones sociales constantes.[5] Utilizar las comparaciones con el fin de consolarse no parece una buena idea porque este recurso nos hace entrar progresivamente en un juego de competición social que trataremos de ganar (ser mejor que los demás) o no perder (no distanciarnos mucho de los otros).

DE LAS COMPARACIONES A LA COMPETICIÓN

Así pues, el riesgo de las comparaciones es transformar la vida en una lucha por la preeminencia: ser quien más habla en una reunión, quien tiene la mejor casa o el mejor coche, la pareja más sexy, los hijos más guapos...

Cuidado, pues como hemos dicho, *la activación de las tendencias a la comparación y la competencia es muy rápida*, como muestra el siguiente estudio: los investigadores querían observar si era posible inducir actitudes competitivas con la simple tarea de manipular palabras. Proponían a los voluntarios que formaran frases con una serie de diez palabras que evocaban el universo de la competición (ganar, superarse, batalla, rivalidad, competición), y a continuación otro tanto con palabras que evocaban la idea de la cooperación (cooperar, trabajar juntos, colaborar, amistad).[6] El simple hecho de tener que manipular palabras del campo semán-

tico de la competitividad facilitaba que más tarde se desen-
cadenaran comparaciones sociales y actitudes competitivas
en juegos y escenificaciones. En cambio, la misma tarea rea-
lizada con palabras que evocaran la colaboración producía la
tendencia inversa. Así pues, no es trivial vivir en un universo que predique ciertos valores durante todo el día: la lectura de cierta prensa económica, por ejemplo, inducirá actitudes competitivas en los ejecutivos que la leen regularmente,
actitudes que quizá sean excelentes para la empresa que les
emplea, pero menos beneficiosas de cara a su bienestar personal. Sin duda conviene reservar el instinto competitivo
para las situaciones que lo exigen (ciertas situaciones profesionales) y evitarlo en otras (trabajo en colaboración o vida
privada).

Del mismo modo, *el trato constante con personas obsesionadas por la competencia social,* como en el siguiente
testimonio, puede resultar pernicioso a menos que seamos
conscientes del problema:

«En cuanto entra en una habitación, mi vecino observa si
las mujeres que en ella se encuentran son más bellas, más
inteligentes y atractivas que la suya. Si es así, buscará un
defecto en ellas hasta que encuentre un punto en el que su
mujer sea superior. Con los hombres es incluso peor: indaga
si el estatus de los demás es superior al suyo, y si es así, se
esmera en encontrar un fallo. Si no lo logra puede volverse
agresivo, irónico o buscarle las cosquillas a alguien, o, si no
es capaz de recuperarse hiriendo con la palabra, tratará de
hundir a otros y se encarnizará con un chivo expiatorio.
Nuestras mujeres son amigas y una vez fuimos con ellos de
vacaciones. Fue un infierno. Al cabo de pocos días, no sólo
no podía más, sino que además empezaba a sentirme contaminado por su actitud, a desear que mis hijos vencieran a los
suyos en los juegos y cosas tan estúpidas como ésa.»

Asimismo, existen *ambientes sociales que inducen a la comparación y la vigilancia estrecha del estatus ajeno*: el cine, la moda, la televisión. Todo ambiente lo induce cuando los individuos viven ensimismados. A veces lo predica el discurso social: la "Francia triunfadora" de los ridículos años ochenta, que no hacía sino remedar la misma celebración de valores hiper-individualistas y anti-solidarios de Estados Unidos y Gran Bretaña, así como de todo Occidente.

Señalemos que no siempre elegimos la comparación: a veces nos fuerzan los avatares de la vida, por ejemplo, si nos enteramos de que una persona cercana ha sufrido un revés de la fortuna o ha caído enferma. Si nuestro sentimiento de entereza respecto a lo que le ha ocurrido es fuerte («Eso no puede pasarme porque...»), la comparación es, egoístamente, tranquilizadora. Pero si nuestra sensación respecto al hecho en cuestión es más bien de vulnerabilidad, la comparación será inquietante («Puede ocurrirme a mí»); en cambio, puede reportarnos la ventaja de activar estrategias de prevención del acontecimiento temido («Mañana mismo dejo de fumar», «Dejaré de malgastar el dinero»).[7]

LA COMPETICIÓN NO SIEMPRE NOS REFORZARÁ

Contrariamente a lo que suele creerse, *los "obsesionados por ganar" no siempre son los que ganan...* ¡Por suerte! La presión ejercida a tavés de expectativas excesivamente competitivas puede, por el contrario, perturbar la eficacia de los actos.[8] Evidentemente, también hay un creciente riesgo de conflictos, porque cada uno pretende asumir el lugar del otro en una visión que los teóricos denominan "juego de suma cero": la ganancia del otro implica mi pérdida. Así pues, el objetivo no consistirá sólo en ganar, sino en impedir que los otros ganen. Esta visión de la vida en grupo o en sociedad implicará una actitud muy agresiva en lo que respecta a la conquista y la defensa del territorio, los beneficios y otros signos de estatus, así como una erosión constante del bienestar personal y un debilitamiento de la autoestima: esos ambientes egoístas y competitivos son una fábrica en cadena de autoestimas inseguras y muy inestables, sometidas a atributos externos. ¿Maravilloso, no?

LA AUTOESTIMA PREFIERE EL AMOR AL PODER

Al principio de este libro vimos cómo la necesidad de reconocimiento y de control alimentan la autoestima. Pero si pretendemos nutrir esta última con la competitividad, erraremos el camino, *porque lo que llamamos aceptación, es decir, la experiencia de la popularidad, ejerce un efecto dos veces más poderoso en la autoestima que el predominio, es decir, el ejercicio del poder.*[9] Ahora bien, las actitudes comparativas y competitivas no van bien encaminadas. Más bien tienden a alterar progresivamente la calidad de nuestras relaciones sociales: lo poco e inestable que ganamos en predominio lo perdemos en aceptación, que sin embargo es un bien mucho más interesante en materia de autoestima.

Renunciar a la competencia inapropiada –lo que una vez más no es una renuncia a *todas* las competiciones, sino sólo a las que no nos son necesarias o no hemos elegido– parece la mejor solución. Es deseable para las autoestimas altas pero inestables y frágiles dado el importante coste emocional y relacional que invierten en ello, y también para las autoestimas bajas, que *a priori* no aspiran a esas relaciones, pero las padecen y las siguen a duras penas. ¿Qué hacer entonces para evitar entrar en el juego?

Modelos y antimodelos:
Cómo inspirarse en los demás para progresar

Si la tendencia a la comparación social es tan fuerte también se debe a que, como señalábamos, en un principio hay una serie de beneficios, como la posibilidad de tranquilizarnos. Pero las comparaciones sociales pueden ser objeto de un mejor uso: ayudarnos a progresar personalmente y no sólo a sentirnos seguros. Esto pasará por lo que se denomina aprendizaje social.[10]

En efecto, la mayoría de nuestros aprendizajes no se realizan ni por ensayo y error ni por una sabia atención a los consejos y consignas que nos brindan generosamente. Se realizan mediante la observación de los otros: en un primer momento nuestros padres y luego nuestros maestros, compañeros y todas las personas que la vida coloca en nuestro camino. Esto es especialmente cierto en aprendizajes complejos como los que guardan relación con la vida en sociedad, los estilos de relación con los demás, etc.

Observaremos a los "demás" para lo mejor y para lo peor, y conservaremos ambos aspectos... Por ejemplo, la tendencia a agredir si hemos presenciado agresiones y queremos a los agresores (aun si nosotros éramos sus víctimas). *Los modelos (ser como) y los anti-modelos (no ser como) nos conforman así*, de un modo consciente (quiero parecerme a esa persona, o al menos desarrollar algunos de sus comportamientos) o inconsciente (compruebo con horror cómo reproduzco conductas que, sin embargo, detesto y desapruebo).

En los sujetos con alta autoestima, parece que los mejores modelos sociales de comparación son los modelos "positivos" (cómo lograr superar una dificultad). Estos sujetos son más bien *promotion-focused*, como dicen los norteamericanos, mientras que las personas con baja autoestima parecen motivadas por modelos "negativos" del estilo «Así es como no hay hacerlo», porque son *prevention-focused*.[11]

¿Acaso somos imitadores y no creadores de nosotros mismos? ¡En gran parte sí!

Es un orgullo iluso creernos únicos y autónomos: nos construimos en gran medida por medio de la imitación. Conviene saberlo. En nuestra infancia pero también en la edad adulta. A partir de pobres modelos –pobres en el sentido de limitados o superficiales– como los de la publicidad, la televisión o el cine, u otros más densos o sutiles, como las personas "verdaderas" que encontramos: en este caso será necesario que seamos capaces de abrir los ojos y *no admirar sólo a aquellos que la sociedad nos presenta como admirables*, sino asimismo a otros, más humildes y anónimos, pero que poseen algo que podríamos usar en nuestro beneficio. Admirar e inspirarse también en comportamientos de personas que nos resultan antipáticas, o de algunas cuyas actitudes nos parecen criticables: ¿por qué no? No hablamos de mimetismos, sino de aprendizaje por el ejemplo, explícito o disimulado. En lugar de juzgar negativamente, observemos y aprovechemos los innumerables ejemplos –o contra-ejemplos– que la vida nos ofrece…

Recuerdo que un día leí una entrevista a la coreógrafa Marta Graham. Le preguntaban acerca de la creatividad y la originalidad, la imitación y la creación, cuestiones que son aún más cruciales para los artistas que para el resto de los mortales: «Todos somos ladrones. Pero a fin de cuentas, seremos juzgados sólo por dos cosas: a quién he elegido desvalijar y qué hemos hecho con ello».[12]

Después de haber observado y comparado durante largo tiempo, un día alcanzamos lo que parece una forma de sabiduría de la autoestima: *la capacidad de compararnos con nosotros mismos*, con quienes fuimos hace meses o años, con quienes somos en los buenos o malos momentos. Sin duda, uno de los mejores métodos para practicar el desarrollo personal: vivir como si fuéramos *el perpetuo artesano de nosotros mismos…*

27. ENVIDIA Y CELOS: LAS EMOCIONES ENGENDRADAS POR LA DUDA Y CÓMO REMEDIARLAS

«En los celos hay más amor propio que amor.»
LA ROCHEFOUCAULD

La aparición de la envidia o los celos marca uno de los fracasos de la autoestima cuando ésta cede a la tentación de las comparaciones y la competitividad. Ambas emociones, que reflejan las dudas respecto a uno mismo, son diferentes.

La envidia remite al sentimiento desagradable que experimentamos ante lo que posee otra persona, que no tenemos y nos gustaría tener: dinero, estatus, reconocimiento e incluso felicidad... En general se envidia a personas más o menos cercanas, o con las que se puede establecer una comparación razonable. Es raro que nos mortifique la envidia por el estilo de vida de personas socialmente muy alejadas de nosotros, como las estrellas o los millonarios. Sin embargo, mis lectores y lectoras que sean estrellas o millonarios también pueden ser devorados por la envidia, por ejemplo hacia otras celebridades que dispongan de un yate más grande, una propiedad más hermosa o un mayor reconocimiento mediático...

Los celos designan el temor a perder algo que ya tenemos: podemos ser celosos de nuestros privilegios, que defenderemos agresivamente, o celosos de nuestra pareja, cuyos mínimos movimientos y matices en la conversación vigilaremos atentamente para detectar una eventual inclinación por uno u otro rival. También existen los celos en la amistad, bajo la forma de un deseo de relación casi exclusivo.

Por último, se puede ser a un tiempo celoso y envidioso, como ocurre con los niños cuando tienen la impresión de que su hermano o hermana ha recibido un mejor regalo: se mostrarán a un tiempo envidiosos («¡Su regalo es mejor que mío!») y celosos («Lo quieren más que a mí»).

Ambas emociones guardan una clara relación con una autoestima vulnerable.

¿POR QUÉ SIENTO ENVIDIA?

La aparición de la envidia necesita dos condiciones: para empezar una comparación social –desfavorable– entre nuestras ventajas y las del otro, y un sentimiento de impotencia a la hora de obtener lo que el otro posee. Sin ese sentimiento de impotencia no sucumbiríamos a la envidia, sino que sería una motivación para conseguir lo mismo... De ahí la relación con la autoestima: *envidiamos lo que no poseemos, pero sólo si pensamos que no somos capaces de obtenerlo por nosotros mismos*. La envidia no tiene por qué tener relación con el poder o las posesiones reales: también podemos envidiar la felicidad ajena o su sentido del humor, etc. El fenómeno es universal: en todas las culturas existen leyendas de reyes y emperadores envidiosos de minucias poseídas por sus súbditos...

Como resultado de los problemas de autoestima, la envidia crea, desgraciadamente, un verdadero círculo vicioso que la debilita aún más, induciendo a incesantes comparaciones sociales de consecuencias perniciosas. Aun cuando no nos lo confesemos de un modo consciente, remite implícitamente a la imagen de un yo incapaz de obtener lo que desea. Facilita la existencia de un sentimiento de fracaso personal, que siempre se puede disimular con una racionalización de injusticia social en el caso de la envidia ante el éxito ajeno («Esta sociedad patética que permite estas cosas...»). Sin embargo, este remedio no funciona y no impide que la envidia se presente de nuevo; tan sólo le añade amargura.

Cuando la envidia se convierte en una costumbre conduce a una lectura enfermiza y obsesiva de las ventajas de los privilegios ajenos, aún más destructora para la autoestima.[1]

Liberarse de la envidia

La Rochefoucauld recordaba a sus contemporáneos: «Nuestra envidia dura siempre más tiempo que la felicidad de aquellos a los que envidiamos». ¿Basta con esto? A menudo será necesario un gran esfuerzo para desprendernos del veneno de la envidia.

Por ejemplo, la maledicencia (hablar mal de aquellos a los que se envidia): evidentemente, la necesidad de hablar mal guarda relación con la sensación de ejercer un escaso control sobre la propia vida y ambiente, pero quizá también es útil para nuestro bienestar emocional, siempre y cuando no se acompañe de emociones negativas muy vigorosas.[2]

Otra tentación, no tan alejada: hablar mal de la sociedad y vestir la envidia de un discurso, más valorado socialmente, sobre la intolerancia a la injusticia. La injusticia es un gran problema, pero se trata de un problema *distinto* a nuestra

incapacidad de soportar que otros tengan más que nosotros...
Jules Renard lo anotó en su *Diario*: «No es necesario despreciar a los ricos, basta con no envidiarlos».

Pero no es fácil transformar la envidia en indiferencia.
¡Tampoco en benevolencia! ¿Cómo alegrarse del éxito de los demás, especialmente cuando no obtenemos nada de él (como ocurre a menudo)? No es fácil si tenemos problemas de autoestima. Sin embargo, es un ejercicio muy sano e instructivo, sobre todo en relación con esas envidias estúpidas a que nos abocan todas las situaciones sociales competitivas. En mi caso, me entreno en este tipo de ejercicios cuando los ingleses nos ganan al rugby. No me resulta fácil, pero esforzarme en alegrarme por su victoria al menos tiene el mérito de abrirme los ojos sobre lo esencial, es decir, que la verdadera cuestión debería ser: «¿He visto un buen partido?», y no: «¿Quién ha ganado?». En cuanto a alegrarme sinceramente por el entusiasmo de los ingleses victoriosos... aún tengo trabajo por hacer, pero no desespero.

Asimismo es importante no contentarse con reprimir la envidia. Es mejor reconocerla y transformarla. Entrenarse en pasar de la envidia agresiva («Es injusto que ese inútil disfrute de eso») o depresiva («Es lamentable que no lo tenga») a la envidia emulativa: «¿Qué tengo que hacer para obtener lo que provoca mi envidia?». Así, probablemente recuperemos una de las funciones originales y naturales (y sobre todo beneficiosas) de la envidia: un estímulo para la acción.

El callejón sin salida de los celos

Como hemos visto, los celos descansan en el miedo a perder una relación o un lugar privilegiado o exclusivo. André Comte-Sponville señala con gran inteligencia: «El envidioso querría poseer lo que no tiene y otro posee; el celoso quiere poseer él solo lo que cree que le pertenece».

Así, los celos descansan en una concepción errónea de lo que es una relación afectiva con los demás, tanto si es amorosa como de amistad. Por supuesto, los celos amorosos nos comprometen más profundamente y resultan ser más destructivos para nuestra propia imagen.[3] Pero en ambos casos, los celos se erigen a partir de una concepción errónea o, más bien, arcaica y primitiva de la relación: amar consistiría en poseer; y aceptar el amor de un celoso o celosa sería aceptar la sumisión a su instinto enfermizo de posesión.

Los celos acarrean siempre sufrimiento, provocan ansiedad tanto por la pérdida de autoestima que conllevan como por la anticipación de la pérdida de relaciones privilegiadas.[4] *Los celosos nunca disfrutan de su alegría: se limitan a vigilarla.* Los problemas de autoestima aún son más flagrantes que en la envidia:[5] el celoso teme que sus cualidades no basten para retener a su lado a su pareja. De ahí la voluntad de examinar, intimidar y aprisionar; en lugar de dejar que el otro desee quedarse, se trata de impedir que se vaya, por todos los medios. Por supuesto, esto no mejora en nada la autoestima deficiente; por último, los celos impiden que estemos seguros del amor o el afecto que nos testimonian. Como el otro está atado, es imposible saber si *realmente* siente apego por nosotros. Así pues, los celos agravan el problema en lugar de solucionarlo. Suponen un fracaso completo de la relación. De la relación con el otro y de la relación con uno mismo. Y acaban por hacer que olvidemos el aspecto esencial de lo que debería ser una relación fecunda: la reciprocidad, como perfectamente subrayaba La Rochefoucauld en el epígrafe de este capítulo (vuelve a leerlo si lo has olvidado).

TRABAJAR LOS CELOS

La psicoterapia aún tiene poco experiencia respecto al tipo de ayuda que puede ofrecer a los celosos patológicos:[6] no son muchos los que vienen a pedir ayuda (es más bien su entorno el que acude a consulta en busca de consejo). Pero incluso para los pocos que lo hacen, el trabajo es largo y delicado. A menudo es necesario trabajar todas las bases de la psicología del apego: en la mayoría de ocasiones, los celosos presentan un estilo de apego "inseguro", normalmente desde la infancia y por múltiples razones (traumas reales relacionados con separaciones o abandonos precoces o temperamentos hipersensibles a la distancia afectiva): temen abandonar su sostén afectivo para explorar el mundo.[7] Así pues, una vez que le han echado el ojo al objeto de su amor, no pueden ni siquiera imaginar abandonarlo (de eso están seguros) ni ser abandonados (como no pueden estar seguros, controlan y acosan). Volver a pensar íntegramente sobre la manera de relacionarse con los demás y dejar de sentirse en peligro si los otros se alejan, constituye un gran y fructífero trabajo psicológico. Velar por la autoestima es una de las primeras etapas.

28. NO DESCONFIAR DE LOS DEMÁS: LOS BENEFICIOS SON SUPERIORES A LOS INCONVENIENTES

«La confianza no es una ilusión vacía de sentido. A largo plazo es la única cosa que puede asegurarnos que nuestro mundo privado no es también un infierno.»

HANNAH ARENDT

«¿Fiarse? Apenas confío en mí... Soy demasiado débil como para confiar en los demás. Soy incapaz de refunfuñar si me explotan. Incapaz de rebelarme si me traicionan. En mi vida, muchas veces he sido la última en darme cuenta de que abusaban de mí. Como dudo de mí misma, siempre excuso a los demás, supongo que mis dudas son infundadas y mis sospechas injustificadas... Mi señal de alarma ante el abuso está anestesiada, o lo ha estado durante mucho tiempo. A lo largo de muchos años he sido incapaz de decirme frases simples como: "No es normal. Es un abuso. No lo hagas. Es inaceptable. Es una traición. Es una ruptura del contrato moral". Incapaz de pensarlas yo misma, así que imagina decírselo a los demás.... Nunca soy capaz de pronunciarlas, pero la diferencia es que ahora evito ponerme en situaciones en las que debería pronunciarlas; con el fin de evitar la decepción y la traición, no confío en nadie. "La casa no ofrece crédito." Soy consciente de que esto me aísla, pero prefiero estar sola y ser desconfiada antes que aceptada y denigrada.»

A menudo la desconfianza crece a partir de nuestras debilidades. Sin embargo, la confianza es hermosa... Y es beneficiosa para las personas y los grupos humanos. ¿Por qué es tan difícil en los problemas de autoestima?

CONFIAR

¿La confianza? Es la expectativa de que nuestro deseo de colaborar no se verá defraudado, y de que los demás no explotarán nuestras debilidades. La confianza es una intuición, a veces una decisión (más o menos argumentada) y una esperanza, más que una certeza. Es una forma de optimismo centrado en las relaciones sociales: como el optimismo, no consiste en una ceguera ante las dificultades (en caso de problemas graves, tanto los optimistas como los pesimistas reaccionan del mismo modo), sino en una tranquilidad ante la manifiesta ausencia de problemas. Mientras que el optimismo no modifica forzosamente las situaciones materiales, la confianza sí puede hacerlo: otorgar confianza a alguien puede incitarle a que evolucione favorablemente, y también contribuye a humanizar la sociedad.

Las fuentes de la capacidad para confiar residen, evidentemente, en nuestro pasado: tener padres dignos de confianza y no haber vivido desengaños dolorosos después de habernos comprometido parecen los dos factores principales, pero también hay una serie de factores más ligados al presente y que conforman una red muy compleja.

En primer lugar las razones para confiar pueden ser contradictorias: se puede confiar por debilidad personal (baja autoestima), porque tendemos a idealizar a los demás o a colocarnos en posición de debilidad o dependencia frente a ellos. *También podemos otorgar nuestra confianza porque nos sentimos lo bastante fuertes como para poder soportar o reparar una eventual traición:* «Le doy una oportunidad...» (alta autoestima). Así pues, confiar en los demás depende claramente de la confianza que tengamos en nosotros mismos y de nuestras necesidades en materia de autoestima: podemos concederla o negarla de manera inadecuada, y más en función de nuestras expectativas de ser admirados o permanecer seguros que de una evaluación sosegada de la situación y nuestros interlocutores.

Hay otros elementos que también pueden desempeñar un papel.

Algunos son hormonales: un sorprendente y reciente estudio de neurobiología[1] mostró que era posible multiplicar por dos el sentimiento de confianza hacia los demás haciendo que los voluntarios inhalaran un *spray* de ocitocina, una hormona que se encuentra en la base del comportamiento maternal y que facilita las relaciones sexuales. ¿Manipular químicamente la confianza? Esto plantearía problemas éticos importantes: ¿qué ocurriría si los vendedores o los políticos utilizaran discretamente la ocitocina para convencer a sus interlocutores y oyentes?

Otros son psicológicos: la confianza está muy influida por la vida emocional. Lógicamente, las emociones positivas la estimulan y las negativas la coartan.[2] Sentir tristeza, cólera e inquietud con frecuencia puede inducir una desconfianza sistemática hacia los demás, basada en el miedo (es el caso de los pacientes fóbicos sociales), el pesimismo (el caso de los depresivos) o la proyección de los propios malos pensamientos y visiones negativas de la humanidad (gruñones, coléricos, permanentemente resentidos). Todos estos sufrimientos perturban el buen funcionamiento de los grupos humanos, que requieren de la confianza mutua, desde la vida familiar al comportamiento profesional y social, mientras que las frecuentes emociones positivas facilitan en gran medida la calidad de las relaciones.[3]

En algunos casos, la incapacidad para confiar remite a una patología psiquiátrica: el ejemplo más puro está representado por los paranoicos, convencidos de que nadie, ni siquiera los más cercanos, merecen una confianza absoluta y permanente. Para ellos sólo existen los que los han traicionado, los que se disponen a hacerlo y los que lo harán en el futuro... Pero también están los desengañados por las relaciones humanas, siempre decepcionados por los demás. Y aquellos que han sufrido traiciones o carencias, aquellos cuyos padres los educaron en una cultura de la desconfianza. Recuerdo que uno de mis pacientes quería redactar sus memorias y ponerles por título: «Cómo mi padre estuvo a punto de volverme paranoico».

VENTAJAS E INCONVENIENTES DE LA CONFIANZA

Confiar en los demás: ¿no es arriesgado?

¡Sí! Pero también es muy arriesgado no confiar. Los peligros de la desconfianza son quizá menos visibles, menos inmediatos que los de la confianza, pero son muy reales.

No confiar implica dedicar mucha energía en desconfiar, observar, controlar, verificar, ganar tiempo. Es vivir en una tensión física y una visión negativa del mundo que resultarán perjudiciales y agotadoras. Implica que nos cuesta bajar la guardia cuando podemos hacerlo. Por supuesto, así evitamos algunas decepciones y engaños. Pero ¿a qué precio?

Tomemos el ejemplo de unos turistas de vacaciones en el extranjero que *desconfían* de los habitantes del país, que en su opinión son famosos por su tendencia a estafar a los visi-

VIVIR CON LOS DEMÁS

tantes. Puonen pasar toda su estancia cuidando de no *dejar-se engañar*: vigilar al taxista siguiendo atentamente en un plano el itinerario que ha tomado (en lugar de hablar con él de las costumbres locales o contemplar el paisaje), elegir precavidamente el restaurante, comparando los precios en todo el barrio, observando quién entra y quién sale (en lugar de sentarse donde les gusta); desconfiar de todos los vende-dores y comerciantes permaneciendo "alerta", comparando, negociando, irritándonos y enfadándonos (en lugar de con-versar, sonreír y descubrir...). Comportándose así alejarán la mayoría (no todas...) de las ocasiones de ser estafados, pero habrán fracasado en lo esencial: aprovechar su estancia, aun-que abusaran un poco de su confianza.

Evidentemente, la confianza supone aceptar un riesgo social relativo, el del engaño o la duplicidad de nuestros interlocutores, por un beneficio palpable, el de la calidad de vida.

Los beneficios emocionales de la confianza son notorios en relación con las ventajas materiales puntuales de la des-confianza. «¿De tan bueno es tonto?» ¿Y si los "buenos ton-tos" tuvieran una vida más feliz que los "perpetuamente des-confiados"? ¿Y si estuviéramos condenados a ser estafados durante toda nuestra vida? ¿Y si esto no tuviera nada que ver, o mucho menos de lo que pensamos, con el recelo o la con-fianza?

DEL BUEN USO DE LA CONFIANZA...

Así pues, ¿es mejor confiar *a priori*?

Si nuestro objetivo es la calidad de vida, la respuesta es sí. Sin embargo, es vano exponerse inútilmente a la decep-ción o la explotación. Sin duda, la solución reside en nuestra capacidad para *otorgar a los demás no una confianza ciega sino lúcida*: conceder la máxima confianza *posible a priori* y considerar fiables a nuestros interlocutores hasta que no se demuestre lo contrario.

En una escala de confianza *a priori*, algunos sitúan a sus interlocutores en la mitad: «Confío con moderación, sin más». Y a continuación ajustan el cursor en función del comportamiento de estos últimos. Otros, más desconfiados, no otorgan ningún crédito: «Se tienen que ganar mi confianza». Por último, otros arrancan de esta guisa: «En principio confío plenamente, luego ya veré». Como siempre, la clave reside en la flexibilidad: nos compete ajustar el grado de confianza que nos merecen los demás, no en función de nuestras debilidades (dudas, angustias, miedo de no saber defenderse o reclamar una reparación tras un desagravio), sino en función del contexto (es normal no fiarse en los negocios o en la conquista y el ejercicio del poder), o de la naturaleza de nuestros interlocutores (es normal ajustar el programa "confianza" un poco más severamente con los desconocidos). Para esto también es necesario hacer el esfuerzo de comprender que ciertas faltas a la confianza que damos pueden asimismo deberse a la torpeza o la incomprensión, o incluso al egoísmo, y no a la malevolencia o el cinismo. ¿El resultado es el mismo? Quizá material y emocionalmente (en principio), pero no en nuestra visión de la humanidad.

La confianza defraudada

«Cuando supe que Sylvie había hablado mal de mí durante una velada en la que estaban invitados muchos de mis amigos, fue como una puñalada para mí. La había conocido tiempo atrás, simpatizamos y nos confiamos muchos secretos. Me pareció que había nacido una amistad. Pero una persona presente en la velada me contó que se había burlado de mi ingenuidad, de mi insistencia en ser su amiga, cuando ese deseo de acercamiento me parecía que también venía de ella... Pensé en ello toda la noche y luego me tranquilicé. Llamé a algunos amigos, que dijeron que sus comentarios no fueron tan duros como me habían contado: "Tan sólo quiso hacer reír y darse valor a tus expensas". Todos me confirmaron que su intervención estaba fuera de lugar y les hizo sentir incómodos. Entonces me dije que quien tenía el problema era ella, no yo: era ella quien había hablado mal. Más tarde reflexioné sobre el alcance real del incidente, tratando de que mi razonamiento no cayera en la trampa de mi sentimiento de injusticia o engaño –ni siquiera hablo de traición–. En el fondo, había ocurrido algo tan antiguo como la humanidad: alguien habla mal de otro. Punto. Las consecuencias reales eran insignificantes: mis amigos sabían cómo era yo y no prestaron atención a sus comentarios, los que no me conocían desconfiaron y aquellos a los que no caigo bien sin duda disfrutaron, ¿y qué? Me pregunté por sus motivaciones: ¿se sentía tan mal consigo misma que necesitaba darse valor a costa de alguien con quien previamente había sido amable? Por último, me tranquilicé y en lugar de hacer generalizaciones del estilo "Es mejor no confiar en nadie", me quedé con "Hay personas poco fiables y que demuestran su doblez". Incluso llegué a decirme: "Tampoco la rechaces a ella por completo: ahora sabes que no debes confiar en ella, eso es todo. Es inútil guardarle rencor. Permanece fría. Ahora estás advertida y prevenida: la lección ha sido útil". Es ridículo, pero estaba orgullosa de mí por no sumirme en amargas obsesiones de cólera o venganza, como me habría ocurrido unos años antes. Y, por último, ni siquiera llamé a Sylvie para pedirle explicaciones; el asunto llegó a resultarme casi indiferente...» (Amélie, 43 años).

Con este testimonio, Amélie nos aclara los aspectos esenciales de las actitudes que podemos adoptar en caso de que nuestra confianza se vea traicionada:

- Recordarnos que la traición es más reveladora de la naturaleza de quien la comete que de quien la padece.
- Bajo el efecto de la herida emocional, no extender la desconfianza a todo el género humano. Continuar confiando en las personas fiables.
- Mantener cierta distancia hacia quien nos ha traicionado, pero no retirarle forzosamente todo crédito.
- Hablar rápidamente con los más allegados para que nos ayuden en la evaluación de la "gravedad" de la traición. Ser prudentes con el período inicial en el que las emociones a flor de piel tenderán a radicalizar nuestro juicio.
- Si nos han contado los comentarios de otro, comprobar siempre su alcance y su naturaleza exacta.
- Eventualmente, hablar con la persona en cuestión, pero más bien preguntando («¿Puedes darme una explicación o tranquilizarme?») y no mediante reproches o acusaciones.

LOS BENEFICIOS INDIVIDUALES Y COLECTIVOS DE LA CONFIANZA MUTUA

La confianza es fundamental para las sociedades humanas, tanto en las relaciones íntimas –pareja, familia, amigos, conocidos–[4] o en las más ampliamente sociales (trabajo y vida urbana en su sentido más amplio).

La posición de confianza recíproca es la más provechosa a largo plazo para toda forma de sociedad humana.

Existe un probable efecto acumulativo positivo: si advertimos que nuestro interlocutor está atento a nuestras necesidades, confiamos más en él; entonces él percibe que estamos atentos a las suyas y confiará más en nosotros, etc.[5]

Una serie de apasionantes trabajos sobre este tema han señalado que *a largo plazo la posición de confianza mutua es la que más beneficios aporta tanto a individuos como a grupos sociales.*

Uno de los modelos clásicos de estudio de la confianza interactiva en psicología social se propone en lo que se denomina "dilema del prisionero".[6]

Imagina a dos sospechosos detenidos y en prisión por un delito. El juez está convencido de su culpabilidad, pero no tiene ninguna prueba. Entonces les dice: «Tienen derecho a hablar o guardar silencio. Si ninguno confiesa serán condenados a tres meses de prisión porque hay cargos leves contra ambos. Si los dos confiesan lo tendremos en cuenta y sólo será un mes de prisión. Si uno confiesa y el otro no, quien haya confesado será condenado a seis meses y el otro quedará libre».

Los dos prisioneros no pueden comunicarse entre ellos; por tanto deben confiar o no en el otro. El interés común es la confesión de ambos: la pena será mínima (un mes de prisión para cada uno, es decir, dos meses de castigo total, pero en condiciones de igualdad). Pero si uno confiesa y el otro no, el primero será el único castigado (la pena total se imputará a uno solo de los hombres). La tentación egoísta será no confesar: en el mejor de los casos el sujeto queda libre y en el peor carga con tres meses. Pero la inteligencia colaborativa anima a confesar: suponiendo que el otro hará lo mismo, tan sólo se irá a prisión durante un mes.

¿Cómo reaccionamos en la vida real? Los estudios muestran que la tendencia espontánea ante situaciones de este tipo es privilegiar la desconfianza:[7] especialmente en un número de intercambios limitados, ante desconocidos, se activará el piloto automático del recelo (y tal vez no se equivoque). En cambio, cuando este sistema "uno por otro" se comprueba en intercambios prolongados y repetidos, parece ser uno de los más eficaces para producir ventajas bilaterales,[8] a condición de que no sea ciego (reiteradas traiciones a la confianza hacen que recelemos), que se exhiba y aplique abiertamente («Confío en los demás y hago lo que digo») y que venga facilitado por debates y comunicaciones directas (la distancia aumenta la desconfianza). El coste colectivo del recelo, que desemboca en una cooperación deficiente, siempre es más elevado que el de la confianza.

DESCONFIAR DEL INFIERNO
O CONFIAR EN EL PARAÍSO

La vida es difícil, hay tanta gente mezquina, nunca sabemos con quién tratamos... Es así, y sin embargo la confianza –en su lucidez– sigue siendo el medio menos malo para sobrevivir y vivir dignamente. Si no es así, contribuimos a construir y propagar esa sociedad paranoica, ese "infierno" que evoca Hannah Arendt en la cita de este capítulo. Siempre que sea posible, la confianza también es esto: aprender a aceptar que el mundo y los demás son imperfectos. Y la confianza lúcida consiste en no depender y sufrir por sus imperfecciones.

29. NO JUZGAR: LOS BENEFICIOS DE ACEPTAR A LOS DEMÁS

«No vemos las cosas como son, las vemos como somos.»
El Talmud

En el camino de la propia aceptación, ¿aceptar a los demás redundará en que nos aceptemos mejor a nosotros mismos? Parece probable.

Paradójicamente, la aceptación nos fortalece más porque nos permite vernos como el juguete posible de los demás y convertirnos en actores. Por ejemplo, nosotros también juzgamos a los demás, a veces los rechazamos, ironizamos, envidiamos... Pero esta "pequeñez" de lo cotidiano, ¿nos alivia o en realidad nos estremece? ¿No es un síntoma de nuestra debilidad, o también puede agravarla?

¿JUZGAR O CONOCER?

La tentación de juzgar lo que son o hacen los demás sólo puede existir, evidentemente, a partir de nuestra propia experiencia. *Sólo podemos ver en los demás lo que hemos aprendido a ver*... Nuestro egoísmo nos enseña a descubrir el egoísmo de los demás, etc. A veces de manera adecuada, a veces exagerándolo. Y en el peor de los casos, imaginariamente: es la "proyección" de los psicoanalistas, un mecanismo mediante el cual atribuimos a los demás sentimientos o intenciones que en realidad nos pertenecen.

Esta tendencia a ver el mundo a través de nuestras dificultades personales depende, en parte, de la importancia que nuestro ego asume en nuestro funcionamiento psíquico: la dolorosa obsesión por sí mismos, que caracteriza a las personas con problemas de autoestima, les expone a este riesgo.

Y, en contrapartida, esta visión auto-centrada (los anglosajones utilizan la divertida expresión *myside bias*, que se podría traducir por algo así como *el bies de la punta de mi nariz*...) conduce a un empobrecimiento de nuestra visión del mundo y, por tanto, de nosotros mismos.

En efecto, *la tendencia a juzgar contiene una negación de la experiencia*. Llenamos el mundo con nosotros mismos en lugar de dejar que nos colme y eduque. De ahí la dificultad para escuchar y comprender otra cosa que no seamos nosotros mismos. Consecuencia: el mundo nos parece inmutable, "siempre idéntico a sí mismo", la gente "se parece" (y siempre defrauda). A menudo es nuestro modo de entenderlos el que es idéntico.

«LOS DEMÁS SIEMPRE ME DEFRAUDAN»

Este discurso es muy frecuente. Pero *¿de dónde viene el problema? ¿Los otros son tan decepcionantes? ¿O es que a mí se me puede decepcionar fácilmente?* Ambas cosas: para empezar, los demás no son ni tan admirables ni tan abominables como nos imaginamos. Si me decepcionan con frecuencia es porque espero demasiado de ellos. ¿Por qué? La decepción se juega a dos bandas: mis propias expectativas a menudo la explican tan bien como el comportamiento ajeno. ¿Cómo ser más realista? ¿Existe una óptima relación con los demás que me proteja de decepciones en exceso frecuentes, sin que tenga que retirarme de los intercambios sociales, lo que muchas veces es tentador (para no sufrir la decepción)?

Es uno de los objetivos del trabajo en terapia. Recuerdo a una paciente que tenía un padre paranoico (sumido en la desconfianza y la manía persecutoria) y una madre depresiva. Afortunadamente para ella, no era una fotocopia de sus padres, pero a pesar de todo había heredado de ellos y de los años vividos en su compañía una tendencia a la desconfianza (discurso paterno) y a la decepción (discurso materno). Aunque era bastante inteligente como para comprobar los trastornos relacionados con esta actitud, tenía sin embargo dificultades a la hora de evitarla. Despierta y agradable, entablaba numerosas relaciones, pero el desarrollo de los vínculos amorosos o amistosos tropezaba pronto con pequeños detalles: «Enseguida detecto los defectos ajenos, que me obsesionan hasta el punto de que es lo único que veo de la persona. A veces es absurdo: el tic de hurgarse la nariz o un mal aliento y, hala, la persona me parece definitivamente menos interesante. A veces se trata de un detalle menor: las personas un poco satisfechas de sí mismas, o un tanto monótonas y sentenciosas y, de pronto, sus otras virtudes desaparecen. Es como si me enfriara y ya no quisiera ir más lejos. Durante largo tiempo me dije que estas exigencias constituían una necesidad de excelencia, y que esto me permitiría dedicar mi tiempo a las personas que merecían la pena: "lo mejor; si no, nada". Pero es estúpido, los seres perfectos no existen, yo no soy perfecta y nadie lo es. Por tanto, es necesario que trabaje esa incapacidad de ver el lado bueno de la gente, o más bien, puesto que lo veo, interesarme por él a fin de no prestar atención a sus defectos. Ya hice una terapia en la que comprendí que esta actitud era un buen medio para no comprometerme, cosa que me aterraba. Pero ¿y ahora?».

¿Cómo lograr que los demás nos ofrezcan sus mejores cualidades? ¿Cómo suscitarlas? ¿Cómo *adoptar una "política relacional" activa ante los demás*? Aunque no los "soportemos", podemos pedirles que en las veladas nos cuenten historias interesantes: su pasado de marinero o ex combatiente, sus vacaciones en Creta, su visión del mundo, etc.

Entrenarnos en no juzgar: siempre la aceptación

El efecto de etiquetado es muy conocido en psicología: una vez que hemos emitido un juicio sobre alguien es difícil dar marcha atrás, porque todas sus reacciones ulteriores se encontrarán bajo la influencia de este juicio. Tendemos a memorizar lo que confirmará nuestro etiquetado y rechazar lo que no lo confirme. Es lo que se denomina un sesgo de *exposición selectiva: elegimos preferentemente las informaciones que confirman nuestras creencias y preferencias*. Esto es cierto para la elección de los periódicos que leemos: intenta leer con regularidad un periódico con el que no estés de acuerdo, no para maldecirlo, sino para observar y comprender sus razonamientos y argumentos. También es cierto para los detalles que advertiremos a nuestro alrededor: los racistas prestan más atención a las noticias de delitos cometidos por extranjeros; los anarquistas atienden más a los errores policiales, etc.

De ahí la importante persistencia, individual y colectiva, de los juicios racistas, los estereotipos sexistas y todas las formas de *a priori*. Contrarrestar el efecto del etiquetado comporta un esfuerzo bien organizado. Y lo más sencillo, en lugar de revisar sistemáticamente nuestros juicios, consiste en no juzgar enseguida. Si no, seremos víctimas de un efecto de prioridad: la primera creencia en implantarse será la más sólida a largo plazo, incluso en caso de invalidación posterior.[1]

De nuevo nos remitimos a los principios básicos de la aceptación: con calma y constancia, adoptar la costumbre de observar y aceptar lo que vemos antes de juzgar, y a continuación reflexionar y, si establecemos un juicio, hacerlo de manera precisa y provisional («Por el momento puedo pensar tal cosa en ese ámbito»). Por último, actuar para cambiar lo que deba ser cambiado.

¿Significa esto aceptar, al menos al principio de mi razonamiento, la injusticia y la traición? ¿Qué hacer si no, puesto que existen? ¿Aceptar que me han mentido o traicionado, que han abusado de mis debilidades o, peor aún, de mi confianza? Si ha sucedido, ¿acaso puedo elegir? Debo aceptar lo que ha ocurrido...

Pero la actitud de aceptación acaba ahí, frente a lo que es, a lo que existe. Afrontaré lo que aún no ha ocurrido o puede ocurrir: la acción –y no la dimisión– sigue siempre a la aceptación.

EJERCICIOS DE EMPATÍA (FÁCILES Y DIFÍCILES...)

El discurso sobre la benevolencia es frecuentemente aceptado por la mayoría de los hombres. Pero las prácticas de la vida cotidiana suelen diferir. Jules Renard, malicioso observador del género humano, anotaba así en su *Diario*: «Benévolo para la humanidad en general, terrible para cada individuo». En cierto sentido, la empatía es esa «mirada que concede prioridad a los demás».[2] La prioridad supone la benevolencia y aceptación previas, no la sumisión ni la aprobación.

La atención y observación empática de los demás a menudo requiere un cierto esmero y una práctica regular. Estos cinco consejos pueden facilitarte su adquisición (si éste es tu deseo):

– Pasar de lo global a lo específico. Entrenarse en fragmentar y compensar el juicio: en esta persona, ¿qué es lo que me gusta y está bien (en mi opinión), y qué es lo que no me gusta? Los "pros" y los "contras".
– Pasar de la tentación de juzgar a la persona («Es un jactancioso») al esfuerzo de describir sólo sus comportamientos («Anoche se jactaba»).
– Pasar de un punto de vista permanente («Ella es así») a un punto de vista relacional («Ella es así en esa situación»).
– Pasar de la actitud enjuiciadora («Es penosa») a una actitud comprensiva y funcional («Si es así es porque le aporta algo, ¿pero qué?»).
– Pasar del resentimiento a la discusión. Hablar con las personas con las que existe un malentendido o hacia las que sentimos resentimiento, representa siempre un ejercicio fructífero, en contra de nuestros automatismos, que nos empujan a evitar a aquellos que nos irritan para castigarlos desde lejos o hablar mal de ellos. Lo suelo recomendar a los pacientes cuando trabajamos las relaciones sociales. El objetivo no es hacerse amigos, sino acostumbrarse a refinar la visión que tenemos del otro hablando con él. Normalmente, hablar con las personas nos lleva a advertir que casi siempre son más vulnerables, y a veces más amables, de lo que el juicio a distancia nos permitía imaginar. Esto no impide que comprobemos sus defectos, pero puede permitirnos modificar nuestros sentimientos y artimañas.

El objetivo del enfoque empático hacia los demás no es aprobar o amar a la persona en cuestión, sino:

1. Hacer que te sientas mejor.
2. Evitar determinadas maniobras falsas u opiniones erróneas respecto a ella.
3. Aprender a proceder del mismo modo con uno mismo.

Existe otro buen ejercicio de empatía, menos cansado y
más difundido: la lectura de novelas o la visión de películas
en el cine. Son un buen medio para entrar en la existencia de
otro, con el que habríamos podido cruzarnos sin que suscita-
ra nuestro interés en la vida real. El actor francés Jean-Pierre
Bacri se ha especializado en personajes gruñones y detesta-
bles que consigue que se tornen, si no en simpáticos, al menos
entrañables, porque el espectador llega a comprender la razón
de su comportamiento desagradable. ¿Quizá la ficción nove-
lesca y cinematográfica nos hará mejores? Puede prepararnos
para ello. Sólo quedará ponerlo en práctica.

POR QUÉ NO JUZGAR A LOS DEMÁS ES BUENO PARA LA AUTOESTIMA...

La aceptación de los demás es una actitud relacionada con un
mayor nivel de bienestar en aquellos que la practican,[3] lo
cual enseguida provoca un círculo virtuoso: si me encuentro
bien me será más fácil ser benévolo (etimológicamente: *bene
volens*, "que quiere el bien"), esa misma benevolencia me
hace bien, etc.
Por otro lado, la apertura psicológica guarda relación con
la autoestima: cuanto mejor sea esta última, más nos ayudará
a observar sin comparar, envidiar o juzgar y nos permitirá

beneficiarnos de las experiencias vitales, disfrutar de una flexibilidad superior y de capacidades de adaptación a los nuevos escenarios.[4] Los estudios realizados en este campo inducen a *considerar la autoestima como un factor de "activismo psicológico": nos ayuda a "extraer" lo bueno de nuestro ambiente, y también a provocarlo*. Por ejemplo, durante una velada, en lugar de sufrir a un comensal molesto y enfadarse o languidecer, dedicar la energía, que ahorramos en irritaciones y juicios, a aceptarlo, observarlo y tratar de descubrir lo que pueda tener de interesante o atractivo (¡imagina que estás en una película!) y, así, conseguir que sea diferente. En el ámbito de la aceptación *a priori*, la gente ofrece su aspecto más interesante si se sienten aceptados. Una buena autoestima puede ser una herramienta de "mejora de lo real". De pronto, dejamos de vivir en el mismo mundo.

¿Llegar a perdonar?

¿Qué relación hay entre perdón, aceptación y juicio? *Perdonar es renunciar a juzgar y castigar. No es olvidar…* Es decidir no depender del odio y el resentimiento hacia quienes nos han herido. Es decidir liberarse de ellos. Es una forma superior de aceptación, o de re-aceptación tras una herida grave.

Diversos trabajos han señalado la gran dificultad en el momento de perdonar cuando hay problemas de autoestima, especialmente en personas narcisistas, con una autoestima elevada, pero inestables, susceptibles y agresivas.[5] Sin embargo, existen aún más trabajos sobre los beneficios del perdón.[6] Todos apuntan a que la capacidad de perdonar es un gran factor de equilibrio interior y regulación emocional global,[7] porque el resentimiento duradero, aunque se justifique por la violencia sufrida, es una fuente suplementaria de sufrimiento crónico. Pero tampoco se trata de recurrir al perdón a fin de renunciar a enfrentarnos a quienes han cometido la ofensa, la injusticia o la agresión, y afirmarnos frente a ellos. *El perdón no es una evasión ni una huida: debe ser una elección.*

Además, es probable que el ejercicio de perdonar a los demás, no impuesto por la propia debilidad o por la fuerza de estos últimos, facilite el perdón a uno mismo: ya hemos hablado de los incesantes reproches, a veces equivalentes a un auto-acoso moral, que ciertas personas se dirigen a sí mismas juzgando severamente el menor de sus actos. En ambos casos, perdonar no es absolver (hacer como si el problema no hubiera existido nunca). Es renunciar a sufrir y seguir castigándose debido al recuerdo de lo que sucedio.

El trabajo con el perdón es un paso frecuente en muchas psicoterapias. Ha resultado especialmente útil en individuos que han sufrido ofensas y agresiones muy graves, como las víctimas de incesto, cuya autoestima mejora claramente.[8] Si recuperar la capacidad de perdonar a menudo requiere la ayuda de un terapeuta, es porque se trata de una tarea emocionalmente difícil, sobre todo cuando se desconfía del perdón: sería una forma de respuesta propia de un "débil" en relación a una ofensa o agresión objetivamente injusta. La venganza sería una respuesta propia de alguien fuerte. ¿Y quién querría ser débil ante la violencia? Sin embargo, siempre que sea posible, es necesario renunciar a la venganza y el resentimiento. Se trabaja sobre todo en esta segunda dimensión. El perdón no puede basarse en la represión del deseo de venganza: debe ser una elección libre. No supone necesariamente una reconciliación. En cambio, permite retomar el contacto con el agresor-ofensor sin un menoscabo emocional excesivo. En última instancia, importa poco si el perdón conmueve al agresor hasta el punto de que él mismo se arrepienta y se excuse. Perdonamos tanto para nosotros mismos como para el otro. Aún más: perdonamos para que aquellos a los que amamos no porten también el fardo de nuestro rencor y resentimiento. El perdón no implica renunciar a la cólera: en las terapias donde se trabaja se dedica un tiempo a expresar exacta y rotundamente el sentimiento de ira, así como la vergüenza, ya que las víctimas suelen avergonzarse de sí mismas… Finalmente, lo que se pretende en la "terapia del perdón" es el bien del paciente *y el efecto liberador del perdón para quien lo ejerce.* El perdón concede siempre la victoria sobre la adversidad y la perfidia. Tanto fuera como dentro de nosotros mismos…

Aceptación, perdón y no violencia

Atención una vez más: aceptación y perdón no significan renuncia a la acción o a la justicia. El perdón no es sino un preámbulo a la exigencia de justicia o a la acción necesaria para que la ofensa padecida no vuelva a repetirse… También es un medio de evitar el contagio de la violencia universal, activada por la ley del talión cuando ésta se aplica a todo el mundo. En uno de sus sermones,[9] Martin Luther King, portavoz de la no violencia, se expresó así: «La razón por la que me prohíbo obedecer la antigua filosofía del "ojo por ojo" es porque acaba cegando a todo el mundo». La no violencia también se encuentra en el corazón del problema del perdón, de la aceptación y de la acción serena para cambiar el mundo. Las tres reglas son las siguientes:[10]

– *La no violencia es un acto de valentía.*
En palabras de King, «el verdadero pacifismo no es la no resistencia al mal, sino una resistencia no violenta que se

oponga al mal [...]. No es una sumisión ni una resignación [...]. No es una estrategia que pueda usarse en función de las circunstancias; la no violencia es a fin de cuentas un modo de vida que los hombres abrazan por la sencilla razón de su sentido moral». Representa una forma de ser y reaccionar a los conflictos e injusticias, que consiste en decir tranquilamente y con firmeza: «No puedo aceptarlo». Por eso necesita del valor (atreverse a hablar), la lucidez (no dejarse cegar por el deseo de venganza hacia el que nos hace daño) y el dominio de uno mismo (la cólera ante la injusticia es un sentimiento espontáneo).

– *Enfrentarse a las ideas y no a las personas.*

Los individuos injustos, agresivos y violentos son sus propias víctimas. No son libres sino esclavos: de su ambiente, sus prejuicios o su pasado. Esto no es una razón para tolerar la agresividad o la injusticia: hay que oponerse a ella con fuerza desde el primer momento. Pero es una razón para no guardar resentimiento a las personas que perpetúan actos o profieren palabras violentas: oponerse a ellas sin devolver la violencia es el único medio de cambiar la sociedad y los individuos de un modo duradero.

– *Pensar siempre en la reconstrucción tras el conflicto.*

En toda sociedad y en toda vida humana, los conflictos son inevitables y acaso necesarios. Pero la paz también es necesaria. ¿Qué hacer para que sea posible tras un conflicto? La no violencia lo permitirá más que ninguna otra cosa; no es una renuncia al combate, sino una manera de no olvidar nunca comportarse con dignidad y humanidad durante la lucha, y facilitar el perdón, la reconciliación y la acción posterior. En resumen: pensar en la postguerra.

La autoestima no se alimenta de la ingenuidad, sino de la acción serena.

30. AMABILIDAD, GRATITUD, ADMIRACIÓN: LA RELACIÓN CON LOS DEMÁS REFUERZA LA RELACIÓN CON UNO MISMO

«Eres amigo de lo mejor de mí mismo.»
GEORGE BRASSENS a un amigo

Cuando estaba en la escuela (empieza a quedar lejos en el pasado...), nuestros maestros y maestras nos leían una lección de "moral" cada mañana: se trataba de un pequeño relato presentado como una "historia real" destinado a llamar nuestra atención sobre los beneficios de mostrarse sociable, amable, atento, obediente, no mentir ni robar, etc. Tras la lectura, no había debate en grupo, como se haría hoy en día; el maestro nos dejaba reflexionar en silencio uno o dos minutos. A continuación pasábamos a las matemáticas o la historia... Los cursos de moral desaparecieron tras mayo del 68. ¿Fue para bien o para mal?

AMABILIDAD

Raphaël: «Hace unos años caí gravemente enfermo de una afección hematológica, una especie de leucemia. Tuve que someterme a un montón de exámenes, análisis, hospitalizaciones y tratamientos, cuyos detalles omito. Tuve suerte y me recuperé. Tres cosas me sorprendieron en todas estas peregrinaciones: la primera, la inmensa vulnerabilidad que siente el enfermo ante la enorme y absorbente máquina hospitalaria. Se siente uno a merced de todos esos médicos, enfermeras, secretarias y camilleros. La segunda es la gran necesidad de amabilidad que se experimenta en ese momento: no sólo la necesidad de ser recibido con cortesía y contar con un trato correcto. Mucho más: la necesidad de recibir palabras, gestos y atenciones amables. Sin duda, esto se relaciona con la vulnerabilidad: somos como niños pequeños que necesitan de un amor espontáneo sólo porque están allí y son niños. Sin condiciones. La tercera es que, cada vez que somos tratados amablemente, algo ocurre en nuestro organismo: una onda de calor y ternura, una sensación casi hormonal. Estoy seguro de que ser amable con los enfermos provoca reacciones biológicas».

La amabilidad es una atención benévola hacia los demás, *a priori* incondicional. Desear el bien de otro: 1) Sin que lo haya pedido. 2) Sin saber si lo merece. Y 3) sin saber quién es. Sólo porque es un ser humano. La amabilidad es un don que difiere de la simple atención y la empatía. En la amabilidad se toma la iniciativa. Como médico soy consciente de hasta qué punto el trato amable es útil con mis pacientes: cuando acuden a consulta, sufren (si no, no vendrían) y están inquietos (¿a quién le apetece recibir atención psiquiátrica?). Así pues, trato de ser amable con ellos. Lo logro más o menos en función de los días, pero en cualquier caso es un objetivo permanente. Cuando estudiaba no estaba de moda que los psiquiatras fueran amables con los pacientes. La amabilidad era buena para las enfermeras. Los psiquiatras debían adoptar una actitud de "neutralidad benévola", como en el psicoanálisis, es decir, una actitud que en el mejor de los casos era bastante fría (sobre todo para quien sufre), y en el peor, de abierto rechazo. Lo que puede tener sentido una vez que el paciente ha decidido iniciar un psicoanálisis, carece de él fuera de ese marco preciso. Hoy sigo pensando que también los psiquiatras (y, evidentemente, los psicólogos) deben ser amables con sus pacientes, y no sólo "atentos". *Antes de teorizar acerca de los riesgos de la amabilidad («Inducirás una transferencia»), conviene reflexionar sobre los de la frialdad y la distancia.*

En las personas con problemas de autoestima es frecuente un cierto bloqueo con la amabilidad. Un miedo a ser "excesivamente amables". Pero ¿cómo podría ser un defecto la amabilidad? *El problema no es ser excesivamente amable, sino adolecer de una personalidad débil.* Por el contrario, ser amable es una virtud: desear el bien a los demás, prestarles un servicio, ver su lado bueno... ¿Qué sería del mundo sin personas amables? ¡Un lugar muy penoso! Pero no hay que ser *tan sólo* amable. Tenemos que añadir a nuestro repertorio la capacidad de decir «no», «no estoy de acuerdo», «No estoy contento», etc.

En cuanto a las personas con una autoestima alta pero inestable, su problema con la amabilidad deriva del hecho de que con frecuencia están a la defensiva y se sienten amenazadas por los demás, lo que provoca frialdad y resultan desagradables ante los demás.[1] También pueden pensar que la amabilidad no otorga tanto poder o gloria, lo que no las motiva porque su débil autoestima depende de estas señales de validación.

Por estas razones, la capacidad de bondad y amabilidad hacia los demás no es fácil de adquirir. Una de mis pacientes me contaba un día sus problemas con su hijo mayor, de diez años, un chico brillante pero poco amable e incluso duro con sus hermanos y padres, que eran personas más bien amables. Su marido y ella habían discutido el tema con el chico, abordándolo desde todos los puntos de vista: la utilidad social de la amabilidad, el bien que se hace a los demás, el que revierte en uno mismo (sentirse mejor cuando se mantienen buenas relaciones con los hermanos y hermanas) y también los beneficios materiales: los padres están de mejor humor y hacen concesiones cuando sus hijos son amables... Como siempre sucede con los niños, el rapaz no dio acuse de recibo de los mensajes. Los escuchaba cariacontecido y suspirando. Pero poco a poco su comportamiento fue cambiando. ¿Acaso se concienció? ¿O no le quedó más remedio? Porque al mismo tiempo, los padres, siempre amables pero cada vez más severos, decidieron no dejar pasar las malas palabras que su hijo dedicaba al resto de la progenie.

Las ocasiones para ser amable son múltiples: interesarse por los demás más allá del "¿Cómo va?", atender a las personas solitarias en las veladas y presentarlos a otros, sonreír cuando damos una moneda a un mendigo, etc. Es inútil tratar de convertirnos en santos. La finalidad de estos pequeños ejercicios no es merecer el paraíso, ni que los demás nos admiren, sino: 1) sentirnos mejor, y 2) cambiar el mundo... ¡amablemente!

Generosidad

La generosidad es la "virtud de la donación".[2] Permite cultivar una útil independencia hacia los objetos materiales: «Dar lo que se posee en lugar de dejar que nos posea...». En el día a día consiste en dar un poco (o mucho) más de lo que los demás esperan, o antes de que lo pidan. *No es necesario que la generosidad llegue hasta el sacrificio*, pero es necesario aceptar actuar "ciegamente" en relación con los demás: creer siempre en ellos en función de nuestras fuerzas y capacidades, sin saber ni pretender saber si son "dignos", si nos estarán agradecidos o seremos "retribuidos" a cambio, etc.

Como la amabilidad, la generosidad no es un lujo: por el contrario, parece útil a toda vida en comunidad. La psicología social la ha estudiado en este aspecto, especialmente como una especie de seguro contra los malentendidos y las interferencias relacionales.[3] Si en general mantienes un estilo de comportamiento relacional generoso, los demás estarán predispuestos a juzgar con indulgencia una eventual actitud negativa o ambigua en sus relaciones contigo (por ejemplo, llegar tarde a una cita, no responder a un *mail* o mensaje telefónico, estar de mal humor cuando normalmente estás tranquilo, etc.). En toda relación, *la costumbre de dar un poco más de lo que recibimos o de lo que se espera de nosotros* constituye una prevención (no una garantía) contra las "interferencias" ulteriores, del tipo «¿Quién se cree que es?», «No me respeta», etc.

Ahora bien, los sufrimientos de la autoestima a veces inducen a la mezquindad: esperamos que el otro se ofrezca primero, o dé más que nosotros, que dé el primer paso. Se vigila atentamente la estricta reciprocidad de los intercambios, nos convertimos en puntillosos contables (disculpas a mis lectores contables) de las relaciones e intercambios.

Si en tu caso has observado dificultades en este campo, haz la prueba de modificar tus actitudes durante un tiempo y observa los resultados: da sin que te lo pidan (información, atención, ayuda...). Con plena libertad y sin forzarte. Diciéndote: «Es mi trabajo como ser humano...».

Estos comportamientos de amabilidad y generosidad también existen, de una forma distinta, en el reino animal, sobre todo en el altruismo y la aptitud para compartir con los más débiles. Según los investigadores, los beneficios para el grupo son evidentes: estos comportamientos sociales favorecen la cohesión grupal y las oportunidades de supervivencia, y representan una ventaja en materia de adaptación, un signo de inteligencia superior de la especie ante las dificultades de la vida.[4] En primatología existe un caso célebre, el de Mozu, una hembra de macaco japonés que nació sin brazos ni piernas y que vivió en su grupo hasta una edad avanzada, mientras que en otras especies animales su discapacidad no le habría dejado ninguna posibilidad. Aunque confinada a un estatus inferior, Mozu siempre tuvo acceso a la comida y a los intercambios sociales con sus congéneres. En otras especies se abandona a los recién nacidos con problemas, así como a los animales heridos. Sólo las especies superiores desarrollan esa tolerancia y "generosidad" para dejar espacio a individuos no directamente "útiles", como querría una lectura simplista de las leyes de la evolución y la selección natural. En el ser humano, esta capacidad, esta virtud más bien, y aun esta inteligencia, es muy antigua. Por ejemplo, los prehistoriadores han encontrado osamentas de adultos o adolescentes con manifiestas deficiencias de nacimiento: sin embargo, su grupo los había aceptado y protegido.

GRATITUD

La gratitud consiste en reconocer el bien que debemos a los demás y alegrarnos de lo que les debemos en lugar de tratar de olvidarlo.

El inicio de los célebres *Pensamientos* de Marco Aurelio, una de las obras maestras de la filosofía estoica antigua, está constituido por declaraciones de gratitud manifiestamente sinceras hacia padres, ancestros, amigos y maestros, para acabar en los dioses: «Debo dar gracias a los dioses por haberme concedido buenos abuelos, un buen padre, una buena madre, una buena hermana, buenos preceptores, buenos criados, buenos amigos y todo lo bueno que pueda desearse». No todo el mundo tiene la suerte de Marco Aurelio o su grandeza de alma, pero siempre es posible modificar levemente sus formulaciones: «un padre que hizo lo que pudo», «una madre todo lo buena que fue posible», etc.

La gratitud puede parecer una virtud anticuada, pero implica múltiples beneficios, sobre todo en el bienestar psíquico, como recogen numerosos trabajos.[5] También es beneficiosa para la autoestima porque aumenta el sentimiento de pertenencia a un grupo, un linaje o una comunidad humana, y todo lo que aumenta el sentimiento de pertenencia refuerza la autoestima. Por último parece guardar relación con un aumento de autonomía frente a las actitudes materialistas, grandes desestabilizadoras y falsificadoras de la autoestima.[6] En este ámbito, indudablemente la gratitud rompe el vínculo egoísta entre uno mismo y las "posesiones" o "riquezas" y nos lleva a reconocer lo que debemos a tantos seres: a nuestros padres, que nos dieron la vida y algunas fuerzas y habilidades para obtener esas posesiones, los maestros que nos enseñaron, los amigos que nos amaron y nos dieron energía, etc.

Desgraciadamente, los sufrimientos de la autoestima impiden la práctica de la gratitud. De ahí, la necesidad de valorarnos a partir de la idea de autonomía: nos enorgullece no deberle nada a nadie y haberlo hecho todo solos. Se trata de una forma de mentira a uno mismo que puede disculparse porque es uno de los grandes mitos de nuestra época: el del individuo que puede lograr la plena autarquía gracias a su voluntad, su trabajo e inteligencia. Por ejemplo ha ejercido una profunda influencia en el mundo del arte a partir de principios del siglo XX: numerosos artistas trataron de desmarcarse y diferenciarse de sus predecesores en lugar de retomar su herencia y prolongarla.[7]

Hemos de advertir que la gratitud no es tan evidente cuando se conocen ciertas trayectorias vitales marcadas por la falta de amor, los abandonos y la violencia. Sin embargo, es raro no conocer a seres a los que no se les deba un cierto reconocimiento. Es el sentido de la canción «Chanson pour l'Auvergnat» de Georges Brassens, que es sin duda el más hermoso himno a la gratitud que se ha escrito en nuestra lengua:

> «Es para ti esta canción/ Tú forastero, que sin aspavientos/ Me sonreíste compasivamente/ Cuando los gendarmes me apresaron/ Tú que no aplaudiste cuando/ Los campesinos y campesinas/ Toda la gente de buenas intenciones/ Rieron al verme preso/ No era más que un poco de miel/ Pero me calentó el cuerpo/ Y en mi alma arde todavía/ A la manera de un gran sol.»

Entonces, ¿cómo practicar la gratitud? Porque sólo su práctica tiene sentido...

He aquí algunos ejercicios de gratitud:

– *Pensar nuestros éxitos en términos de gratitud:* no para minimizar nuestro mérito, sino con el fin de seguir "conectados" a toda la cadena humana a la que se lo debemos.

– *Más allá de los éxitos materiales, cultivar los sentimientos de gratitud por los gestos de amabilidad recibidos:* sonrisas, ayudas mínimas (que nos sostengan la puerta o nos ayuden a recuperar un objeto caído en el suelo...).

– *Dormirnos cada noche con un pensamiento de gratitud* («¿Quién me ha hecho algún bien hoy mediante un gesto, una palabra, una sonrisa o una mirada?»), lo que mejora el bienestar emocional.[8]

– *Practicar el extraño placer de la extensión de la gratitud:*

tratar de sentirla por las personas conocidas y nuestros allegados, pero también por desconocidos. En un hermoso libro, *Professeurs de désespoir*,[9] en el que carga contra los que denomina "melanómanos" (maníacos del desasosiego, del griego *melanos*, negro), la novelista Nancy Huston habla de su emoción ante la música de Bach, una música que inspiraba a Cioran reflexiones que mezclaban la admiración sin límite y la completa desesperación, como: «Después de esto, mejor olvidarlo todo». Por el contrario, Huston insiste en la maravilla y el reconocimiento que le debemos a Bach, los músicos que lo interpretan, los artesanos que siglo tras siglo han concebido y fabricado los instrumentos para tocarlo. Estos ejercicios de gratitud nos muestran la relación que existe entre nosotros y la mayoría de los seres humanos.

ADMIRACIÓN

«Hay en la admiración algo reconfortante que dignifica y aumenta la inteligencia», escribía Victor Hugo (también muy admirado). En cuanto a Paul Claudel, era aún más categórico: «Alguien que admira siempre tiene razón». La Rochefoucauld constataba sobriamente los efectos de la incapacidad para ver los aspectos positivos de los demás: «Un hombre a quien no le gusta nadie es mucho más desgraciado que otro que no gusta a nadie».

La admiración es ese sentimiento agradable ante lo que nos supera. Es evidente ante la naturaleza, con la que no entramos en competición. Pero con el ser humano, sobre todo cuando no está en paz con su autoestima, la admiración compite con el problema de las comparaciones sociales: ¿qué provoca que la confrontación con una persona que nos parece o nos es presentada como superior a nosotros en uno o muchos ámbitos socialmente valorados, suscite la admiración en lugar de la irritación o el deseo de restarle valor? Victor Hugo, que había afrontado personalmente el problema, escribía lo siguiente: «Los malévolos envidian y odian; es su manera de admirar». Otro problema clásico de las interacciones entre admiración y autoestima queda ilustrado en lo que ocurre en los sujetos narcisistas, que a menudo prefieren admirar en lugar de amar en sus relaciones sentimentales, una actitud que puede provocar muchos fracasos amorosos:[10] cuando nos decepciona alguien a quien amamos admirando, la decepción se puede transformar no en comprensión, sino en desprecio. También sabemos que el deseo apasionado de admirar puede conducir a la adulación o al fanatismo. Pero la admiración madura debe poder prescindir de la idealización. Se pueden admirar ciertas actitudes en una persona y no perder, sin embargo, la propia libertad: la admiración no debe ser una sumisión.

Una vez adoptadas estas precauciones, los beneficios de la admiración son reales: permite adoptar como modelo a personas que han adquirido la excelencia en un ámbito en el que sentimos un gran interés (es lo más fácil) o que nos resulta lejano y extraño. En estos casos, quizá la admiración es más difícil, pero está más próxima a cómo la percibían los filósofos de antaño, como Descartes: «La admiración es una repentina sorpresa del alma que hace que se disponga a observar con atención objetos que le resultan raros y extraordinarios». También en este caso, *admirar no significa renunciar a la acción, paralizado por la perfección de la persona admirada, sino actuar para parecernos a ella, si así lo deseamos.*

La admiración es un poderoso resorte que parece capaz de modificar los estereotipos, incluso los que son tan insidiosos e íntimos como los prejuicios raciales. Así, un estudio mostró que al presentar a voluntarios blancos imágenes de africanos admirables disminuía su automatismo de preferencia racial espontánea por los europeos.[11]

Como en el caso de la gratitud, la práctica de los ejercicios de admiración se encuentra un tanto olvidada y anticuada en nuestra época, pero en mi opinión presenta un gran interés psicológico. La admiración por las personas excepcionales queda claro que parece una necesidad fundamental del ser humano. A modo de anécdota, en los hinchas deportivos la admiración e identificación con un equipo y sus estrellas provocan efectos favorables en la autoestima.[12] Pero esto también es válido para las personas ordinarias, en aquello que *hacen* (admirar a un artesano por la inteligencia y la destreza de sus gestos) o aquello que *son* (admirar cualidades morales discretas). Evidentemente, es válido asimismo para el espectáculo de la naturaleza: una araña que construye su tela, etc.

Concluyendo: *no dejar pasar ninguna ocasión para que nuestro ojo, y sobre todo nuestra alma, se alegren admirando*. ¿Los beneficios para la autoestima? Son innumerables: disponer de modelos positivos, cultivar la humildad, desarrollar las capacidades de comunicación, experimentar emociones positivas...

LAS ACTITUDES POSITIVAS: ¿INGENUAS Y PESADAS O ECOLÓGICAS E INTELIGENTES?

Es muy amable, pero... Hay tres grupos de argumentos que moderan la cultura de la "psicología positiva":

• «La vida no es de color de rosa: ¿de qué sirve la amabilidad, la generosidad, la gratitud y la admiración frente a los mezquinos y malvados, la injusticia y la violencia?» Reflexionemos un poco: ¿es que nos impiden combatirlas? No, pero permiten hacerlo con más calma y eficacia a largo plazo (el nerviosismo sólo servirá a nuestra causa de manera puntual.

• «Son imperativos insidiosos que los psicólogos nos endosan. Hay que portarse bien, ser amable, saludar a las señoras, ¿y luego qué?» Y luego nada... En psicología sólo pueden ofrecerse consejos, que no tienen valor si no se adoptan libremente. Los que conciernen a las actitudes mentales positivas no son una excepción. Por supuesto, sólo interesarán a las personas que experimenten el deseo o la necesidad de sentirse bien. Nadie está "obligado" a seguirlos. Pero nos alegra que algunos lo hagan.

• «Al final es una forma de egoísmo disfrazado, ser amable o generoso para que lo sean con nosotros, admirar por deseo de llegar a ser admirable, etc.» Puede que en parte sea cierto, pero a pesar de todo... ¿Preferimos un mundo en el que el altruismo sería declarado anticuado y se desaconsejara porque no fuese sino un reciclaje de nuestro egoísmo? ¿Un mundo en el que se estimulara la expresión directa del egoísmo a fin de propender a una mayor franqueza y transparencia?

No, el verdadero problema no está ahí. Más bien reside en el buen uso de las actitudes, ya que contienen en sí mismas las posibilidades de sus propios excesos y derivados. Una excesiva amabilidad puede conducir a la manipulación por parte de los demás.[13] Demasiada generosidad puede incitar a los demás a explotarnos. Una excesiva gratitud, a que nos manipulen aquellos que quieren mantenernos en un estatus de eternos deudores. Una excesiva admiración conduce a la idolatría.[14] Pero «no tiremos al niño junto con el agua del baño». En estos casos, el veneno más frecuente es la decepción: nos entregamos y nos defraudan, por tanto no volvemos a hacerlo. ¿Es ésta una buena solución? Al no ofrecernos, nos empobrecemos. Hay mejores caminos: aumentar nuestro discernimiento; acostumbrarnos progresivamente a no esperar nada a cambio de nuestras actitudes positivas; no olvidar nunca que también lo hacemos por nosotros. No es vergonzoso avergonzarnos, porque incluso así podemos cambiar el mundo. *Todos estos pequeños gestos de psicología positiva hacia los demás son el equivalente de las prácticas ecológicas a escala planetaria* (usar la bicicleta, practicar la recogida selectiva de la basura, etc.): cada gesto aislado es insignificante, pero la suma ejerce su efecto. Otro tanto ocurre con la amabilidad, la generosidad, la gratitud, etc.

31. PLANTEAR DE OTRO MODO LA CUESTIÓN DE LA AUTOESTIMA: ENCONTRAR EL LUGAR QUE NOS CORRESPONDE ENTRE LOS DEMÁS

«Nunca nos encontramos bien
cuando no estamos en nuestro lugar...»
JEAN JACQUES ROUSSEAU

«¿La mayor vergüenza que recuerdo en mi infancia? No solidarizarme con mi hermana para que en la escuela me aceptaran los mayores. Nos habíamos mudado en verano y empezamos el curso en un nuevo colegio. Yo tenía ocho o nueve años y mi hermana pequeña tenía dos años menos. Nos entendíamos bien. Pero el ambiente de aquella escuela no era muy bueno, una banda de chicos no muy simpáticos creaba una atmósfera turbulenta en el patio de recreo y los maestros no les prestaban atención. Desde el principio empezaron a burlarse de mi hermana menor, que bizqueaba. Supe o tuve la impresión de que si la defendía yo también sería rechazada. No confiaba en mí misma, así que cedí al miedo y no la defendí. Cuando hablaban mal de ella, no la defendía. Si se mofaban de ella, yo fingía estar absorta en otro juego en la otra esquina del patio de recreo, cuando no se me escapaba un gesto o una palabra de lo que ella sufría. Un día incluso me sentí obligada a unirme a ellos para burlarme; quería convertirme en la mejor amiga de una chica que formaba parte de los líderes. Mi hermana pequeña lloró. Incluso hoy, cuando lo recuerdo, me siento físicamente mal. Nunca he hecho nada tan inhumano...» (Aurora, 38 años, durante una depresión).

Es imposible quererse si tenemos cuentas pendientes con nuestros semejantes. No sólo hemos de ser aceptados por algunos, los más poderosos, fascinantes o valorados, sino que hemos de mantener una relación armoniosa con todas las personas que nos rodean. *El egoísmo por la fragilidad y la ansiedad* de las malas autoestimas, como en el relato de esta paciente, a veces les lleva a sacrificar estos ideales relacionales por la defensa de sus intereses. Así, Jules Renard hablaba de «la frecuente cobardía de conjurarse junto a los demás contra un amigo». Ninguna tranquilidad del alma puede derivar de tales posiciones...

EL HOMBRE ES UN ANIMAL SOCIAL:
NO HAY BUENA AUTOESTIMA
SIN UNA BUENA RELACIÓN CON LOS DEMÁS

No existe una buena autoestima sin los otros, pero tampoco contra los otros o a costa de los otros. No podremos mantener nuestro bienestar psíquico solos, retirados o en combate con el mundo entero, o en conflicto o traicionando a los seres que cuentan en nuestra historia personal; tampoco en la explotación y la manipulación.

Pero entonces, ¿qué ocurre con la autoestima de los mezquinos, los perversos y malvados? Viven permanentemente en esa actitud y parecen acomodarse a ello y que no les impide vivir, actuar y a veces tener éxito y ser, o parecer, felices. Quizá no he conocido a los suficientes como para hacerme una idea, pero tengo la convicción de que la situación consigo mismos rara vez es cómoda. En lo más profundo de nosotros mismos sentimos siempre que hacer sufrir a los demás, despreciarlos y agredirlos más allá de lo necesario es una violación de nuestras leyes morales íntimas. Podemos rechazar este pensamiento, pero volverá. Marco Aurelio, emperador romano y filósofo estoico, observaba: «Todo hombre que comete una injusticia es un impío. En efecto, puesto que la naturaleza universal creó a los hombres unos para los otros, a fin de que se prestaran ayuda mutua, aquel que viole esta ley comete una impiedad con la divinidad más antigua, porque la naturaleza universal es la madre de todos los seres, y por tanto todos los seres tienen un vínculo natural entre ellos».[1]

El *dolor de los conflictos* es una clara ilustración. Cuando estamos "enfadados" con nuestra pareja, hijos, miembros de nuestra familia, amigos o compañeros, es decir, con todas las personas que componen nuestra historia y nuestra personalidad, no podemos sentirnos realmente bien con nosotros mismos. Y toda autoestima sufre en esos momentos.

«Durante todo un período de mi vida estuve sumido en los conflictos. Mis padres siempre vivieron así, en la bronca; mis abuelos también. En resumen, creía que la vida era así. A veces advertía que había personas tranquilas que no parecían vivir en el conflicto, pero suponía que era una fachada, o no les prestaba atención. Más tarde, tras sufrir duras pruebas en mi vida –caí enfermo, mi pareja me abandonó–, empecé a pensar en todo esto y a buscar una mayor tranquilidad y armonía en mi relación con los demás. Empecé a sentirme mejor y, sorprendentemente, a involucrarme menos en situaciones donde primara la desavenencia. Antes toleraba fácilmente estar enfadado con los demás, incluso tenía la impresión de que eso me impelía a actuar, para pensar en otra cosa (en realidad, reprimía mi sufrimiento). Poco a poco comprendí que era lo contrario: comparando la buena energía que me habitaba en los períodos en los que no había guerras en mi vida relacional y la energía crispada de los momentos violentos, no había color. Cuanto más avanzaba más lúcido me volvía y más me costaba arrostrar conflictos en mi vida. En ese momento descubrí los esfuerzos de la reconciliación, que ignoraba y rechazaba porque tenía la impresión de rebajarme. Confundía autoestima con altanería y orgullo. Acabé comprendiendo que la relación con los demás lo es todo para nosotros: lo que nos construye y alimenta durante toda nuestra vida. Lo más valioso que tenemos. Conviene ocuparnos de esa relación en lugar de abismarnos en nuestra imagen o nuestro ego.»

ACABAR CON EL TODO POR EL EGO
Y AUMENTAR LA AUTOESTIMA

¿Acaso muchos de nuestros problemas de autoestima no proceden de una visión en exceso restrictiva y estrecha del ego? Matthieu Ricard, monje budista, nos habla, en este sentido, de los "velos del ego"[2] y del profundo error que cometemos al considerar nuestra identidad como forjada exclusivamente en la autonomía y la diferenciación respecto a los demás.

La cultura occidental, prodigiosamente exagerada por la sociedad de consumo, nos empuja a sentir nuestra existencia en la diferencia más que en la pertenencia: ser *único*, poseer objetos que harán de nosotros alguien *diferente*... Obviamente, esta evolución nos ha reportado beneficios: nuestros antepasados vivían ahogados por vínculos sociales rígidos (familia, comunidad, religión...) que les legaban escasos márgenes de maniobra para construir su existencia. *Sin embargo, en la actualidad la carrera por el ego parece haber rebasado los límites de lo que nos es propicio*. La concepción tradicional del ego quizá ha quedado obsoleta: numerosos estudios empiezan a comparar los beneficios e inconvenientes de la definición tradicional del individuo en Occidente (definido a partir de la diferencia).[3] En todo caso, *sin duda ha llegado el momento de volver a pensar la autoestima.*

Por ejemplo, ¿qué ocurrirá si cultivamos nuestra autoestima reforzando la búsqueda de pertenencia en lugar de la diferencia? Diversos trabajos han señalado los beneficios de compartir los acontecimientos vitales positivos:[4] cuando a una persona le sucede algo favorable, puede ampliar claramente los efectos beneficiosos de ese acontecimiento si lo comparte con los demás, y prolongarlos en el tiempo, a veces de manera duradera. Parece que la especie humana es muy apta para la transmisión automática de las emociones[5] a partir de un contagio intuitivo: así, todos tenemos en nosotros los elementos necesarios con los que alegrarnos por la dicha de los demás. ¿Por qué esto no ocurre con mucha frecuencia? ¿Por qué la alegría ajena, que no nos aporta nada, no nos procura más satisfacción, salvo si le ocurre a los más allegados, hijos, familiares, pareja o amigos? Sin duda porque vivimos presos de perversos automatismos de la autoestima: vivimos en la competición, y no tanto en la colaboración, y normalmente estimulamos el contagio de las emociones negativas en lugar de las positivas.

Parece muy probable que aprender a alegrarse de las cosas buenas que les suceden a otros, a todos los demás en tanto representantes del género humano, no sólo constituye algo positivo para la sociedad, sino también para la autoestima del individuo que procede así. *La búsqueda de armonía nos aporta más beneficios que la de la supremacía.* La competencia social es nefasta para la autoestima. Es difícil resistirse a ella porque la organización de nuestra sociedad la fomenta. Sin embargo, hay que luchar... Muchos trabajos muestran *el papel beneficioso de una visión amplia de la autoestima*. Cuando en los estudios de psicología social aumenta el sentimiento de proximidad de los voluntarios respecto a sus parejas y amigos, se advierte que su nivel de autoestima sufre menos por el éxito de estos últimos que si se indujera a esos mismos voluntarios a percibirse como personas esencialmente autónomas.[6] Esto también es cierto en las relaciones sociales en su sentido más amplio.[7] Cuando somos lo suficientemente inteligentes como para extender nuestra autoestima a la de los demás, la volvemos más robusta. Otro ejercicio: *trabajar en el dinamismo de la autoestima*, valorar y alentar a los demás, reconocer su valor, es el mejor servicio que cada persona puede rendir a la humanidad, porque es importante que esa pertenencia no se enclaustre en círculos restringidos (allegados o personas semejantes a nosotros), sino extensos: si no, es inútil abandonar las antiguas limitaciones sociales. Sin duda es lo que trata de reflejar la expresión: «ciudadanos del mundo». En todo caso, es lo que piensan los investigadores, ya que diseñan nuevas escalas de evaluación a fin de acotar mejor esta dimensión social de la autoestima.[8]

SI PENSAMOS COMO "NOSOTROS" REFORZAMOS NUESTRA AUTOESTIMA

Percibir la propia identidad como, en parte, definida por la relación modifica profundamente el vínculo con uno mismo[9] y tiende, ante todo, a enriquecernos, porque sabemos que concentrarse en la propia persona no constituye forzosamente el mejor camino de acceso al conocimiento de uno mismo.[10] Indudablemente existen importantes evoluciones en materia de relación con uno mismo, y no podemos prever adónde nos conducirán. Tratemos de ser lo suficientemente lúcidos respecto a sus retos y mecanismos. La evolución de nuestra sociedad tiende manifiestamente a relaciones igualitarias, fraternales, adélficas. Las relaciones jerárquicas de tipo patriarcal, que antaño dominaban nuestras sociedades, se consideran arcaicas y sofocantes. Así pues, la autoestima también evolucionará: no se basará sólo en el dominio (por el poder o las posesiones), sino también en las relaciones y la pertenencia.

No cabe duda de que las mujeres están situados en la vanguardia de esta evolución. ¿O quizá esta evolución se ha producido porque su peso es cada vez mayor en nuestras sociedades? En todo caso, su bienestar está directamente relacionado a un tiempo con su autoestima y con la calidad de las relaciones sociales, mientras que el de los hombres depende más exclusivamente del nivel de autoestima.[11] Ellas propenden más a las relaciones sociales, y su salud parece beneficiarse más que la de los hombres de los comportamientos altruistas que adoptan.[12]

Esta inteligencia relacional de la autoestima moderna conduce a un círculo virtuoso: una buena autoestima facilita la adaptación a nuevos grupos, sobre todo porque tendemos a considerarlos con la misma mirada positiva que a nosotros mismos. Esta adaptación nutre a su vez la autoestima...[13] *La noción de "capital social" es fundamental para la solidez de la autoestima: nuestra mayor riqueza son nuestras relaciones*, sobre todo cuando ese capital social está abierto y en movimiento permanente (con llegadas y salidas, reencuentros...) y no cerrado (como en las sectas, los guetos y las existencias estereotipadas). Sin embargo, no se trata de fundirse con la masa. No renunciar a la individualidad y unicidad, pero tampoco centrarse exclusivamente en ellas, no convertirlas en una obsesión. Sin duda, la solución se encuentra en el hecho de operar un equilibrio entre ambas tendencias: afirmación y afiliación.[14]

LA AUTOESTIMA AMPLIADA: ESMERARSE SIMPLEMENTE EN ENCONTRAR NUESTRO LUGAR

En materia de cumplimiento de la autoestima, *a veces es útil no buscarse a uno mismo, sino sencillamente buscar nuestro lugar*, es decir, el enclave, la actividad y las relaciones que procuran más sentido a nuestra existencia. No buscar sólo una identidad, sino interacciones con nuestro entorno material o humano. No centrarse sólo en uno mismo y el control del entorno, sino en las relaciones entre nosotros y el entorno, el todo así conformado. Hay muchos tipos de "lugar": lugares en los que reponemos fuerzas (por su belleza o significado en nuestra historia personal), los actos con los que nos identificamos (ayudar, cuidar, consolar, construir...), las relaciones fecundas (amor, amistad, humanidad). Cuando ocupamos el lugar que nos corresponde encontramos con mayor facilidad la armonía con nosotros mismos y lo que nos rodea. Nuestras angustias se disipan y nos embarga una sensación de evidencia («Estoy donde tengo que estar») y coherencia («Es aquí donde quería estar»); nos sumimos en la experiencia de la plenitud y dejamos de plantearnos incesantes cuestiones existenciales e identitarias.

En los paseos por la montaña, me encanta seguir los senderos. En principio porque es relajante. Luego porque permite admirar el paisaje: ¿por qué si no nos damos una vuelta? Y por último porque en esos momentos me parece que mi lugar se encuentra allí, en esos senderos trazados hace milenios por los seres humanos de los que desciendo. Experimento un placer real al seguir esos caminos. Cuando emprendo esas excursiones con mi tropa de jóvenes primos, a veces todo transcurre de modo muy distinto. Como son más jóvenes, más deportistas, más "parisinos", a menudo buscan "el atajo" para llegar cuanto antes a la cima. Casi siempre rehúso seguirlos. ¿Por qué hay que querer llegar arriba lo antes posible? Y sobre todo, ¿por qué privarse del placer de caminar por las huellas de quienes nos precedieron, mirar la montaña como ellos la miraron y detenerse a respirar en los mismos lugares en que ellos lo hicieron? Es mucho más interesante que sudar y perder el aliento en una pendiente sin historia humana, una pendiente animal. Me esperan en lo alto y se burlan de mi lentitud. No sé más que ellos, en cualquier caso no en todos los campos. Tan sólo tengo más edad y más limitaciones en las excursiones a la montaña. Ya no tengo su ímpetu. Por tanto, cultivo una visión del mundo que me conviene, adaptada a mis capacidades: permanezco en mi lugar.

Esta búsqueda del lugar ideal se relaciona claramente con el buen funcionamiento de la autoestima. El círculo puede tornarse vicioso: *una mala autoestima provoca que sea más difícil encontrar el lugar que nos corresponde.* Y no encontrarlo altera la autoestima: este fenómeno ha sido estudiado en los individuos superdotados, que paradójicamente podrían presentar frecuentes trastornos de la autoestima[15] debido a las dificultades que experimentan para sentir que ocupan su lugar entre los demás. Pero el círculo también puede ser virtuoso: encontrar el lugar o saber que tenemos uno o, mejor, varios lugares que nos esperan en alguna parte, serena y consolida nuestra autoestima. Es raro que se nos "conceda" un lugar en seguida, y con frecuencia los inicios son imperfectos. Poco a poco actuaremos para sentirnos bien allí: "construimos" nuestro lugar en la misma medida que lo encontramos. *En lugar de buscar y construir su lugar, los sujetos con una baja autoestima tienden a soñarlo y esperarlo*, mientras que las personas con una alta autoestima procuran conseguirlo a la fuerza en vez de instalarse tranquilamente. A veces llegan a crear uno nuevo, en lugar de regresar a uno que ya existe. Nuestras actitudes ante los lugares vitales pueden compararse a lo que ocurre durante una velada. Las bajas autoestimas llegan y se mantienen al margen, esperando que vengan a ellas y les brinden un espacio: discreción pero dependencia. Las autoestimas altas se imponen y movilizan la atención a su alrededor (o al menos lo intentan): tumulto y tensión. Las buenas autoestimas se acercan a todo el mundo, hablan y escuchan, se integran en todos los grupos. Se olvidan de sí mismas, se sumergen en la velada, el ambiente y las relaciones. Pero este olvido no consiste en ausentarse de sí mismos: esos instantes los nutren de tal modo que sienten que forman parte de ellos y se absorben completamente.

ENCONTRARNOS EN NUESTRO LUGAR EN TODAS PARTES

Por tanto, lo importante no es sólo centrarme en lo que soy o hago, sino también olvidarlo con la finalidad de sentir que ocupo el lugar que me corresponde, y no sólo en un lugar determinado: quizá el mejor objetivo consista en encontrar mi lugar en todas partes o al menos en el mayor número de lugares posible, consciente de que pronto descubriré otros y que *también podemos encontrar nuestro lugar en el mismo movimiento vital*: ocupar el lugar que nos corresponde no significa permanecer inmóvil. Nada permanece inmóvil. Ocupar nuestro lugar consiste en que cuanto nos suceda o rodea sea para nosotros un alimento. Es tener el sentimiento de progresar, de sentirnos vivos, es decir, más ricos a cada momento, con independencia de que lo que hayamos vivido sea agradable o desagradable. Y, así colmados, avanzar sosegadamente hacia el gran misterio de todos los lugares por venir. Ocupar nuestro lugar también es lo que Romain Rolland llamaba el "sentimiento oceánico", esa «expansión ilimitada, positiva, consciente de sí misma», de la que habló ampliamente en su correspondencia con Freud.[16] Ese sentimiento, larvado y profundo, biológico más que animal, de pertenencia al mundo cuando nos sentimos, oscuramente, en nuestro lugar, que mezcla la convicción de una identidad indudable (nos sentimos existir plenamente, sin interrogantes ni inquietudes) y una fusión y relación evidente con todo lo que nos rodea.

¿Una de las cimas de la autoestima?

32. NARCISO

Cuando Liríope, una ninfa de gran belleza, quedó embarazada del futuro Narciso, fue a consultar al adivino Tiresias, aquel que brindó a Edipo la siniestra predicción del asesinato de su padre y el incesto con su madre. Cuando le preguntó si Narciso viviría mucho tiempo, Tiresias respondió: «Sí, si no se conoce...».

Narciso crece y se convierte en un joven apuesto. Muchas ninfas se enamoran de él, pero las rechaza desdeñoso. Sobre todo la ninfa Eco, que lo persigue apasionadamente pero no puede declararle su pasión puesto que una maldición la condena a no poder hablar la primera: sólo puede repetir lo que escucha. Y Narciso nunca le dirá que la ama...

Debido a la tristeza, Eco se deja morir y se transforma en roca. Las otras ninfas, furiosas, piden a Némesis, diosa de la venganza, que castigue a Narciso, y ésta acepta. Le lanza esta maldición: «¡Que también ame pero no posea nunca el objeto de su amor!». Poco después, Narciso descubre por vez primera su reflejo en una fuente límpida y se enamora perdidamente, también por primera vez. Pero se trata de su imagen. Fascinado por su reflejo, acaba muriendo de inanición y se transforma en la flor que lleva su nombre.

El orgullo de Narciso, que le empujaba a liberarse de las leyes del amor, fue la causa de su muerte. Y su reencarnación en modesta flor, una ínfima parte de la naturaleza, a ras de suelo, es el mensaje de los dioses.

¿Qué sentido tiene amarse si no somos capaces de amar a los demás?

PARTE IV:
ACTUAR LO CAMBIA TODO

¿La acción? La intimidad expresada...
La autoestima es, por supuesto, una relación con uno mismo,
pero se alimenta de la acción. Sólo evoluciona en un movimiento
de vaivén con esta última: reflexión y acción, acción y reflexión...
Lo que está en juego es la propia respiración de la autoestima:
se ahoga en las obsesiones, el razonamiento y la discusión, aun
cuando todo esto sea lúcido e inteligente.
La acción es el oxígeno de la autoestima.
La inmovilidad la debilita, el movimiento la salva,
incluso al precio de cierto dolor: actuar es exponernos
al fracaso, a ser juzgados. Sin embargo, la autoestima también se
construye –¿siempre?– a partir de sueños rotos.
¿Cómo actuar sin sufrir demasiado? Para restablecer
en nuestras vidas el movimiento de la propia vida,
hay que rechazar temores, cambiar hábitos y aplicar reglas:
no temer el fracaso, no depender del éxito,
no creer en la perfección...
He aquí algunas de estas reglas
para que la acción sea más serena.

33. ACCIÓN Y AUTOESTIMA: ACTUAR PARA APRECIARSE

«Al actuar a veces nos equivocamos.
Al no hacer nada nos equivocamos siempre.»

ROMAIN ROLLAND

El sufrimiento psicológico a veces adopta formas extrañas. Una o dos veces al año recibo en mi consulta a grandes niños de 30 o 40 años, con una autoestima aparentemente muy alta, a menudo superdotados, como atestigua su coeficiente de inteligencia. Acostumbran a formar parte de asociaciones de personas muy inteligentes. Sin embargo, su vida es un fracaso. Nunca se lanzaron a la aventura, ni abandonaron el mullido nido familiar. Jamás rozaron la acción. *Su elevada autoestima sólo es virtual: poseen grandes posibilidades que no utilizan.* Han acumulado conocimientos a través de la lectura, el rastreo de información en Internet y, a veces, siguiendo estudios que no desembocan en el ejercicio de ningún oficio. Su autoestima subraya esa evidencia: apreciarse sólo tiene sentido si sirve para vivir. Y vivir es actuar, no sólo pensar...

LA ACCIÓN ES EL OXÍGENO DE LA AUTOESTIMA

La autoestima y la acción mantienen vínculos estrechos en tres dimensiones principales:

• *La verdadera autoestima se revela sólo en la acción y la confrontación con la realidad:* sólo puede crearse a través del encuentro con el fracaso y el éxito, la aprobación y el rechazo... Si no, es el «no sabe no contesta», como dicen los especialistas en sondeos de opinión: no sólo somos lo que proclamamos o imaginamos ser; no siempre hacemos lo que decimos que vamos a hacer. La verdad de la autoestima también se sitúa en el terreno de la vida cotidiana, y no sólo en las alturas del espíritu.

• *La autoestima facilita la acción:* uno de los síntomas de las autoestimas frágiles consiste en la complicada relación con la acción. Las personas con baja autoestima la temen y rechazan (es la procastinación), porque temen mostrarse débiles y traicionar sus límites. O bien se la busca como medio para obtener la admiración y el reconocimiento, pero sólo se la concibe como acción triunfante, *successful*, como dicen los estadounidenses.

• *Por último, la acción alienta, modela y construye la autoestima.* Junto a las relaciones sociales, es uno de sus dos grandes alimentos. Y todo lo demás no es sino autosugestión, para bien y para mal.

UNA NECESIDAD FUNDAMENTAL: EL SENTIMIENTO DE EFICACIA PERSONAL

Todo ser humano tiene necesidad de sentir y observar que sus actos ejercen una influencia en su ambiente o en sí mismo. Es una necesidad tan importante para nuestro psiquismo que, aun al margen de problemas psicológicos, es objeto de ilusiones positivas y pequeños comportamientos sorprendentes: por ejemplo, cuando tenemos que sacar un cinco o un seis en una partida de dados, inconscientemente tendemos a arrojar el dado con más fuerza; y a lanzarlo más suavemente cuando la partida nos pide obtener una cifra pequeña, como un uno o un dos.[1] Esta dimensión del sentimiento de control ejerce una influencia fundamental en el bienestar (en los animales y seres humanos) y la autoestima (en los humanos).[2]

Las diferencias son importantes entre las personas según el nivel al que se sitúe su sentimiento de control: en general se considera que cuanto más elevado es (o más "interno", es decir, sometido a uno mismo y no al azar), más ventajas comporta, especialmente en materia de autoestima. Además, las relaciones entre ambas dimensiones de la personalidad son tan estrechas que ciertos investigadores se preguntan si los dos conceptos no son, en cierto sentido, el mismo.[3]

Una dimensión fácil de medir y fundamental en la vida cotidiana reside en la capacidad de autocontrol, es decir, la aptitud para comprometerse en la consecución de un objetivo sin ser inmediatamente recompensado. Esto también permite retrasar la necesidad de recompensas. Por ejemplo, en los niños el autocontrol se evalúa a partir de pequeñas situaciones del estilo: «Puedes tomar un bombón ahora o tres mañana. ¿Qué prefieres?». Asimismo atañe a los adultos: el autocontrol está implicado, y resulta muy útil, en numerosas situaciones de la vida cotidiana, escolares (repasar para aprobar los exámenes), profesionales (trabajar en la propia carrera), comportamientos relativos a la salud (seguir un régimen, dejar de fumar...).

Ejercer un control en los detalles de nuestra vida cotidiana (ocio, tareas del hogar) resulta beneficioso para el bienestar y la autoestima. Por esta razón es vital no dejar de lavar los platos u ordenar el apartamento o la oficina (en un cierto estado de ánimo, como veremos...) cuando empezamos a dudar de nosotros mismos. Renunciar a estos pequeños gestos de control de nuestro entorno es el error que comenten las personas depresivas, bajo el efecto de su enfermedad: «¿Para qué? Es irrisorio e inútil». Esto no hace sino agravar su estado: «Ni siquiera soy capaz de ocuparme de cosas tan sencillas». Aunque la influencia de estos pequeños gestos sea mínima, representa, a pesar de todo, una «pequeña inversión en autoestima». O, para los aficionados, una especie de tisana de la autoestima: de un efecto discreto pero real, y de carácter absolutamente *biológico*...

Todo lo que mine nuestra relación con la acción es potencialmente perjudicial. Sin embargo, los problemas de autoestima a menudo incitan a evasiones y huidas, como hemos visto.

LA EVASIÓN MINA LA AUTOESTIMA Y NO NOS ENSEÑA NADA, MIENTRAS QUE LA ACCIÓN ENSEÑA LA HUMILDAD

No actuar puede volvernos orgullosos. ¿Paradójico? En realidad, la inacción mantiene la ilusión de que, si nos hubiéramos tomado la molestia, habríamos conocido el éxito. Ilusión falsa y peligrosa. Explica ciertos discursos sorprendentes de sujetos con baja autoestima y fracaso social, pero que viven en la ilusión de sus grandes méritos... ¡Si tan sólo la vida fuera menos dura y la gente menos injusta, entonces serían reconocidos en su justo valor! Este tipo de razonamiento puede conducir a actuar cada vez menos y aumentar la distancia entre la creencia en la propia excelencia y la comprobación de que nuestra realidad diaria no está a la altura de nuestro valor. Hasta el momento en que esa distancia es tan grande que una desesperación lúcida se apodera de nosotros más o menos inconscientemente...

La evasión no enseña nada. Tan sólo nos remite a nosotros mismos, a lo que ya sabemos: que la vida es dura, que nos encontramos mal, que fracasar habría sido duro, que hemos hecho bien en no hacerlo, que a pesar de todo es una lástima, etc. Sólo la confrontación puede enseñarnos. A veces nos enseña cosas dolorosas, pero nos instruye... La evasión mina la autoestima y a fin de cuentas, independientemente de cuáles sean nuestras reflexiones acerca de nosotros mismos, sólo cambiamos con la acción. Beneficio absoluto de la acción sobre el pensamiento. No recuerdo en qué película el guionista Michel Audiard escribe esta réplica: "Un tonto que se mueve va siempre más lejos que un intelectual sentado». Indudablemente, lo ideal sería un intelectual que se mueve, pero la réplica sería menos simpática. «Sólo caminando se tienen pensamientos elevados», decía Nietzsche con algo más de seriedad.

LA ACCIÓN Y LAS LECCIONES DE LA ACCIÓN

Actuar y extraer lecciones de la acción es lo mejor que podemos hacer por nuestra autoestima. De ahí la obsesión de los terapeutas por que sus pacientes reflexionen para que desciendan al ruedo de la vida cotidiana. Atención: *la acción y las lecciones de la acción.* Porque en realidad existen *dos formas de evitarla:*

• *No actuar,* más bien típico de las bajas autoestimas, aunque la huida también puede afectar a las autoestimas altas y vulnerables. Aquí no se puede extraer ninguna lección de la acción porque ésta no se da. Tan sólo se piensa en lo que «habría ocurrido si...», lo que privilegia las certezas negativas y a menudo desemboca en respuestas como «Seguramente habría ido mal, he hecho bien al evitarlo».

• Pero también *actuar y no extraer ninguna enseñanza de la acción*, un comportamiento frecuente en sujetos con una autoestima elevada. Puede tratarse de fracaso: las defensas clásicas consisten en no atribuirse la responsabilidad o minimizar su alcance. O de éxito: no ver la parte de suerte que hay en ello, o lo que se debe a los demás. Tener que agradecer la ayuda recibida o expresar gratitud se considera entonces una disminución del mérito personal, lo que una autoestima alta y frágil no puede soportar. Entendámoslo bien: no se trata de no disfrutar del éxito. Es legítimo aprovechar sus ventajas emocionales, pero también extraer las lecciones pertinentes: advertir qué parte se debe a nosotros y cuál hay que atribuir a los demás o a la suerte no debería disminuir nuestra autoestima, sino sólo hacerla más lúcida y, por tanto, más sólida.

Inteligencia de la acción

En uno de sus *Propos*, el filósofo Alain proponía escoger al semidiós griego Hércules como símbolo de la imbricación entre reflexión y acción:[4] «Considero a Hércules el mejor modelo de pensador [...]. Hay que pensar en los objetos a fin de realizar algún cambio útil en el mundo [...]. Si coges tu laya, hay que layar la tierra. Si utilizas tu pensamiento como una herramienta, entonces enderézate y piensa bien». Rudyard Kipling, en su poema «If», sugería «pensar sin ser sólo un pensador...». Por su parte, los filósofos antiguos recordaban *la vanidad de las palabras y enseñanzas que no*

se aplicaran inmediata y sinceramente en la vida cotidiana.
Merecería la pena recordar esta lección a algunos de nuestros
contemporáneos. La filosofía antigua no era ante todo y únicamente especulativa, sino que su objetivo era mejorar la vida
a través de una serie de actos y reflexiones prácticas.[5]

Inmóviles, permanecemos en nuestro mundo personal. En
acción, lo modificamos y sobre todo lo ampliamos... El
overthinking de los anglosajones, encerrarse en uno mismo,
no es eficaz. Apartada de las lecciones de la acción, la autoestima se crispa y enclaustra, se torna cada vez más frágil.
Sólo podemos pretender fraguarnos, desarrollarnos, crecer y
conocernos a través de un continuo vaivén con la vida. No
permaneciendo en la pequeña habitación de nuestro *yo*.
Eludir lo real nos entumece. Ir a su encuentro nos permite
crecer. Es la acción la que abre al mundo en lugar de fortalecer sólo el ego.

34. LA ACCIÓN, NO LA PRESIÓN: LAS REGLAS DE LA ACCIÓN SERENA

«La felicidad es el resultado de la acción justa.»
ANDRÉ COMTE-SPONVILLE,
De l'autre côté du désespoir

La acción es una oportunidad y una amenaza.

Oportunidad de descubrir y realizarse. Amenaza de fracasar y ser juzgado por ese fracaso. El modo en que cada uno de nosotros se mueve entre ambos polos dice mucho sobre la autoestima. Y el modo en que la acción viene precedida de anticipaciones más o menos inquietas y seguida de pensamientos más o menos realistas, también dice mucho de nosotros.

¿CÓMO ACTUAR SIN SUFRIR?

Actuar es necesario, por supuesto, pero no a cualquier precio y en cualquier estado de ánimo. Evidentemente, lo peor es convertir la evitación en un estilo de vida y un medio para proteger la autoestima. Pero no todo es tan malo: porque existen muchos modos de transformar la acción que engendra dolor. Y muchos momentos en los que nos es posible hacerlo. Me refiero a las acciones significativas para la autoestima: aquellas cuyo resultado o, peor aún, cuyo completo desarrollo está expuesto a la mirada y al juicio de los demás, porque las acciones íntimas, cuyas consecuencias sólo nos atañen a nosotros, no están sometidas a la misma intensidad de la presión emocional.

Antes de la acción: atormentarnos –se trata de la ansiedad de la anticipación– hasta el punto de amargarnos. Uno de los más puros mensajes sobre la inanidad e ineficacia de esas inquietudes anticipadas nos lo ofrece la Biblia en las sombrías lamentaciones del Eclesiastés: «Si te preocupas por el viento no sembrarás jamás. / Si escrutas las nubes no tendrás cosecha...». Sin embargo, preocuparse no impide alccanzar el éxito. ¿Cuántas personas socialmente muy asertivas (actores, directivos, músicos profesionales) pasan toda la vida mostrándose muy desenvueltas, vistas desde el exterior, mientras que en realidad viven con un sufrimiento increíble y permanente? El sufrimiento también se extiende a su entorno, pareja e hijos, que pagarán así, al contado, el estrés de la estrella que duda y tiembla y provoca que en la casa reine un ambiente de gran tensión... Sólo la importancia de las gratificaciones que obtienen a cambio, sea dinero, prestigio o notoriedad, permite que esas personas continúen. Sólo ellas conocen la distancia entre su personaje público y su íntima fragilidad.

Durante la acción: actuar de manera inquieta, tensa, obsesionado por el riesgo de fracasar. Vigilancia inquieta de las reacciones y comentarios ajenos, a los que la persona se vuelve hipersensible. En general, con semejantes niveles de preocupación, el individuo no logra olvidarse de sí mismo en la acción, permanece atento a lo que hace, a su temor y a las consecuencias de un error o un fracaso. En el peor de los casos, esta actitud puede alterar el resultado. En el mejor, la actividad queda impune, pero es imposible que el sujeto obtenga el menor placer al ejecutarla.

Después de la acción: por supuesto, hay un claro alivio si la acción se ve coronada por el éxito, pero, por desgracia, rápidamente vuelve la angustia anticipada ante la próxima acción (porque cuando hay problemas de autoestima, el éxito nunca cura el miedo al fracaso). Sorprendentemente, a veces el éxito multiplica la angustia en las personas con baja autoestima:[1] «Ahora me esperan, debo confirmarlo para no decepcionar a mis amigos y no alegrar a mis enemigos». En caso de fracaso se producirán, claro está, rumias dolorosas que se prolongarán en función de lo baja que sea la autoestima; unida a una agresividad importante hacia los demás si se tiene una autoestima alta y vulnerable, y un tremendo deseo de consuelo si la autoestima es baja.

Así pues, es indispensable reflexionar acerca de las reglas de la acción serena.

MULTIPLICAR LAS ACCIONES
PARA TRIVIALIZAR EL MIEDO A LA ACCIÓN

La acción debe convertirse en una respiración de la autoestima; como una manera habitual de verificar las propias angustias y esperanzas, de reajustar las ilusiones positivas, pero también de hacer que nazcan otras nuevas. Debe ser una ascesis (del griego *askésis*: "ejercicio, práctica") de la autoestima.

«Somos lo que repetimos cada día», escribió Aristóteles.[2] Por tanto, hemos de repetir, algo poco evidente para los sujetos con baja autoestima: cuanto menos se actúa, más temor hay a hacerlo. La acción escasa y la falta de costumbre que deriva de ello hacen que sobredimensionemos los obstáculos, los inconvenientes del fracaso y la dificultad de los posibles contratiempos. También nos hace idealizar la acción: a menos que lo hagamos perfectamente no nos damos el derecho a intentarlo. Por eso es tan frecuente la procastinación: tardar en emprender las acciones, retrasarlas, no por pereza, sino por automatismo y falta de costumbre (asimismo, como veremos, por miedo al fracaso).

Por esta razón, en las terapias a menudo proponemos "pequeños" ejercicios que nos ayuden a enfrentarnos a la vida. Sabemos que hablar y comprender es necesario, pero no suficiente. También es necesario actuar y multiplicar, trivializar las acciones. Se invita entonces a los pacientes que padecen esa intimidación ante la acción a repetir pequeños ejercicios: telefonear diez veces a diez comercios para pedir una información, preguntar la hora o por una calle a diez transeúntes... Lo más normal es que al cabo de un tiempo los pacientes comprendan lo que queremos transmitirles: *la multiplicación de los actos los hace más leves, más fáciles y evidentes.*

Con cierta frecuencia he trabajado así con personas en paro que no se atrevían a enviar su currículum o descolgar el teléfono. Por supuesto, esto apenas era una parte de su problema, pero era una parte fundamental porque se sitúa al principio de la cadena de mil gestos que hay que realizar para salir adelante, y además, se encuentra ubicada en el corazón de su vida cotidiana.

Aquí no se trata de una superación "heroica" del yo, de "asertividad social", sino simplemente de retomar el contacto con la vida, de reflexionar acerca de los verdaderos problemas y las pseudo-dificultades. A veces somos un obstáculo para nosotros mismos.

En materia de autoestima, el lema «Pensar globalmente, actuar localmente» es muy acertado: hemos de transformar nuestros pensamientos globales en acciones concretas porque, tras años de huidas relacionadas con problemas de la autoestima, a menudo nuestro cerebro se resiste por completo a las palabras y las buenas resoluciones. Sólo estos pequeños ejercicios, aparentemente anodinos, podrán orientarlo en el sentido contrario y despertarlo al cambio.

LOS GRANDES EFECTOS
DE LAS PEQUEÑAS DECISIONES

Nuestra época es, a veces, tan pretenciosa... Tomemos como ejemplo las promesas de Año Nuevo. Mucha gente se burla de ellas aunque no son pocos los que las hacen: «El próximo año voy a intentar...». Pero ¿quién se ha preocupado por comprobar si tienen efecto alguno? Un equipo de psicólogos se encargó de ello...[3] En una población de unas trescientas personas que expresaron el deseo de un cambio en su vida diaria, la mitad habían adoptado "buenas resoluciones" para el año siguiente y la otra mitad no; se evaluó, mediante el sencillo método de telefonearlos seis meses más tarde, si los cambios deseados se habían producido. Estos últimos concernían básicamente a tres ámbitos: perder peso, hacer más ejercicio o dejar de fumar. Los resultados fueron elocuentes: el 46% de los que habían tomado una decisión para el nuevo año habían logrado y mantenido su objetivo, frente al 4% que no lo había hecho. *Los pequeños compromisos no son tan absurdos como podamos pensar.* No constituyen una garantía (había un 54% de "resueltos" que no habían alcanzado sus objetivos), pero representan una ayuda más importante de lo que normalmente creemos. Otro tanto ocurre, a menudo, en la vida: buscamos la solución a nuestros problemas a través de procesos largos y difíciles cuando –a veces, no siempre– deberíamos intentar, ante todo, enfoques más simples, y ponerlos en práctica y repetirlos a largo plazo.

Otro dato bien conocido en psicología del cambio comportamental: el principio de Premack.[4] También se conoce como "ley de la abuelita" a esta vieja receta que consiste en decir: «Niños, podéis ir a jugar cuando acabéis de ordenar vuestro cuarto». Aplicarse a uno mismo este principio representa una ayuda apreciable. A este respecto, es preferible que la decisión de ponernos manos a la obra provenga de nosotros y no del exterior: el autocontrol proporciona siempre mejores resultados que el control externo. Es inútil vivirlo como una coacción o un castigo, es perfectamente posible ponerlo en práctica con serenidad. Procede de constatar nuestra humildad: somos seres muy sensibles a la dispersión y la distracción, lo que disminuye nuestra capacidad de autocontrol. Aplicarse el principio de Premack es útil en todos los entornos que nos incitarán a desviarnos de las tareas difíciles a favor de las acciones inmediatas. Cuando escribo este libro, y aunque tengo en alta estima la actividad de la escritura, con frecuencia me lo aplico con el fin de afrontar la tentación de llamar por teléfono, mirar si he recibido un *mail*, levantarme para dar una vuelta... "tentaciones" que me asaltan a la menor dificultad con la escritura. Entonces me digo: «Llamarás a ese amigo cuando acabes el capítulo...». No se puede regir así toda la existencia, pero sí algunos aspectos; lo que no está tan mal. Es extraño comprobar cómo estrategias simplísimas ejercen ese poder sobre nosotros. *Es casi hiriente: nos gusta considerarnos personas sutiles y superiores, pero también somos seres sencillos. Y hay reglas sencillas que pueden ayudarnos.*

Por último, parece que ambos niveles, el de lo simple y el de lo complejo, nos son igualmente necesarios: hemos de plantearnos a un tiempo objetivos elevados y generales, y definir actitudes concretas y básicas que nos faciliten su puesta en práctica.[5]

LA ACCIÓN FLEXIBLE: SABER COMPROMETERSE Y SABER RETRACTARSE

Otro de los problemas en la acción de las personas con una autoestima defectuosa es el de la flexibilidad: es tan importante saber comprometerse en la acción como poder desprenderse en función de la información que obtengamos... Ahora bien, *si los sujetos con baja autoestima son lentos para la acción, a veces se revelan lentos para el frenado...* Es lo que se denomina "perseverancia neurótica", cuya divisa podría ser: «Ahora que he empezado tengo que acabar a cualquier precio». Esa perseverancia se alimenta de numerosos proverbios y máximas, entre las cuales la más perjudicial, a mi juicio, es la estadounidense *Quitters never win and winners never quit*: «Los que abandonan no ganan nunca y los que ganan no abandonan jamás»; muy bonito, a veces acertado y a menudo falso.

¿Qué es la *flexibilidad mental*? Es la capacidad para renunciar en el acto si advertimos que la consecución del objetivo será muy costosa en tiempo, energía y en la relación calidad-precio. Si queremos estar a gusto con la acción, a veces hay que saber renunciar a ella y desentenderse. Para esto es necesario lucidez y autoestima: hay que apreciarse a fin de no sentirse disminuido por el cambio de opinión, la renuncia a la acción, etc. Además, los trastornos de la autoestima son agua bendita en manos de los manipuladores, sobre todo gracias a este mecanismo: una vez que la persona se ha comprometido no se atreverá a dar marcha atrás para preservar su imagen social, incluso si cree que está a punto de hacer una tontería.

En diversos estudios sobre este fenómeno se propone a los voluntarios una serie de tareas imposibles de realizar (problemas de lógica y matemáticas) y se observa cuánto tiempo perseveran antes de tirar la toalla o pasar a la prueba siguiente. Todos los trabajos disponibles[6] muestran que una buena autoestima aumenta la flexibilidad en relación a la consecución de objetivos: se insiste un poco ante la dificultad y luego se pasa al problema siguiente. Por el contrario, las dificultades de autoestima incitan a renunciar muy rápido o a no renunciar *jamás* y pasar todo el tiempo de la prueba obstinándose en el primer problema insoluble.

Ya de por sí complicada, *esta capacidad para renunciar y desentenderse es aún más difícil cuando atañe a compromisos adoptados ante los demás*: también en este caso todos los trabajos sobre la manipulación muestran que se trata de una trampa eficaz con la que lograr que la gente actúe contra sus intereses.[7] Hay que conocer esta tendencia y concedernos derechos como:

- el derecho a equivocarnos,
- el derecho a abandonar,
- el derecho a cambiar de opinión,
- el derecho a decepcionar,
- el derecho a obtener un resultado imperfecto.

A falta de esto seremos víctimas eventuales de todas las posibilidades de manipulación, así como víctimas de nosotros mismos y nuestra terquedad («No traicionar nunca la palabra dada o la decisión tomada»). Los estereotipos sociales sobrevaloran el hecho de no cambiar nunca de opinión. Pongámonos en guardia.

Asimismo es importante admitir que hay problemas que sólo podremos solucionar imperfectamente y soluciones que apenas esbozaremos: como veremos, el perfeccionismo rígido es otro enemigo de la autoestima.

EL ENGAÑO DEL PERFECCIONISMO: ESCUDARSE EN LA EXCELENCIA NO FUNCIONA...

Paul Valéry acostumbraba a decir: «La perfección es una defensa...».

Recuerdo a un paciente, un brillante investigador, que preparaba de memoria, hasta en sus mínimos detalles, todos sus cursos, comunicaciones en congresos, conferencias... Cuando acudió a consulta estaba agotado, tras veinte años manteniendo esta actitud en el más alto nivel de la investigación científica francesa, y había presentado dos episodios depresivos bastante severos. Con una autoestima muy vulnerable, había escogido una manera de tranquilizarse materialmente eficaz, pero emocionalmente devastadora: «Durante años me refugié en la excelencia para vencer mis angustias. Siempre trato de *sobreadaptarme* para estar seguro de que se acepta mi persona y mis planteamientos. Puedo asegurar que no sirve de nada».

¿Actuar sólo cuando estamos seguros del éxito? ¿Controlarlo todo para no arriesgar un ápice? La solución puede adecuarse a cierto número de situaciones puntuales, donde haya que alcanzar, en efecto, la excelencia. Sin embargo, el recurso de la perfección es objeto de un uso abusivo por parte de los sujetos con una autoestima vulnerable. El perfeccionismo puede ser adaptativo si se limita a la consecución de objetivos en momentos concretos. Se convierte en contraproducente si es una manera de ofrecernos seguridad frente al miedo al fracaso o a la imperfección. La frecuencia de este tipo de perfeccionismo "neurótico" es muy alta en los sujetos con problemas de autoestima.[8] El recurso a este perfeccionismo y al hiper-control es un relativo callejón sin salida, y en cualquier caso ofrece un mal compromiso comodidad-resultado. Cuidado entonces con el ciclo "presión-depresión": *¡la acción, no la presión!*

Tampoco en este caso basta con comprender, hay que practicar. Por eso en terapia comportamental se han diseñado numerosos ejercicios de "abandono": se recomienda empezar con algo que no implique una amenaza demasiado violenta y directa a la autoestima. Por ejemplo, en el terreno del ocio, se pide al paciente que llegue *voluntariamente* tarde al cine, o que sólo cumpla a medias una tarea doméstica. Cosas desagradables pero soportables. La idea de estos ejercicios consiste en observar qué ocurre realmente: el paciente puede comprobar por sí mismo que no pasa nada grave y que su continua presión para que todo sea perfecto es la expresión de creencias inadaptadas («Si no actúo así saldrá mal») y no de una realidad cualquiera. Después se pasa a situaciones que comprometen más directamente a la autoestima, es decir, que se desarrollan bajo una mirada social: invitar a los amigos sin preparar la cena (y descongelar algo o preparar un gran plato de pasta), o recibirlos cuando el apartamento está completamente desordenado... La amistad que te profesan debería sobrevivir a esto. Saber ceder ante semejantes detalles también debería permitirte disfrutar más de tus amigos.

Frente a la complejidad del mundo, ¿qué conviene más, tratar de aumentar desesperadamente nuestro control y asertividad o aumentar la autoestima? Esmerándose en cultivarla al margen de todos estos engaños: resultados, reconocimiento... Ceder sin renunciar a lo esencial.

SIMPLIFICAR

La duda sobre uno mismo a veces nos pone en apuros.

A menudo he observado cómo mis pacientes con trastornos de autoestima se lanzaban a empresas complicadas en lugar de simplificar: cuando sólo tenían que hacer un pequeño discurso de bienvenida ante el público, se lanzaban a una diatriba esotérica llena de sobreentendidos y alusiones, tan sólo porque entre el público se hallaba un antiguo alumno de la escuela politécnica. Sentados al lado del mismo hombre, consideran que deben elevar el nivel de la conversación y tratan de abordar permanentemente los grandes temas de política internacional, que han leído con atención en el periódico, esa misma mañana, mientras que su discurso habría ganado siendo sencillo y cálido, dirigido a todos y no a uno solo. Su conversación habría resultado más ligera y agradable si hubiera seguido el hilo de la espontaneidad.

Tratemos de no ver los actos y actitudes simples como expresión de simplicidad mental, sino como reflejo de claridad. Abundar en la sencillez es, paradójicamente, el patrimonio de personas con una buena autoestima, que no necesitan atrincherarse en lo complejo para ocultar sus lagunas. No quieren destacar, sino que mantienen su lugar e interpretan su papel en la sinfonía relacional prevista. En nuestros recientes grupos de terapia en Sainte-Anne se produjo la siguiente anécdota: realizábamos ejercicios para luchar contra el sentimiento de vergüenza excesiva. La consigna era exponerse al grupo (del que se sabe, a pesar de todo, que está compuesto por personas benévolas) realizando algo levemente ridículo: ese día se trataba de cantar una canción de libre elección, *a capella*. Como todo el mundo tiembla un poco me lanzo en primer lugar, y al ver que desafino, los rostros se relajan un poco: «Ya está, estoy un poco cortado, pero sigo vivo. ¿A quién le toca?». Los primeros lo intentan con «Frère Jacques» o «La Marsellesa». Al principio se interrumpen, confusos, horrorizados, diciendo: «Es ridículo, canto muy mal...». Pero les pedimos que perseveren: el objetivo del ejercicio no es cantar bien sino simplemente cantar. Para aprender a continuar actuando pese a la impresión de ser ridículo, para aprender a no obedecer a esa maldita sensación de vergüenza que cualquier cosa desencadena, de forma excesiva; no debemos perder la calma por estas falsas alarmas y continuar con lo que estábamos haciendo... Ahora es el turno de Lise, una joven del grupo, inteligente pero gravemente acomplejada. Lise no sabe ser sencilla: escoge siempre palabras refinadas, no habla si no tiene algo nuevo o inteligente que decir, no interviene salvo si está segura de que de que su pregunta es una verdadera pregunta, etc. En esta ocasión sé que va a hacer algo extraño. En efecto: en lugar de cantar una canción infantil para concentrarse sólo en luchar contra la vergüenza y dejar que los automatismos de su memoria se ocupen de cantar mientras ella se dedica a sus emociones, Lise trata de interpretar *L'Opportuniste*, de Jacques Dutronc, que no es en absoluto fácil de cantar: melodía mudable, trémolos de voz... Evidentemente, le costó (como a los demás), aunque afina bien. Tras algunas frases, se desmorona: «¿Veis? Soy demasiado inútil...». Todos la consuelan y algunos le dicen: «A pesar de todo, te has metido en un maldito berenjenal, es muy difícil cantar eso». Lise explica entonces que no se atrevió a escoger «Frère Jacques» o una canción sencilla para no parecer tonta... «¡Pero nosotros también parecíamos tontos! Sí, pero no es lo mismo, en este caso yo parezco más tonta...» Hasta la disolución del grupo hemos trabajado mucho para ayudar a Lise a simplificar sin sentirse poco valorada sino, por el contrario, aliviada. Ha progresado mucho.

¿LA ACCIÓN COMO UN OBJETIVO EN SÍ MISMO?

En su ensayo *El mito de Sísifo*, Albert Camus se interesa por el estado anímico de éste, condenado por los dioses a arrastrar eternamente una roca hasta la cima de una montaña y ver cómo rueda pendiente abajo justo cuando está a punto de conquistar la cima. Camus intenta comprender cómo Sísifo puede evitar caer en la desesperación:[9] «Sísifo enseña la fidelidad superior que niega a los dioses y levanta las piedras […]. Este universo sin señor no le parece estéril ni fútil […]. La propia lucha por conquistar la cima basta para colmar su corazón humano. Hay que imaginar a Sísifo feliz».

Sin pretender el sufrimiento de Sísifo, ni adoptar la pose de una puesta en escena grandilocuente en nuestra vida diaria, esmerémonos, sencillamente, en nuestra labor como seres humanos... *No hay que actuar sólo para tener éxito o lograr un resultado. Tenemos que actuar por la acción en sí misma.* En cierto sentido, el ser humano ha nacido para actuar y existe una relación indisociable entre el propio bienestar y la vida cotidiana: todos los estudios muestran que actuar mejora el estado de ánimo, pero también que mejorar el ánimo facilita la acción, de una manera discreta e inconsciente.[10] La acción alegra... Volveremos a hablar de ello al final del libro. Este modo de pensar se utiliza ampliamente en las terapias meditativas del tipo *mindfulness* (plena conciencia) y se resume en una fórmula: *en todos mis actos, ser uno con lo que hago.* Absorberme en la acción y acostumbrarme a no juzgar lo que hago, si tiene éxito o no. Tan sólo hacerlo. O no hacerlo. Pero con toda conciencia y aceptación. Uno de mis jóvenes pacientes me lo resumió un día en la sentencia: «Para actuar bien a veces hay que saber no actuar».

35. ATENDER AL "FEEDBACK"

> «Me resulta completamente inútil
> saber lo que no puedo modificar.»
> PAUL VALÉRY

¿Qué es el *feedback*?

Literalmente "alimento a cambio", el *feedback* es un término utilizado en psicología para designar la información que sobre nosotros mismos nos proporciona nuestro entorno. Efectivamente, es un verdadero alimento en el sentido de que enriquece y guía nuestra acción. *El* feedback *permite ajustar progresivamente nuestra manera de pensar y actuar en función de la información que nos brinda.* Es fundamental en psicología, pero también en otros ámbitos, porque todo fenómeno complejo en un entorno complejo sólo puede alcanzar su objetivo mediante el *feedback*: de ahí su importancia en la corrección de la trayectoria de las naves espaciales y las existencias humanas.

LOS OBSTÁCULOS
PARA EL BUEN USO DEL "FEEDBACK"

«Sus experiencias no le sirven: no extrae ninguna enseñanza y, sobre todo, no escucha nada de lo que se le dice.» Estas palabras se aplican tanto a los sujetos con una baja autoestima (sobre todo con los éxitos o las señales de reconocimiento) como a los sujetos con una alta autoestima (con los fracasos).

En efecto, los problemas de autoestima pueden volvernos sordos y ciegos al feedback, con la paradoja de que mientras más intentamos proteger o desarrollar nuestra autoestima, menos toleramos el *feedback* de nuestros actos o nuestra persona.[1] Los mecanismos que perturban el buen uso del *feedback* son, entre otros:

• *La búsqueda imperiosa de seguridad o adulación, que incita al rechazo de información desagradable.* Se huirá de ella o no se le prestará atención: en quienes tienen poder social esto se traduce en el castigo a las personas que se atrevan a la crítica o, simplemente, a la sinceridad. Es la vieja técnica de la Antigüedad, cuando se ejecutaba a los portadores de malas noticias…

• *La tentación permanente de suponer que todo* feedback *es inexacto.* Ya hemos evocado ese pecado del orgullo que consiste en pensar y decirse: «Me conozco mejor que los demás puedan conocerme», o bien: «No tienen todos los datos del problema». O incluso, como me decía sin pestañear un paciente con una elevada responsabilidad profesional: «Me digan lo que me digan, sé que soy potencialmente malvado y que tengo razón en no confiar en nadie». Esta certeza de la auto-gnosis (conocimiento de uno mismo) es ilusoria y peligrosa: el conocimiento de sí mismas que tienen las personas con baja autoestima siempre es parcial porque está muy contaminado por el deseo de no ver sino lo que les conviene (lo positivo para las autoestimas altas y lo negativo para las bajas).

• En la misma línea, *la convicción de que todo* feedback *sólo puede ser dudoso,* tanto si es positivo («Lo dicen para perdonarme la vida») como negativo («Son unos envidiosos, unos amargados y frustrados...»), y debe explicarse prioritariamente no por la realidad de lo que hemos hecho o mostrado, sino por los problemas o motivaciones personales de aquellos que nos lo brindan, porque, finalmente, es más cómodo cuestionar a los demás que hacerlo con nosotros mismos.

En los casos extremos, como la enfermedad depresiva, en la que la autoestima se desmorona gravemente, se observan actitudes hacia el *feedback* aún más perturbadas: de manera espontánea, los pacientes deprimidos prefieren, como todo el mundo, recibir mensajes positivos antes que negativos. Pero si reciben críticas de los más allegados, se activa un extraño mecanismo que les impulsa a buscar tan sólo informaciones negativas por parte de esas personas.[2] Las explicaciones a esta búsqueda de lo negativo, una vez desencadenada, no están claras. Al margen de éstas, cuidado con el mal uso del *feedback* para desmoronarse, cuando estamos tristes o deprimidos.

¿CONSUELO O INFORMACIÓN?
LO QUE PREFERIMOS ESCUCHAR...

Existen muchos tipos de información contenidos en los mensajes de *feedback*.

Por ejemplo, éste puede ser más o menos positivo o negativo, pero también más o menos específico: se aplicará entonces a la persona en su conjunto («Lo has hecho muy bien», «No has estado muy bien») o a dimensiones concretas de nuestro comportamiento («Has respondido bien a las preguntas», «Apenas mirabas a los ojos de la gente»). Se considera que el efecto emocional del *feedback* es más fuerte si el

ACTUAR LO CAMBIA TODO

feedback es global; por el contrario, un *feedback* más preciso es más fácil de asumir y utilizar al ser más "digestivo" emocionalmente. Moraleja en el caso de que tengas que comentar la actuación de un amigo: cuanto más mediocre sea, te interesará en ser preciso y ajustado en tus críticas.

Asimismo, todo depende de lo que busquemos prioritariamente: *el* feedback *positivo a menudo es agradable, pero el feedback negativo es siempre útil.* Intuitivamente sentimos la necesidad del *feedback* negativo: los estudios realizados sobre los criterios de elección de pareja de corta duración o duradera muestran que en las relaciones breves tendemos a elegir parejas que nos ven positivamente, y en las duraderas preferimos una visión más adaptada...

Las investigaciones[3] también señalan que los sujetos con buena autoestima tienden a buscar un *feedback* informativo («¿Cómo lo he hecho?») más que un *feedback* positivo («¿Lo he hecho bien?»). Buscan una evaluación (para poder progresar), mientras que los sujetos con mala autoestima buscan la aprobación («A pesar de todo te quieren»).[4]

Las reacciones al *feedback* varían igualmente según los perfiles de la autoestima. Tras una situación amenazante para su ego, los sujetos con buena autoestima se muestran menos amables, concentrándose en su preocupación, mientras que los sujetos con una autoestima mediocre redoblan su amabilidad con la pretensión de no perder el afecto de los demás cuando han fracasado.[5] De un modo general, los trabajos que existen permiten mostrar que el *feedback* de los demás es un buen regulador de los eventuales excesos de la tendencia a sobrevalorar e inflar la autoestima.[6] Sin duda, ésta es una de las funciones primitivas del *feedback* en los grupos sociales: regular los comportamientos excesivos que pongan en peligro los equilibrios relacionales naturales.

Por último, señalemos el interés que puede haber en recibir *feedback* de personas a las que apenas conocemos, ya que parece que el mejor *feedback* (el más preciso, el más sincero) es el que nos proporcionan personas no muy allegadas.[7]

¿Cómo hacer el mejor uso del "feedback" en la vida cotidiana?

Es sencillo: considerándolo una oportunidad y no una amenaza. Incluso, y especialmente, cuando escucharlo es desagradable... Éstas son las cuatro grandes reglas para un uso óptimo del *feedback* en la vida diaria:

• *Escucharlo*: en general lo interrumpimos muy deprisa, para corregirlo, porque al tocar un tema muy sensible (¡nosotros mismos!), nos duele prestarle una atención serena y atenta. Cuando se observan manifestaciones espontáneas de *feedback* tras una actuación determinada, es frecuente ver cómo quien lo recibe casi siempre interrumpe el discurso antes de que finalice, para justificarse, defenderse o mostrar su desacuerdo. El *feedback* positivo también puede incomodarnos por su valor afectivo: como nos molestan los cumplidos, tratamos de abreviarlos o minimizarlos (al menos en el caso de los individuos con baja autoestima).

• *Pedirlo tan a menudo como sea posible.* A veces es molesto hacerlo: «No quiero dar la impresión de que me intereso mucho en mí mismo». Pero es un lamentable despilfarro de información: después de una situación que representa un reto para nuestra autoestima, hay que esforzarse por encontrar personas de confianza que hayan asistido a los momentos cruciales y plantearles la pregunta: «No sé si ha salido bien o mal, no es fácil observar los propios actos. Quiero mejorar, y por eso me interesa tu opinión: ¿podrías decirme lo que te pareció bien y lo que crees que puede mejorar?».

• *No rechazarlo aunque no nos parezca pertinente.* Es *extraño que un* feedback *sea erróneo o inutilizable en un 100%.(Casi) siempre contiene algo cierto.* Además, al menos nos informa del modo en que los demás nos perciben, aunque esto nos indigne o entristezca. En efecto, los trabajos realizados en este sentido muestran que cuanto menos nos conoce una persona mayor será su tendencia a extraer conclusiones acerca de cómo somos a partir de la observación de nuestros actos. Ocurre a la inversa en quienes nos conocen bien: atemperan la observación de lo que hacemos por su conocimiento de nuestra personalidad global.[8] La información procedente de personas que nos conocen poco es muy valiosa, siquiera porque nos dan la ocasión de rectificar, eventualmente, nuestra imagen. Por esta razón, en nuestras terapias de grupos de auto-afirmación, en las que trabajamos mucho la recepción de la crítica (que podemos denominar "*feedback* negativo"), alentamos a nuestros pacientes a dar siempre las gracias a sus críticos, no necesariamente por lo que han dicho, sino por haberse tomado la molestia de decirlo.

• *No castigar nunca a nadie por habernos dado su opinión sobre nosotros,* enfurruñándonos, poniéndonos nerviosos o abandonándonos a las lágrimas (esto es más difícil de controlar). Privarnos de los valiosos mensajes del *feedback* por nuestra susceptibilidad o fragilidad sería una gran pérdida. Por el contrario, podemos pedir más precisión si es impreciso, o más suavidad si es brusco.

¿Tenemos que proporcionar *feedback* a los demás? Sí, si lo piden. Si no es así, prudencia. Primera regla: empezar por lo que ha estado bien (*siempre se subestima la vulnerabilidad emocional al feedback de las personas que acaban de actuar*), antes de abordar lo que no ha ido tan bien. Segunda regla: si es posible, presentar este segundo punto como algo que hay que mejorar en lugar de suprimir...

Una última observación sobre la cuestión de la sinceridad: en nuestros grupos de terapia, los pacientes prefieren siempre el *feedback* sincero. Un día recibimos a un joven hijo de inmigrantes magrebíes (algo extraño porque no suelen venir a la terapia, que consideran un "asunto de tías"), amable pero de opiniones un tanto desbocadas. Muy franco: decía siempre lo que pensaba de las actuaciones de los otros. Al principio, el resto de los terapeutas y yo mismo nos sentimos un tanto molestos y preocupados porque temíamos por los otros pacientes, que eran vulnerables. ¡Sin embargo, poco a poco advertimos que, en cuanto los otros pacientes del grupo del que formaba parte necesitaban *feedback*, lo atendían a él y no a nosotros! Les inspiraba confianza y habían comprendido que su opinión era fiable y de gran utilidad para su esfuerzo de cambio, mientras que el *feedback* "demasiado amable" por miedo a hacerles sufrir les era menos útil aun cuando les permitiera abandonar la sesión en un mejor estado emocional. Por supuesto, era una situación especial: por un lado, el joven paciente era muy amable (y no sólo crítico), y, por otro, los pacientes sabían que estaban ahí para eso, para recibir el *feedback*. Y ese *feedback* era esperado, comentado y utilizado a fin de transformarlo en consejos prácticos y concretos que ayudaran a cambiar. La lección fue provechosa: a partir de ahí alentamos explícitamente a todos los pacientes a ofrecer –y recibir– un *feedback* tan sincero como fuera posible.

¡EL "FEEDBACK" ES LA VIDA!

Todos los procesos biológicos que regulan el funcionamiento de nuestro cuerpo se basan en el *feedback*: mecanismos de regulación de la vida hormonal o la presión sanguínea, la inmunidad, el funcionamiento de nuestras diversas regiones cerebrales...

¿Cómo iba a ser de otro modo en el caso de la autoestima? El juicio que permanentemente nos merece nuestro ser sólo puede alimentarse de nuestra subjetividad: el riesgo de error sería demasiado grande, y esto es lo que ocurre cuando nos privamos del *feedback*: nos encerramos en nosotros mismos, en la ilusión de la autosuficiencia de nuestra perspectiva e intuiciones. El resultado no se hace esperar: nuestra autoestima queda abandonada a su suerte y oscila en todas direcciones. Sin información por parte de nuestro entorno, nos hacemos ilusiones de grandeza, o nos convencemos de nuestra pequeñez, ciegamente, y por tanto falsamente, de manera desproporcionada en relación a nuestras virtudes y competencias reales. El *feedback* es siempre una ganga en materia de información y superación personal: no la dejemos pasar.

Soy sincero cuando canto hosannas al *feedback*. En mi opinión es realmente una de las herramientas más poderosas que existen a la hora de ayudarnos a avanzar y crecer. Para mí sólo tiene un defecto, que no le es inherente y nos concierne, más bien, a nosotros: su nombre bárbaro y exótico. ¿Quién inventará al fin un nombre francés elocuente y elegante?

"FEEDBACK" Y LIBERTAD

«¿Prestar atención al *feedback*, dices? Pero en capítulos anteriores de este libro nos has explicado que no tenemos que prestar una excesiva atención a la mirada y el juicio de los demás. ¿No es contradictorio?», podría observar el lector atento. «En absoluto», respondería entonces el autor, que, como buen psiquiatra, no se molesta por lo que pueda parecer contradictorio. La vida psíquica siempre se construye a partir de aparentes contradicciones...

El *feedback* consiste en escuchar lúcida y conscientemente lo que dicen y piensan de nosotros. En esto se diferencia claramente de todas las influencias sociales más o menos inconscientes que nos dictan algunos de nuestros miedos (no disgustar) y determinadas conductas (ser y actuar como todo el mundo). Utilizar bien el *feedback* es no tener miedo a disgustar, pero sabiendo escuchar y comprender por qué no gustamos. Es atreverse a ser diferente, sabiendo escuchar y comprender lo que esta diferencia inspira en los demás. *Ser abierto al* feedback *es escuchar, no obedecer. Es poner orden y no asentir sin discernir.*

Pero también es estar dispuesto a alegrarse y utilizar inteligentemente esa información que nos ofrecen (o que a veces pedimos), apropiárnosla, hacerla nuestra. Este necesario movimiento es descrito por uno de los más antiguos elogios del *feedback* que conozco, redactado por Montaigne en sus *Ensayos*: «Buscamos las opiniones y el saber de los demás y ahí lo dejamos. Debemos hacerlos nuestros. Nos asemejamos a quien, necesitado de fuego, acude a buscarlo a casa de su vecino y, encontrando uno hermoso y grande, se queda allí para calentarse, olvidando llevarlo a su casa. ¿De qué nos sirve tener el estómago lleno de carne si no la digerimos, si no se transforma en nosotros, si no nos hace crecer y nos fortalece?».

¡Así pues, que aproveche (*feed-back*) y buena digestión!

36. ¿PODEMOS LIBRARNOS DEL MIEDO AL FRACASO?

«Sólo una cosa importa: aprender a ser perdedor.»
EMIL MICHEL CIORAN

«Tengo la impresión de hacer las cosas mal cada vez que *actúo*... Como una duda que no me abandona jamás. Cuando se trata de actos que sólo me atañen a mí, puedo resignarme, pero cuando hay otros implicados es más penoso. Por ejemplo, en mi trabajo como ingeniero. A menudo me asalta la tentación de dimitir de mi puesto y convertirme en obrero o basurero, un trabajo sencillo que estaría a mi altura, o en todo caso a la altura a la que yo me *siento*. Sin embargo, es el oficio que quería hacer, me interesa, está bien pagado, me tratan bien, ése no es el problema. El problema es que no puedo dejar de plantearme si lo conseguiré, si no voy a defraudar, si soy competente, si el día menos pensado no se desmoronará todo. Ha llegado a ser una presión insostenible para mí.»

Con cierta frecuencia he conocido a pacientes que me confesaban su tentación de abandonarlo todo antes de que fuera demasiado tarde, antes de que todo se hundiera y revelara las (supuestas) debilidades que pretendían disimular a cualquier precio. Agotados por el estrés, la sensación de impostura y el peligro a ser repentinamente "desenmascara-

dos" y puestos en evidencia, les tentaba la huida hacia
"abajo" o hacia lo que consideraban una forma de vida que
les ofrecería "el menor estrés posible". Todos vivían en un
permanente y obsesivo miedo al fracaso que les incitaba a
temer prácticamente todas las formas de acción que les expu-
sieran al juicio de los demás.

Una joven me contó la siguiente historia: «Tenía siete
años cuando la maestra me pidió que resolviera oralmente
un pequeño ejercicio de matemáticas; escuchó mal la respuesta. Era muy dura; se burló de mí ante toda la clase y me
separó de los demás diciendo: "Haz trabajar a tu cerebro y
encuentra la respuesta acertada", mientras los demás salían
al recreo. Se me cruzaron completamente los cables tratando de buscar, con la energía de la desesperación, otras respuestas, por completo ilógicas y absurdas, y no las encontré
porque ya había dado con la solución correcta. Durante un
cuarto de hora ingresé en un mundo caótico, yo, que era
muy lógica. Me sentía acorralada, impotente, aterrorizada,
sola frente al mundo entero: lo que para mí era la respuesta
correcta no lo era para nadie más. Dudé de mí misma, de mi
razón y de mi lugar entre los demás. Más tarde, como estu-
diante y adulta, he vivido con frecuencia momentos de desasosiego absoluto, como aquél, ante los fracasos, incom-
prensiones, imprevistos que me hacían rozar el pánico existencial, con la impresión brutal de que el cielo se desploma-
ba sobre mi cabeza y que perdía el sentido de la realidad.
Me da miedo comprobar que una dificultad trivial puede
prender la mecha de una especie de cohete enorme que me
propulsa al infinito de la angustia».

Para vencer la intolerancia al fracaso: ¿disminuir los fracasos o aumentar la tolerancia?

Si el miedo al fracaso es tan frecuente es porque hasta cierto punto es normal. Es el miedo el que nos lleva a no permanecer indiferentes ante las consecuencias materiales y sociales de nuestros actos. Por tanto, es deseable, pero sólo hasta cierto punto, más allá del cual no se trata de simple miedo, sino de una verdadera *alergia al fracaso*. La consecuencia de un fracaso no corresponde entonces al orden del disgusto, sino al de la aflicción: los estudios realizados al respecto indican que el sentimiento de vergüenza se sitúa en el centro del problema,[1] es decir, esa emoción violenta que nos induce a considerarnos no sólo incompetentes, sino totalmente incapaces e indignos.

El trabajo sobre esta alergia al fracaso que caracteriza a las autoestimas que sufren es una cantera especialmente importante y requiere la asociación de muchas estrategias; aquí abordaremos las principales:

• *La autopsia de los fracasos*: se trata sencillamente de acostumbrarse a volver sobre el fracaso, cuando es doloroso (por eso no se vuelve sobre él), no para juzgar ni obsesionarse, sino para comprender. Es difícil en una sociedad en la que los "ganadores" no hablan nunca de sus fracasos. También es difícil porque la memoria del fracaso es dolorosa. Sin embargo, es instructivo y emocionalmente terapéutico. Éstas son las etapas esenciales: 1) reflexionar inmediata y activamente sobre lo acontecido en lugar de abstenerse de hacerlo (en este caso, el fracaso entrará en una reflexión "automática" a través de una rumia que percibiremos vagamente en el trasfondo de nuestra conciencia bajo la forma de débiles *flashbacks*:

el mal resultado está garantizado, como veremos), 2) tratar de construir una visión equilibrada (a pesar de todo, ¿hay aspectos positivos? ¿Habría podido ser peor? Por ridículos que parezcan, estos esfuerzos son necesarios y representan una primera etapa en la "digestión" del fracaso; desempeñan el papel de la masticación… No sustituyen a la digestión, pero la preparan), 3) no pasar un tiempo infinito reflexionando en el fracaso; llegar a una conclusión y extraer lecciones para el futuro y, 4) ¡stop! Detenerse. Si regresa la rumia, retomar el trabajo del mismo modo, aunque haya que repetirse las mismas cosas. En general, sabemos que la tendencia a rumiar se produce, ante todo, en un fracaso que no ha sido bien "tratado" psicológicamente.

• *Cuanto más doloroso sea un fracaso, más beneficioso resultará obligarse a mirarlo de frente*: en psicoterapia, a veces se utilizan las técnicas de imaginería mental en casos de acontecimientos traumáticos. Consiste en conservar en la mente, con el mayor detalle posible e idéntica intensidad emocional, los hechos traumáticos. Cuanto mayor sea nuestra capacidad para evocar nítidamente la situación y nuestras emociones, más eficaz será la terapia,[2] porque la intensidad realista de esta evocación probablemente permite desactivar el exceso de carga emocional asociada y almacenar el acontecimiento en la memoria como un recuerdo "limpio" y no activo. El trabajo no es fácil y normalmente necesita el apoyo, si no la ayuda prolongada, de un terapeuta cuando el fracaso ha sido intenso y doloroso. En efecto, existen verdaderos traumas de la autoestima ante humillaciones o fracasos frente a un público numeroso o que consideramos importante, en campos en los que invertimos mucha energía, donde nos "esperan" y deseamos tener éxito a cualquier precio, etc.

• *Realizar el esfuerzo de matizar nuestra lectura del fracaso*: rara vez se trata de un fracaso al 100%, como nuestro cerebro emocional quiere hacernos creer. Bajo el golpe de la emoción tendemos a pensar que todos los fracasos son absolutos (no hay nada positivo o rescatable en la experiencia), globales (la humillación y la vergüenza contaminan todos los aspectos de nuestra vida) y generales (la impresión de que todo el mundo está al corriente, hasta el punto, como nos cuentan algunos pacientes, de no poder cruzar la mirada con nadie en la calle en las horas siguientes). Hay que conocer estas distorsiones del "juicio emocional" y precaverse contra ellas.

• *No quedarse solo*: no se trata tanto de nuestro fracaso como del supuesto espectáculo de nuestro fracaso, expuesto a la mirada de los demás, lo que nos hace sufrir. Comprobemos siempre la percepción y la impresión que los demás tienen de nuestro fracaso: entre quienes no han prestado atención, los que no se han dado cuenta, los que piensan que no es tan rotundo o que podemos recuperarnos, podríamos advertir rápidamente, si nos tomáramos la molestia, que la impresión que los demás se han hecho sobre nuestros fracasos es siempre más moderada y sensata que la nuestra. No hay que olvidar esto: todo el mundo ha vivido algún fracaso y, por tanto, puede mostrarse dispuesto a comprender a quien fracasa. Si esa comprensión brilla por su ausencia, tal vez se deba a otras razones: quizá los demás tengan cuentas pendientes con nosotros o consigo mismos. En este caso nuestros errores no son sino pretextos; también nuestros éxitos podrían desencadenar la crítica: el problema está en otra parte. En cualquier caso, conviene no quedarse solo y buscar el *feedback*: para ello hay que luchar contra ese movimiento natural, animal, que nos empuja a la retirada debido a la vergüenza que se apodera de nosotros.

• *Mejorar nuestra memoria*: desgraciadamente, la memoria de los individuos con una autoestima baja es muy selectiva y privilegia los fracasos pasados –los autores de una hermosa investigación sobre este tema llegan a utilizar la expresión "trágicamente" selectiva–.[3] Lo que quieren subrayar así es que el problema no procede tanto de los recuerdos como del modo en que se los codifica desde el principio. En la práctica esto significa que, si no queremos que la cicatriz de un fracaso despierte regularmente ante cada dificultad ulterior que se asemeje al contexto en el que sucedió , hay que "curar" la herida del fracaso inmediata y activamente en lugar de dejar que se cierre sola (véanse las técnicas de autopsia del fracaso enumeradas anteriormente). El tiempo hará su trabajo, pero a condición de que le ayudemos...

• *Considerar los fracasos como etapas*: es fundamental comprender que participan en el aprendizaje de la autoestima. Esta actitud es muy valiosa y puede aprenderse a edad temprana: es una gran suerte. Los niños son muy receptivos a ese tipo de mensajes por parte de sus padres: si cuando rompen un plato al poner la mesa, les felicitan por la iniciativa en lugar de regañarles, ayudan a que sus hijos consideren que un error es sólo una etapa hacia el éxito. Si son reprendidos, pueden concluir que sólo hay que actuar sobre seguro y que se está más tranquilo sin hacer nada... Llegarán a estas conclusiones si ese tipo de cosas pasan día tras día y en todos los aspectos de la vida.

• *De vez en cuando, repasar las consecuencias de los fracasos pasados*: lo más común es que este trabajo nos permita advertir que esas consecuencias son siempre menores de lo que temíamos en un principio. Pero hay que tener la sinceridad para reconocerlo íntimamente y grabar esa convicción en lo más profundo de nosotros mismos. A largo plazo, lo normal es que equivocarse no resulte grave. Cioran lo señalaba irónicamente: «Todos somos farsantes; sobrevivimos a nuestros problemas».

• Recordatorio: fracasar es más doloroso cuanto menos actuemos.

• Otro recordatorio: *encontrar pequeños ejercicios que nos permitan comprobar y desarrollar nuestra tolerancia al fracaso.* Cosas mínimas resultan, con mucho, suficientes: por ejemplo, ir a una tienda, coger varios artículos y, al pasar por caja, darnos cuenta (en este caso, fingir) de que hemos olvidado la cartera. Mirar al vendedor o a la cajera a los ojos, proponer llevar los artículos a sus estantes, sonreír, conversar con otros clientes de la distracción, si están dispuestos a charlar, etc. No es gran cosa, pero hacerlo en un estado mental de observador científico (¿cómo reaccionaré? ¿Qué ocurrirá?) enseña mucho más que imaginarlo.

FILOSOFÍA DE LA IMPERFECCIÓN

«Si no es para hacerlo perfectamente, prefiero no hacerlo en absoluto.»

A veces hay mucho veneno, si no tonterías, en ciertas máximas, y no siempre sabiduría popular, por desgracia. ¿Cómo saber mantenerse en lo "suficientemente bueno" sin restarse valor por ello? ¿Cómo activar el piloto automático del perfeccionismo y la auto-inquisición sólo cuando sea oportuno, en el momento idóneo? ¿Y cómo desactivarlo rápidamente cuando se ha vuelto absurdo e inútil? Seguramente no es tarea fácil habida cuenta del número de personas que actúan así. ¿Nos atañe a todos? Sin duda, pero con mucha frecuencia aún más a las personas con problemas de autoestima

¿Cómo establecer la diferencia entre ambos niveles, lo aceptable y lo perfecto? ¿Cómo medir el paso de uno a otro? Nuestra tendencia a vigilar el momento en que nuestros esfuerzos desembocan en algo aceptable es mayor si nuestro amor propio está en juego. Lo aceptable basta para los demás. Nosotros aspiramos a lo perfecto porque nos proporciona seguridad, nos halaga, o ambas cosas a la vez. Por orgullo o angustia, buscamos la excelencia y la perfección... cuando no son forzosamente necesarias, o nadie las ha exigido. El perfeccionismo y la búsqueda de la excelencia deberían ser una cuestión de elección personal o de obligación externa, y no una cuestión relativa a un desorden de la autoestima.

¿Razonar así implica un riesgo de mediocridad? Quizá sí si hemos decidido ser un genio, pergeñar una obra ejemplar y dejar nuestro nombre a la posteridad. Entonces habrá que asumir el "coste de la excelencia". Pero la mayoría de los seres humanos no asume esta elección; más bien estamos sometidos a nuestras estrategias de defensa de la autoestima: en la mayoría de nosotros, la búsqueda de la excelencia no es sino un medio de protegernos o ascender en el momento presente. *La sabiduría de los humanos ordinarios consiste en aceptar la imperfección, tanto en los demás como en uno mismo: no siempre es prueba de indolencia o mediocridad. Aceptar la imperfección también es una prueba de que el placer de vivir supera la obsesión por la propia imagen...* Dejar el trabajo unos instantes para hablar con un amigo, contemplar el cielo, respirar, volver antes a casa para jugar con nuestros hijos, ¿es eso inteligencia o mediocridad? Indudablemente, en la mayoría de las vidas hay lugar para todo: para la excelencia, en ciertos momentos, y para la inteligencia vital, en otros.

37. LA AUTONOMÍA RESPECTO AL ÉXITO, LOS LOGROS Y CONSAGRACIONES: ¿HASTA DÓNDE DEBE EXTENDERSE LA INDIFERENCIA? O LA LIBERTAD...

> «Caminar por un bosque entre dos setos de helechos
> transfigurados por el otoño es un triunfo.
> ¿Qué son a su lado las alabanzas y ovaciones?»
> EMIL MICHEL CIORAN

Florence Delay, que sucedió al filósofo Jean Guitton en la Academia Francesa el 14 de diciembre de 2000, contó la siguiente anécdota en su discurso de admisión: tras llegar a París para cursar estudios superiores a partir de octubre de 1917, Jean Guitton vivió en el 104 de la calle de Vaugirard, con los padres maristas. Conoció a un humilde sacerdote, el padre Plazenet. El día de Año Nuevo, éste le dijo a Guitton: «Coge tu bombín y tus guantes: vamos a hacer las visitas del "comité del 104" a los grandes del mundo. En primer lugar iremos a ver al mariscal Foch. Estoy completamente seguro de que no nos recibirá, veremos a un lejano ayudante de campo. Será una primera y útil humillación. Luego iremos a la nunciatura; el señor Ceretti no estará allí, no nos recibirá:

será delicioso. Por último, subiremos los escalones de Paul Bourget; nos rechazará con una sonrisa amarga: volveremos radiantes; será una dicha perfecta». Florence Delay concluyó: «Y eso es lo que ocurrió... A cambio de esas afrentas, el padre Plazenet irradiaba insatisfacción».[1]

Se puede interpretar esta anécdota de mil maneras y hablar de masoquismo cristiano o de una extraña neurosis del fracaso, pero tengo la impresión de que sería quedarse corto. Quiero ver en ella la expresión, por parte del humilde y olvidado padre Plazenet, de una valiosa lección ofrecida a su protegido: un ejercicio de entrenamiento para la libertad. *Libertad actual frente al miedo al fracaso. Y libertad venidera ante la embriaguez del éxito.*

¿CÓMO SER LIBRES CON EL ÉXITO Y EL FRACASO?

No podemos privarnos de intentar el éxito. La necesidad de tener "éxitos" remite a una necesidad elemental, la de controlar o tener la ilusión de que controlamos nuestro entorno; de modelarlo y conquistar un lugar en él. Pocas cosas nos son dadas, y no hay que renunciar a actuar y cosechar éxitos. Sin embargo, ya hemos abordado ampliamente el coste de perseguir encarnizada y desasosegadamente determinados objetivos... Nadie ha resumido mejor esa inquietud por el éxito que Jules Renard en su *Diario:*[2] «Ya hemos cosechado los éxitos que merecíamos. ¿Acaso los desearemos eternamente?». Por esta razón, el éxito angustia tanto a las autoestimas elevadas (sobre su duración) como a las bajas (sobre su consecución). Habida cuenta de la importancia que pueden revestir las obsesiones de éxito y los miedos al éxito en los sufrimientos de la autoestima, haríamos bien en reflexionar más a menudo sobre cómo podríamos liberarnos en lugar de obedecer sin pensar.

Todos los trabajos confirman que las llamadas autoestimas "externas", las que descansan en el logro de objetivos
concretos, son mucho más frágiles que las autoestimas
"internas", que se centran en el desarrollo personal y la consecución, no de objetivos materiales o visibles, sino de
capacidades psicológicas, lo que en otro tiempo se llamaban
virtudes.[3] No hay nada extraño en esto, todas las religiones
y filosofías de todos los tiempos han predicado esta evolución. La psicología de la autoestima no hace sino confirmár-
noslo de una forma más trivial: que la satisfacción que nos
procura nuestro ser no dependa de nuestros éxitos («Soy
bueno porque tengo éxito»). Estas autoestimas "condicionales" son las más débiles y las más incómodas emocionalmente.[4] La mayoría de nosotros lo sabe y está de acuerdo
con estos principios. La verdadera cuestión es: ¿por qué no
regimos nuestra vida de acuerdo a estos principios elementales?

EL VENENOSO MITO
DE LA "SUPERACIÓN DE UNO MISMO"

A fuerza de recuperar en psicoterapia a ejecutivos ex comba-
tientes severamente deprimidos y ver cómo destruyen su
salud, ignoran a su familia, recurren al alcohol y los somníferos y, por último, sucumben a fuertes depresiones, he llegado
a detestar la estúpida palabra "reto". En mi opinión representa toda la ideología malsana de los años ochenta y noventa,
con sus *winners* y *losers,* y su culto imbécil y perverso del
resultado por el resultado...

Por mucho que subraye hasta qué punto la acción es el
oxígeno de la autoestima, también sé que no puede ser su
única palanca: el éxito como único ideal y la acción como

única identidad constituyen claramente una mala plataforma vital. Insuficiente, en cualquier caso.

Ya hemos hablado de cómo podemos atravesar la vida huyendo y evitando la acción. Pero también podemos atravesarla evadiéndonos en la acción. Nada más fácil: basta con responder a las exigencias para que reaccionemos (lo que no es del todo idéntico a actuar). Exigencia de nuestros padres, de la sociedad, de nuestras impensadas necesidades en materia de autoestima. «He vivido como una rata», me contaba un paciente empresario. «De vez en cuando, al acudir a una cita de negocios, pasaba junto a un parque o una plaza. Percibía un fragmento de naturaleza, de cielo azul. Me decía que sería bueno tomarme un descanso para detenerme, pasear, caminar bajo el Sol. Tenía la vaga impresión de que la verdadera vida estaba ahí. Tardé treinta años y tres depresiones en comprenderlo. Todo ello porque corría tras el dinero y el reconocimiento, con los que ya no sabía qué hacer. Necesitaba siempre más porque tenía miedo: a fallar, a ser olvidado, a no existir ya para los demás...»

La obsesión de la mediocridad («Sobre todo, no hundirse») conduce a la mediocridad: mediocridad en la calidad de vida y mediocridad de la autonomía en relación a los modelos de comportamiento socialmente valorados.

Higiene del éxito

«Bello lema de alguien –¿de un dios tal vez?– "Defraudo".»

Esta nota de Paul Valéry en sus *Mauvaises Pensées* nos recuerda lo importante que es permitirnos decepcionar para no volvernos esclavos de nuestra imagen... ¿Preparar la indiferencia hacia el éxito? En el más conocido de sus poemas, el célebre «If», Rudyard Kipling habla de la indiferencia "hacia esos dos mentirosos" que son el éxito y el fracaso: «Si puedes conocer el triunfo y el desastre y tratar a ambos mentirosos de la misma manera». Creo que la independencia frente al éxito no puede ir sino pareja a una libertad trabajada frente al fracaso. Y no se trata sólo de limitarse a esperarlo, hay que entrenarse para ello. *Podemos vacunarnos contra la decepción, llegar a ser no indiferentes, pero sí lúcidos y serenos ante el fracaso, y otro tanto frente al éxito.* Disfrutar moderadamente de los éxitos. Reflexionar con calma en los fracasos. Y no olvidar que la vida está en otra parte: en el encuentro, el intercambio, la acción por la acción, sin control ni eficacia… No olvidar tampoco que *la autoestima se construye a partir de sueños rotos*: aunque queramos rechazarlos y olvidarlos, nuestros fracasos son más numerosos que nuestros éxitos. Tenerlos en cuenta no nos impedirá continuar actuando, pero nos ayudará a hacerlo con más agrado.

Asimismo, hay una "higiene del éxito". Es inútil rechazarlo o estropearlo con la inquietud («¿Y mañana?») o el pesimismo preventivo («Nada dura, no hay nada definitivo, no te alegres y piensa en mañana»). Disfrutarlo sin sobrevalorarnos. No perder nunca de vista el cúmulo de azares y méritos, pero también de injusticias que representa toda forma de éxito.

Nuestros éxitos no revelan más verdades que nuestros fracasos. Si tenemos éxito, alegrémonos, vivamos en las emociones positivas. Y volvamos a lo esencial: continuar trabajando nuestra presencia comprometida en el mundo y nuestra relación con los demás.

38. PSICOLOGÍA DEL ARREPENTIMIENTO

«Nunca podemos saber lo que debemos desear
porque sólo tenemos una vida
y no podemos compararla con vidas anteriores
ni rectificarla en vidas futuras...
No existe ningún medio
de comprobar qué decisión es acertada
porque no existe ninguna comparación.
Lo vivimos todo por primera vez y sin preparación.»

MILAN KUNDERA,
La insoportable levedad del ser

¿Quién no ha experimentado ese sufrimiento relacionado con la convicción (o la duda) de no haber elegido bien en un momento del pasado? El arrepentimiento es frecuente en los trastornos de la autoestima. Es una sensación en la que se aúna la indecisión y la procastinación: antes de actuar, el sujeto se pregunta «¿Lo hago o no lo hago?», y a continuación «¿Hago bien en hacerlo o no?». Si se produce un fracaso, el arrepentimiento es aún más vívido... Ciertas personas con una autoestima baja prefieren no comprometerse ni elegir para no tener que lamentarse: se disuaden de actuar por anticipado, porque el fracaso puede provocar un gran dolor.

¿ACTUAR O NO? ¿QUÉ LAMENTAREMOS MÁS?

Paul y Pierre poseen acciones de dos empresas que cotizan en Bolsa, la empresa A y la empresa B. El año pasado, Paul, que había invertido todo su dinero en A, tuvo deseos de cambiar e invertirlo todo en la empresa B. Pero no lo hizo y, por esa razón, perdió dos mil euros al recabar beneficios la empresa B y sufrir pérdidas la A. Por su parte, Pierre tenía acciones de la empresa B y tuvo la mala idea de transferirlas a la empresa A. Él también ha perdido dos mil euros. Desde un punto de vista estrictamente financiero, ambos hombres han conocido idéntica desventura. Sin embargo, si preguntamos a observadores externos cuál de los dos debería estar más arrepentido, la gran mayoría de las personas (92%) considera que Pierre será quien más se arrepienta: su mala inspiración le ha dictado un comportamiento nefasto. ¡Habría sido mejor que no hiciera nada! En cambio, el remordimiento de Paul, víctima de su inacción, les parece menos punzante a los observadores externos invitados para identificar a los infelices héroes de esta historia virtual. ¿Quizá la acción engendra un arrepentimiento mayor que la inacción? Con esto les daríamos la razón a las personas con baja autoestima y a su actitud evasiva.

De modo general, muchos trabajos de psicología social[1] parecen indicar, efectivamente, que se experimenta un remordimiento mayor respecto a lo que hemos hecho que en relación a aquello en lo que no hemos participado activamente: nuestros fracasos son más dolorosos a corto plazo si provienen de acciones que no han funcionado (como en el caso de Pierre, que vendió sus acciones de la empresa B en un mal momento) en lugar de provenir de inacciones (como Paul, que pensó en comprar acciones de B pero no lo hizo). Además, los psicólogos evolucionistas suponen que la función del arrepentimiento consiste precisamente en esto: extraer una lección de nuestros fracasos a fin de incitarnos a ser más prudentes en el futuro, antes de volver a lanzarnos a la acción. Así pues, es un freno que a veces resulta útil. Sin embargo, en las personas con una baja autoestima este freno se puede convertir en un bloqueo.

No obstante, cuando en otros estudios se evalúa lo que las personas lamentan más en su vida, se advierte que nuestro mayor arrepentimiento tiene su origen en lo que *no* hacemos: «Tendría que haber seguido estudiando», «Tendría que haber dedicado más tiempo a mis hijos», «Tendría que haber hablado más con mi padre antes de que muriera», «Me tendría que haber casado con aquel hombre», etc. En un estudio centrado en 77 sujetos de diversos estratos sociales, a quienes se les planteaba qué era lo que más lamentaban en su existencia, de los 213 arrepentimientos contabilizados, sólo diez tenían que ver con acontecimientos que escapaban al control de la persona («Tener la polio de niño»). Y de los que estaban sometidos a su control, el 63% correspondía a abstenciones, y el 37%, a hechos realizados (por ejemplo, malas elecciones sentimentales, profesionales o financieras).

¿Cómo explicar esta aparente contradicción? Sencillamente por el hecho de que el tiempo hace que nuestros remordimientos evolucionen: *tendemos a lamentar de inmediato lo que hacemos, nuestros actos (cuando han derivado en fracaso). Y a largo plazo, con la distancia, tendemos a lamentar más lo que hemos dejado de hacer, nuestras abstenciones y las intenciones de acción que no se resolvieron en un acto concreto.*[2] Las personas con baja autoestima, en las cuales la abstención es a menudo una (obligada) filosofía de vida, son víctimas del "arrepentimiento de la inacción".

Por otro lado, parece que el perfil emocional de ambos tipos de arrepentimiento es diferente: el remordimiento de la acción («No tendría que haberlo hecho») es normalmente más intenso a corto plazo que el de la inacción («Habría tenido que...»). En el plano emocional, los primeros suelen recibir el nombre de "lamentos vívidos" (*hot regrets*), mientras que a los segundos se los etiqueta como "lamentos melancólicos" (*wistful regrets*). Un estudio que preguntó a 79 voluntarios sobre la intensidad de las emociones asociadas a su mayor remordimiento en cada categoría evidenció esta clara correlación: el arrepentimiento de la acción se asocia frecuentemente a emociones intensas (ira, vergüenza, culpabilidad, frustración...) mientras que el arrepentimiento de la inacción tiende a inducir emociones más moderadas (sentirse melancólico, nostálgico, desengañado...) pero más duraderas. Lógico: en el primer caso lamento una realidad (lo que he hecho), mientras que en el segundo lamento una posibilidad (lo que habría debido hacer y sus hipotéticas consecuencias).

La mayor parte de las elecciones significativas realizadas por los sujetos con una autoestima vulnerable obedecen así a una lógica de prevención anticipada del arrepentimiento.[3]

LA DISTANCIA AFECTIVA CON LOS RECUERDOS

Los estudios han observado que los sujetos con una buena autoestima producen ligeras distorsiones de su memoria en relación a sus recuerdos: se sienten más cercanos a sus éxitos y se alejan de sus fracasos (en respuesta a la pregunta: «Al volver a pensar en este acontecimiento, ¿hasta qué punto te sientes cercano a él?».). Evidentemente, en los individuos con una baja autoestima se da el fenómeno contrario.[4] Hay muchas hipótesis posibles, pero es de temer que la repetición y reactivación de sus fracasos sean el mecanismo que induce un efecto de mayor proximidad y actualidad en ellos.

LUCHAR CONTRA EL MITO
DE LA "BUENA ELECCIÓN"

«Mi hermano, hoy fallecido, daba la impresión de ser feliz en cualquier escenario: casado o soltero, padre de familia o sin hijos, residente en la ciudad o en el campo. Independientemente del momento, el lugar o la actividad, se las apañaba para extraer lo mejor de cada situación. No se trataba de pasividad o resignación. No era indiferencia, sino inteligencia: transformaba en la mejor dirección posible todo lo que escapaba a su capacidad de elección, y obtenía lo mejor de ello. Y cuando tenía que elegir no perdía el tiempo en conjeturas: confiaba en la vida. Era su expresión favorita: confiar en la vida. Decía que cuando dudamos ambas soluciones son equivalentes, ninguna es superior a la otra, y que no había que malgastar la energía tratando de averiguar cuál era la mejor opción, sino escuchar al corazón y luego premiarlo. Siempre pienso en él en los momentos en que empiezo a comerme la cabeza y dudar. Entonces me digo: vamos, decídete y actúa. Todo irá bien y no te lamentarás…» (testimonio de Alexandre).

Para luchar contra los remordimientos excesivos, ante todo hay que *liberarse del miedo obsesivo a realizar una "mala elección"*, esa gran serpiente de mar de la psicoterapia de las personas con una mala autoestima. La buena elección no existe, somos nosotros, sólo nosotros, quienes tenemos el poder de que nuestras decisiones sean "buenas" o "malas". El dilema de la "elección correcta": a menudo se juega *a posteriori. Lo que hacemos, y en menos medida lo que pensamos, hace que una decisión sea buena o mala.* Esto puede aplicarse a la mayoría de las decisiones de la vida diaria: vivir en un determinado lugar, aceptar un trabajo, tener una pareja (o separarse), etc. Como es natural, podemos elegir una pareja o un trabajo y arrepentirnos enseguida.

Sin embargo, otra pareja o trabajo habrían supuesto mil consecuencias diferentes, quizá lamentables. Evitemos contemplar nuestra vida como una cadena de acontecimientos decisivos, o todo lo que ocurra en ella será definitivo: nuestras existencias no se desarrollan así.

Recordemos una vez más que para liberarse del miedo al arrepentimiento anticipado relacionado con la elección, lo más eficaz no es la renuncia al acto, sino el aumento de la tolerancia al fracaso. Y, sobre todo, aprender a extraer las enseñanzas a fin de transformar las ocasiones de remordimiento en momentos de aprendizaje, como recuerda la fórmula: «Si pierdes, no dejes de aprender la lección...».

Así pues, que nuestro buen uso del remordimiento contradiga a La Bruyère, que en sus *Caracteres* constataba con cierto pesimismo el mal uso que el ser humano hace de él: «El arrepentimiento de los hombres respecto al mal empleo del tiempo vivido no siempre les conduce a utilizar mejor el que les queda».

39. LA ACCIÓN QUE NOS CAMBIA Y TRANSFORMA EL MUNDO

> «El sabio no vivirá en la soledad, porque por naturaleza es sociable y propenso a la acción.»
>
> DIÓGENES LAERCIO

El mejor objetivo que podemos trazarnos en materia de autoestima es el desarrollo personal, es decir, *tomarnos toda experiencia vital como una ocasión para el aprendizaje.*[1] Es inútil pretender compararse con los demás para igualarlos o superarlos: la autoestima se beneficia más de la comparación con uno mismo. Las comparaciones con uno mismo parecen definir a los individuos cuyo objetivo es progresar en un plano personal.[2]

LA ACCIÓN NOS TRANSFORMA

En este apasionante trabajo de construcción y reconstrucción del yo, ¿cómo *convertirnos en el sereno artesano de nosotros mismos*? Utilizo a conciencia la palabra artesanía por todo lo que implica: ausencia de pretensión, sencillez, imitación de modelos, aceptación de los consejos (¿por qué no tratar de averiguar lo que funciona en los demás, puesto que no somos tan diferentes los unos de los otros?), repetición constante de gestos para alcanzar un resultado, paciencia, necesidad de reparación y constantes gestos de mantenimiento... Somos artesanos de nosotros mismos. En materia de autoestima es inútil intentar ser un "artista", un "creador" a cualquier precio.

LA ACCIÓN CAMBIA NUESTRA PERSPECTIVA

El objetivo del desarrollo de la autoestima no sólo se dirige a nosotros. A fin de cuentas, esto sería un tanto aburrido. Afortunadamente, ocuparnos de nosotros mismos, vencer nuestros defectos, pasiones y lastres es un modo de cambiar el mundo. Hay otros, pero éste es sencillo y poderoso. Sabemos que modificar la relación íntima que mantenemos con nosotros mismos transformará nuestra visión del mundo. Esto no sólo se aplica a los depresivos, si bien en ellos tenemos el ejemplo más espectacular: las primeras sorpresas de mi carrera como médico interno en psiquiatría me fueron dadas al conocer a pacientes con graves depresiones que en pocos días salían de su valle de lágrimas y abandonaban un mundo que les parecía espantoso e inhumano gracias al efecto de la velada acción de una oscura molécula química. Este fenómeno también se da, aunque de forma menos espectacular, en las personas no deprimidas:[3] *cuando cambiamos, el mundo cambia con nosotros porque dejamos de verlo del mismo modo. Si mejoramos nuestro optimismo, el futuro no nos parecerá tan angustioso. Si nos distanciamos de nuestra cólera o nuestra tendencia a juzgar, no nos parecerá tan poblado de imbéciles. Si cultivamos nuestra serenidad, nos parecerá más armonioso.*

LA ACCIÓN CAMBIA A LOS DEMÁS

No se trata de autosugestión. Esta sencilla modificación del punto de vista puede tener rápidas consecuencias concretas en virtud del "efecto mariposa", esa teoría que explica que un leve aleteo en un extremo del planeta puede provocar un tornado en el otro extremo debido a una sucesión de causas y efectos. Así, cambiarnos a nosotros mismos ayuda a los otros a cambiar: por ejemplo, hay un contagio social de las emociones tanto negativas (la transmisión de la melancolía o el mal humor en familias y empresas) como positivas.[4] Hay personas cuya presencia nos tranquiliza, nos estimula, fomenta lo mejor de nosotros mismos, sin presiones de ningún tipo. ¿Se trata de mimetismo? ¿El hecho de que se aprecien a sí mismas logra que también nosotros nos apreciemos? ¿Es su manera de mirarnos, de hablarnos, de permitir que sintamos la confianza que les inspiramos? El resultado es patente: estas personas son beneficiosas para nuestra autoestima. Mediante actos ínfimos o manifiestos, nos alientan y revelan.

LA ACCIÓN TRANSFORMA LA SOCIEDAD

Entonces, ¿puede la autoestima transformar la sociedad, como se decía del amor en los años setenta? Estoy convencido de ello y tengo muchos ejemplos.

En su autobiografía,[5] Martin Luther King cuenta cómo su educación prefiguró aquello en que se convertiría: «Si me resulta más fácil ser más optimista que pesimista sobre la naturaleza humana se debe sobre todo a mi infancia». Explica cómo su madre le presentó siempre la discriminación y segregación que sufrían entonces en el Sur de Estados

Unidos como el resultado de una injusticia social, y no a modo de reflejo de un orden natural como hacían entender los discursos racistas de la época. Ella le repetía: «Vales tanto como el que más». Martin Luther King disponía de una buena autoestima, palpable en las cartas que escribió a sus íntimos. Buena, es decir, que no excluía las dudas ni temores, pero le permitía no someterse nunca a ellos. Buena porque estaba construida en la acción. Insisto hasta la saciedad, pero para que cada cual transforme el mundo en su escala, es necesaria una autoestima diferente a la que nos vende la publicidad y la demagogia circundante («Todos sois formidables»). No se nace "formidable", sólo se llega a serlo con gran esfuerzo. Cuidado también con otro peligro: el de la renuncia (o la dimisión o incapacidad) a trabajar la propia autoestima para sentirse a gusto en una autoestima grupal definida por la pertenencia a una tribu (familia, club deportivo, partido político, movimiento asociativo e incluso gueto, secta o comunidad cerrada). También en este aspecto, Luther King, tras vacilar durante un tiempo, se decantó por la universalidad y no por el repliegue, que en la época era una actitud asumida por una parte de la comunidad negra. Ésta fue otra de las razones por las que fue uno de los seres humanos que cambiaron profundamente el curso del siglo XX, y no sólo un ciudadano negro estadounidense que luchaba contra el racismo.

ACTUAR EN COMPLETA LIBERTAD

Otro gran ciudadano de Estados Unidos y el mundo: el filósofo Thoreau, apodado «el Diógenes americano», autor de un *Tratado de desobediencia civil*.[6] Fue el fundador de la acción cívica no violenta, inspiró a Ghandi y, precisamente,

a Martin Luther King, mostrando cómo la acción decidida
pero ejemplar de un solo hombre podía arrastrar a todos los
demás. Thoreau también fue capaz, como cuenta en otra de
sus obras, *Una vida sin principios*,[7] de sublevarse contra la
obsesión de la acción: «Creo que nada, ni siquiera el crimen,
es más opuesto a la poesía, a la filosofía e incluso a la propia
vida, que esta incesante actividad». Por último, en su obra
maestra *Walden*,[8] Thoreau elogió la soledad ante el mundo y
la vida. Fue un ser humano lúcido e íntegro.

    ¿Un modelo?

40. "PETIT OURS BRUN EST FIER DE LUI"

Estoy leyendo una historia a mi hija pequeña, *Petit Ours brun est fier de lui*.[1]

Para todos los pequeños, el Osito Negro (*Petit Ours brun*) es un héroe, una estrella. He leído muchas de sus aventuras a muchos niños. Empiezo a conocerlo bien. Al principio me irritaba un poco, me parecía materialista, egoísta, arrogante, pelota... Con el tiempo advertí que se me parecía mucho, que se parecía mucho a todo el mundo: el Osito Negro tiene todos nuestros defectos y virtudes y las expresa ingenuamente, o las asume con la desfachatez de quien se siente querido (su mamá y su papá lo quieren mucho).

En esta historia, el Osito Negro hace cosas de las que se siente muy orgulloso, de ahí el título. Por ejemplo: «El Osito Negro dibuja círculos muy bien hechos. Dice: ¿Qué bonitos, no? O: El Osito Negro llena su vaso él solo. Dice: ¿Alguien quiere?». Mi hija observa, quizá por el tono levemente burlón que imprimo a mi voz leyendo sus réplicas, que el Osito Negro muestra una excesiva auto-complacencia. Me lo dice a su manera: «Papá, el Osito Negro es un poco mandón, no?». Intenta hablar como sus hermanas mayores, que a su vez tratan de hablar como los mayores en el patio de recreo, que a su vez...

«Eh, sí sí...», replico. Pero me digo que, a pesar de todo, no es tan malo que los niños estén contentos de sí mismos, y que un mínimo de aprecio de la autoestima desde la infancia es algo bueno. Así que continúo:

«Pero tiene razón, el Osito Negro lo ha hecho bien. Tiene derecho a estar contento.

–Sí, pero era fácil, se pasa de listo.

–¿Y te parece que eso no está bien?

–No, pasarse de listo enfada a todo el mundo.

–Pero si estamos seguros de haber hecho algo bien, peor para los demás si les molesta, ¿no?» (me gustaría que mi hija no se viera demasiado influida por lo que los demás puedan pensar de ella; cuando le leo cuentos trato de que sean psicoterapéuticos; es una tontería, pero la deformación profesional...).

«Sí, vale, pero sería mejor que estuviera contento y no lo dijera tanto. Enfadará a todo el mundo si lo hace siempre así. Y si luego no lo consigue se pondrá a berrear...»

En ese momento comprendo que mi hija ya sabe tanto como yo sobre los fundamentos de la autoestima. Tan sólo tengo que acabar tranquilamente de contar mi historia sin dármelas de listo yo tampoco. Gracias, Osito Negro...

PARTE V:
EL OLVIDO DE UNO MISMO

¿Hemos de pensar siempre en nosotros mismos?
Es una señal de que la autoestima sufre. Cuanto más avanzamos
más nos olvidamos, para tratar de vivir, relacionarnos, aprender,
disfrutar, amar... Para alcanzar de vez en cuando momentos de
armonía hay que aprender a separarse de uno mismo
y de la perspectiva que los demás tienen de nosotros:
dejar de preocuparnos por el efecto que causamos...
Esto puede derivar naturalmente de todos los esfuerzos de los que
hemos hablado hasta aquí. Éste puede ser uno de esos esfuerzos.
Olvidarse de uno mismo trabajando el instante, cultivando una
humildad que no sea punitiva, buscando nuestro lugar y no la
gloria, descubriendo los posibles sentidos del menor de nuestros
actos. Abandonando las mudanzas de la autoestima, destinadas a
enmascarar nuestros temores a la vida y a la muerte.
Abriéndonos a la paz del alma.

41. EL SILENCIO DE LA AUTOESTIMA

«El hombre no está en posesión de la sabiduría. Sólo puede tender a ella y profesarle su amor, lo que ya es bastante meritorio.»
IMMANUEL KANT

¿Qué ocurre cuando avanzamos en materia de autoestima? No sólo cuando empezamos a apreciarnos más sino cuando esto se da en un entorno psicológico sereno, con una autoestima estable ante los acontecimientos de la vida, más autónoma ante las exigencias nocivas y la falsa moneda de la autoestima, la "vanagloria" de la que habla la Biblia; cuando somos más lúcidos antes las falsas pistas del ego y la autosatisfacción. Normalmente, la necesidad de autoestima disminuye un tanto. Pensamos cada vez menos en nosotros mismos y más en lo que vivimos.

«CUANTO MEJOR ESTOY, MENOS PIENSO EN MÍ»

Los relatos de pacientes "curados" de los sufrimientos relacionados con la autoestima describen todos la misma historia, la misma evolución y el mismo resultado: pensamos en nosotros mismos sobre todo cuando nos encontramos mal y la duda sobre nuestros actos y nuestro ser es excesiva y enfermiza. A medida que avanzamos, la obsesión (forzosa) de nosotros mismos disminuye y se retira. Nuestra alma se libera de la influencia de nuestro ego dolido y se opera una lenta compensación: de nuevo estamos preparados para vivir.

Este silencio de la autoestima sólo es paradójico en apariencia: como una buena salud («La vida en el silencio de los órganos», como dicen los médicos), una buena autoestima es silenciosa porque la conciencia de uno mismo deja de ser obsesiva y ya no se manifiesta en sus opiniones, su presencia ante otras personas o los comportamientos cotidianos. Hace unos años se estrenó una película titulada *Mi vida sin mí*,[1] que contaba los últimos meses de una joven enferma de un cáncer incurable: hermosa película y título magnífico. ¿Podemos continuar existiendo tras la muerte del excedente de autoestima?

CÓMO NO HUNDIRSE EN UNO MISMO

En su célebre retrato de monsieur Teste, un hombre misterioso con alta autoestima, Paul Valéry cuenta cómo logró «matar en él a la marioneta».[2] A menudo nuestros problemas de autoestima nos llevan a convertirnos en marioneta de nuestro sufrimiento, nuestro orgullo o nuestros miedos, de la creencia de que sólo podemos actuar en la excelencia, y de la convicción, según los casos, de que debemos elegir entre no actuar o hacerlo a la perfección.

El yo que nos llama es el que se encuentra mal, el que está en exceso colmado de sí mismo, de sus miedos o expectativas. Podemos hundirnos en nosotros mismos de tres maneras: por el dolor, el miedo o el error...

Respecto al dolor, existen muchos dolores de la autoestima: esa insatisfacción y tristeza crónica, prima del dolor moral en las personas deprimidas, ese pequeño fondo de has-

tío crónico que sólo se olvida en la acción, la discusión y a
veces también gracias a la bebida... Puede darnos la impresión de que ese dolor forma parte de la condición humana. Sin
duda en parte es así, pero sólo si no es constante y paraliza-
dor. Siempre me ha irritado el intolerable discurso de ciertos
psicoterapeutas respecto al placer de "mimar" el síntoma...
Mala interpretación. Podemos apegarnos a nuestros síntomas,
evidentemente, como si estuviéramos atados a un árbol: no
podemos alejarnos. No hay ningún placer en ello, al margen
de la interpretación fácil de un terapeuta perezoso...

Respecto al miedo; casi todas las dificultades de la autoestima remiten al miedo: miedo por el propio estatus, por la
imagen, el futuro o el fracaso. Miedo a la agresividad de los
demás si nos oponemos a ellos, si hacemos escuchar nuestra
voz, nuestras certezas o incertidumbres, si nos atrevemos
simplemente a existir. Estos miedos, y no el orgullo, son los
que con más frecuencia harán que nos obsesionemos con
nosotros mismos. Como los hipocondríacos, que no pueden
evitar pensar en su salud por miedo a la enfermedad, el dolor
y la muerte, los trastornos de la autoestima, esas hipocondrías
del yo, se apoyan en el miedo al fracaso y al rechazo social, el
miedo a ser olvidado, a no ser reconocido o apreciado.

Respecto al error, con demasiada frecuencia nos dejamos
embarcar en el falso camino del egotismo, de la pseudo-auto-
estima, que no es sino un conjunto de estrategias, por otra
parte mediocremente eficaces, de valorización de nuestra
imagen y nuestro personaje, y no de nuestra persona. Este
apoyo al egotismo, estas "autoestimas hormonales", en gran
medida vienen impulsadas, como hemos señalado, por la
publicidad y el márketing, por una sociedad que nos adula
(menos por nuestro bien que por el suyo: vendernos algo,
recabar nuestro voto para un candidato) y nos invita a tomarnos como norma, referencia y centro del mundo. Se trata de

hacer creer al máximo número posible de personas que se encuentran en el centro del interés de los demás. Esto sólo funciona porque vivimos en un mundo duro. De hecho, por ello necesitamos la autoestima, pero no de este tipo.

CUIDARSE

«Me ahogaba en mí misma», me contaba una paciente que había padecido durante largo tiempo un narcisismo inquieto que arruinaba su vida y la de sus seres queridos. «Pasaba el tiempo pensando en mí, ocupándome de mí, pero de una forma estúpida, comprando y pavoneándome. También viajaba, pero sólo a los sitios donde había que ir para que te vieran y luego contar que habías estado allí. Toda mi vida estaba dedicada a mi imagen, no a mí misma. De vez en cuando me asqueaba ser así. Me decía: tu vida es inútil, eres una egoísta. Pensaba en la madre Teresa y en todas las personas que dedicaban su vida a los demás. Enviaba dinero a asociaciones caritativas; normalmente en los períodos depresivos. Esto ahondaba mi malestar; no era una buena solución.»

Otra paradoja de la autoestima es que *para poder olvidarse y vivir menos obsesionado por uno mismo, ante todo hay que ocuparse mejor de la propia persona*, y no organizar una auto-represión: la humillación y la mortificación, que a veces resultan fascinantes y parecen soluciones, no lo son en absoluto. Al menos para la autoestima… Cuidarse consiste en dedicar tiempo a pensar en uno mismo a fin de que no nos inunde la obsesión. También consiste en actuar para que en nuestra vida haya otras cosas aparte de nuestro yo. No una ausencia de uno mismo, sino tan sólo un poco más de distancia.

Por ejemplo, en la relación con los demás implica no ver en ellos tan sólo a proveedores de ánimo, apoyo, gratificación y admiración en el sentido positivo, o jueces y críticos potenciales en el sentido negativo, sino también a personas dotadas de una existencia propia. Preguntarse: al margen de lo que espero de ellos, ¿en qué sentido me interesan? ¿Acaso yo les brindo mi apoyo y atención? Es simplemente la amplificación sincera del mero «Cómo estás» de las relaciones diarias. Observarse y pensarse desde el exterior, no sólo centrándose en uno mismo («¿Qué piensan de mí? ¿Qué impresión doy?») como objeto de observación, sino también como sujeto («¿Qué aporto a los demás? ¿A la evolución diaria y minúscula del mundo?»).

No sólo hay autoestima en la vida

La dureza del mundo no es la única razón para que invirtamos, protejamos y promovamos la autoestima. Nos es necesaria, pero no como un fin en sí misma, sino como una herramienta. Es una herramienta fundamental y valiosa, una herramienta del bienestar que facilita una acción serena. Por esta razón –siempre el silencio–, el buen funcionamiento de la autoestima evoca el de un motor (de un frigorífico, caldera o coche… y lamento el aspecto trivial de estas comparaciones; no obstante, esos objetos también son muy valiosos en nuestra vida): los mejores son los más silenciosos, y si no son los mejores desde el punto de vista de la eficacia, al menos son los más agradables porque nos dejan libre la mente al cumplir su función. Esto es, ni más ni menos, lo que esperamos de la autoestima.

Así pues, una buena autoestima es una ayuda, pero tranquilidad (si crees que en tu caso aún hay trabajo por hacer): los problemas de la autoestima no impiden emprender grandes cosas. A lo largo de la historia, numerosas personas con baja autoestima han demostrado su genio (por ejemplo, Charles Darwin), así como muchos grandes y ambiciosos narcisistas (Dalí). Sin embargo, solucionar estos problemas permite, sin duda, llegar más lejos y con una mayor serenidad.

En los últimos años, la importancia que conviene otorgar a la autoestima ha originado grandes debates en nuestro pequeño mundo de la psicología del bienestar, entre los que creían que se había sobrestimado su relevancia y que quizá no era sino un artefacto relacionado con un momento preciso y limitado de la cultura humana: la mente de los occidentales pudientes de finales del siglo XX y principios del XXI,[3] y los que continuaban viendo en ella el abc de nuestra vida psiquiátrica.

En la actualidad se tiende a pensar que la autoestima es, al menos, un dato capital en la comprensión de muchas de las actitudes humanas. Pero los conocimientos y las convicciones respecto a ella siguen evolucionando. Diversas investigaciones en el ámbito de la psicología positiva (que consiste en interesarse no sólo por los mecanismos de las enfermedades, sino también por los del bienestar) han señalado el papel esencial de la autoestima en el equilibrio y el bienestar global. Algunos señalan que hay seis grandes componentes de este bienestar:[4] tener objetivos en la vida, disponer de un relativo dominio del entorno, mantener relaciones positivas con los demás, beneficiarse de un mínimo de autonomía, poder dedicar tiempo a nuestro desarrollo personal (aprender, evolucionar) y, *last but not least*, aceptarse y apreciarse. En otro estudio se pedía a varios cientos de estudiantes estadounidenses y surcoreanos que reflexionaran concretamente (para evitar simples declaraciones de intenciones) sobre los acontecimientos que en los meses anteriores les habían procurado más satisfacciones:[5] también en este caso, la descodificación y clasificación de lo que les había resultado satisfactorio remitía, por un lado, a todos los acontecimientos que procuraban sensación de autonomía, competencia y relación con los demás; y por otro lado, a todo lo que tenía que ver con la autoestima (que a menudo englobaba los elementos precedentes).

Si a menudo las personas con buena autoestima se perciben como serenas, con una presencia calmada y poderosa, no se debe sólo a su buena autoestima: ésta se ha convertido en un vector que apunta a otros valores, así como en un elemento armonizador y pacificador en esa búsqueda.

42. INTENSIFICAR LA CONCENTRACIÓN EN EL INSTANTE

«Un joven de dieciséis años caminaba por el campo
cuando alzó la mirada y vio un cortejo de garzas blancas
atravesando el cielo a gran altura:
y nada más, nada más que la blancura de las criaturas vivas
remando en el cielo azul,
tan sólo ambos colores entremezclados;
ese inefable sentimiento de eternidad
penetró al instante en su alma
y desató lo que estaba atado
y ató lo que estaba unido,
hasta el punto de que se desplomó,
como muerto.»
HUGO VON HOFMANNSTAHL

El sabor sencillo y fulminante de la vida…

Respirar, caminar, hablar, mirar: cosas ordinarias cuyo valor
percibimos tan sólo cuando hemos estado a punto de perder-
las. Los supervivientes de accidentes, enfermedades o suce-
sos graves cuentan la misma historia y la misma sensación,
relacionada con esa súbita toma de conciencia: vivir es una
suerte. Y ser conscientes de ello puede ser conmovedor.

Comportamientos y personalidades autotélicas: absorción y plenitud

En todas las tradiciones filosóficas encontramos consejos para dedicarnos sencilla e intensamente a lo que estamos haciendo, aunque se trate de simples actos de la vida cotidiana. El filósofo estadounidense Mihaly Csikszentmihaly[1] ha desarrollado toda una teoría acerca de lo que él denomina actividades "autotélicas", del griego *autos*: uno mismo, y *telos*: fin u objetivo. Es decir, *el conjunto de actividades a las que nos entregamos en ausencia de otro fin que no sean ellas mismas*: caminar por el campo, no para dirigirnos a algún sitio, sino por placer; trabajar en el huerto, no para comer la cosecha sino porque nos gusta cuidarlo; tocar un instrumento musical, no para que nos admiren o para dar un concierto, sino por el simple placer de producir armonía... La presión relacionada con un objetivo o la contaminación de otros pensamientos o emociones pueden alterar el placer intenso y el sentimiento de plenitud al practicar estas actividades: caminar pensando en nuestras penas, trabajar el huerto mientras maldecimos a nuestro vecino o nuestra pareja, etc.

A veces empezamos una actividad sin estar concentrados en ella, y poco a poco nos absorbe porque nos resulta placentera, porque la dominamos, porque inconscientemente sentimos que nos permite alcanzar un estado de conciencia muy especial, que Csikszentmihaly denomina *flow* (flujo), y que consiste simplemente en acercarse a la felicidad por una inmersión intensa en lo que estamos haciendo.[2] Al parecer este tipo de estados mentales pueden prestar un gran servicio a nuestro equilibrio psicológico. Por esta razón se incorporan técnicas de meditación al arsenal de recursos psicoterapéuticos; estas técnicas tienen como objetivo ayudar a las personas que lo necesitan a lograr esos estados de conciencia.[3]

Meditación y concentración en el instante: la necesidad del entrenamiento mental

La sociedad contemporánea no nos ayuda en materia de capacidades de concentración e inmersión en una tarea. Nuestra atención cada vez está más solicitada por "distracciones" o "interrupciones de la atención" de todo tipo: llamadas de teléfono fijo o móvil, mensajes en Internet, música por doquier, reclamos publicitarios, (siempre hay algo que ver o leer). En la televisión, si decae nuestro interés por un programa sentimos la tentación de cambiar de inmediato porque tenemos decenas o centenares de programas simultáneos.

En cierto sentido es una suerte porque significa que vivimos en un mundo denso, rico y estimulante, pero exige cierta resistencia a fin de que nuestra capacidad de concentración y atención no salte en pedazos bajo el acoso de tantos reclamos, que ninguna otra época había producido. Podemos preguntarnos si la multiplicación de los trastornos de la atención en los niños (e incluso en algunos adultos) no procede en parte de esta mutación social: esto no quiere decir que la sociedad cree esas patologías o desequilibrios (que no siempre son enfermizos), sino que es probable que éstos se manifiesten en aquellos individuos con una débil capacidad de concentración y atención. Y como la escuela parece resignarse y tomar nota al fragmentar cada vez más las secuencias pedagógicas en lugar de intentar enseñar a los niños a concentrarse por medio de ejercicios específicos, podemos suponer que el problema está lejos de hallar una solución.

No sólo la atención se contamina, también existe el *overthinking*, la racionalización permanente, el constante recurso al razonamiento lógico que a veces acaba por ahogar la intuición y se apodera de todo: hay muchos depresivos y ansiosos víctimas de su lógica, que asumen y construyen lo esencial de sus síntomas... Paul Valéry escribía maliciosamente: «A veces pienso, a veces soy». Claro mensaje: a veces pensar nos aleja de ciertas cosas o modos de ser esenciales. La meditación no sustituye al pensamiento, sino que representa otra de sus modalidades.

Por esta razón, las técnicas de meditación de tipo plena conciencia (*mindfulness*) conocen un éxito creciente en el mundo de la psicoterapia pero también del desarrollo personal. El término "meditación" a veces resulta inquietante cuando se propone en el universo terapéutico porque parece asociarse necesariamente a una práctica religiosa o filosófica. Pero la meditación de la que hablamos aquí podría denominarse simplemente un "entrenamiento mental", en palabras de mi amigo el monje budista Matthieu Ricard. Entrenamiento mental para una mayor libertad, para elegir el objeto en el que queremos centrar nuestra atención. *Ser libre consiste en dominar nuestro movimiento mental y a nosotros mismos.*

Algunos ejercicios

Las reglas de meditación del tipo *plena conciencia* son sencillas:

• Instalarme cómodamente, cerrar los ojos o concentrarme en un punto preciso.

• Procurar que mi mente se centre en el aquí y el ahora, y dirigir mi atención hacia el instante presente y perseverar en él: mis sensaciones físicas, mi respiración, los sonidos y olores que me rodean, los pensamientos que emergen en mí.

• Acercarme todo lo posible (en función de los días será más o menos factible…) a una actitud mental de aceptación de lo que emerge en mi mente. No hacer proyectos, rumiar o anticipar: si llega a ocurrir (y ocurrirá), volver suavemente al instante presente y a la actitud de observación de los fenómenos mentales. Observarlos (observo que estoy inquieto o irritado), pero sin participar en ellos. Asimismo, aceptación de mis dificultades para proceder así: no enfadarme por pensar en otra cosa; es normal, tan sólo hay que volver a centrarse en el momento presente.

• Adoptar un estado mental ajeno al juicio: no decirme «está bien» o «está mal», tan sólo constatar lo que es, sin juzgar.

Con frecuencia aconsejo a mis pacientes practicar todas las mañanas, y si es posible muchas veces al día, un pequeño ejercicio: erguidos, derechos, con las piernas ligeramente separadas para sentirnos estables, frente a una ventana o a cielo abierto, respirar suavemente diez veces (inspirar-expirar). Durante estos diez movimientos de nuestra respiración, el único objetivo es sentir que existimos, hacer renacer nuestra mente en el aquí y el ahora. Estos breves ejercicios sirven de incentivo a nuestra constitución mental: aumentan la capacidad para separarnos de nosotros mismos.

El único y principal objetivo de estos ejercicios: permanecer en el momento presente. O más bien, acercar suave e incansablemente mi mente al instante presente, ya que, está claro, no deja de alejarse hacia mis preocupaciones pasadas o venideras. Es normal: nuestro cerebro está "hecho así", está conformado para velar por cuanto ocurre en nuestra vida, para solucionar problemas, ahuyentar los peligros venideros, etc. Por último, no *sólo* está "hecho para eso": digamos también que normalmente *sólo* lo usamos para eso…

Esta meditación no consiste exclusivamente en relajación, que pretende tan sólo (lo que no está nada mal) relajar el organismo. Tampoco es sólo pensamiento positivo, con el que se trata de estimular los "buenos" pensamientos[4] (lo que también es útil). En realidad, la meditación apunta más allá: enseñar a convertirse en el observador atento de los propios fenómenos mentales, corporales y emocionales, sin tratar de sopesar su desarrollo (en un primer momento, al menos).

Por supuesto, estas técnicas de meditación pueden cultivarse y aprenderse, y corresponden a una realidad de modificaciones cerebrales funcionales completamente tangibles que se empiezan a observar en los estudios de neuro-imaginería.[5] Este aprendizaje requiere ejercicios de entrenamiento regulares y cotidianos (como las escalas de un músico). Sin embargo, también exige ser no sólo una técnica, sino un estado mental ante los acontecimientos de la vida («Primero aceptar antes de decidir cambiar»). Y, por último, aplicar a los mismos principios de meditación los principios de aceptación: aceptar que algunos días nos cuesta meditar; tener en cuenta que ni siquiera esos días hemos de considerar "fallidos" los ejercicios (lo que implicaría caer en el juicio), sino simplemente constatar que el momento no ha sido propicio para la meditación; ser consciente de que incluso esos momentos ayudan a avanzar y que son útiles (nos ayudan a aceptar lo que *a priori* nos parece fallido...). A continuación, esa capacidad puede utilizarse en diferentes contextos:

– meditar cuando no se tienen problemas concretos, tan sólo para cultivar esa aptitud;
– meditar ante situaciones dolorosas, para desarticular, si es posible, el exceso de emociones;
– meditar ante los problemas existenciales (vida, muerte, sufrimiento, separación).

¿Qué relaciones hay entre
control de la atención y autoestima?

Parece que el entrenamiento en la meditación del tipo *plena conciencia* facilita la capacidad de autorregulación psicológica y mejora el equilibrio de la balanza emocional positiva, fenómenos favorables para la autoestima.[6] También facilita, de manera indirecta, la sensación de coherencia personal (*self-concordance*), que consiste en mejorar la continuidad entre lo que sentimos de manera implícita y lo que expresamos explícitamente. Por último, permite ejercitarse habitualmente en las actitudes de la aceptación y la suspensión del juicio, que, como hemos visto, resultan muy valiosas de cara al equilibrio de la autoestima. Así, en los ejercicios de meditación se recomienda no conceder importancia al hecho de si la sesión ha sido un "éxito" o un "fracaso": esta actitud refuerza el programa mental "no juzgar y aceptar".

Para acabar, estas técnicas se han mostrado sorprendentemente eficaces en diversos estudios que abarcan numerosos trastornos severos como la depresión, en la que la mente de los pacientes permanece esclava de sus pensamientos y afectos negativos, y uno de cuyos fenómenos clínicos observados, además del hundimiento de la autoestima, es la pérdida de control de la vida interior, completamente invadida por oscuras obsesiones.[7] Es probable que los mecanismos de esta eficacia se deban a una capacidad incrementada de observar y regular el movimiento de los pensamientos y emociones. Pero la meditación también permite multiplicar esos momentos en que la mente está completamente absorbida en una actividad, lo que aparta, al menos transitoriamente, las preocupaciones respecto a uno mismo y representa otras tantas secuencias de desactivación de los meandros del auto-agravamiento de la enfermedad depresiva («Me deprime verme deprimido»).

NO SÓLO UNA TÉCNICA
SINO UNA MANERA DE ESTAR EN EL MUNDO

Meditar no es una evasión sino un encuentro sereno con la realidad, nos enseñan los maestros de meditación.[8] El fin de la meditación no es sólo mejorar el bienestar o facilitar la autoestima, también es insuflar densidad a la existencia. Y no sólo hay que practicarla como ejercicio-paréntesis, sino que ha de convertirse en un modo de ser.

De ahí el interés por alcanzar la actitud de conciencia del instante en todos los aspectos de nuestra vida: nos concederá autonomía en relación a las frecuentes distracciones de la vida diaria, que representan otros tantos "robos de la atención" o hurtos a nuestras capacidades psíquicas (piensa en todo el tiempo malgastado en mirar estúpidos programas de televisión o leyendo inútiles mensajes publicitarios). El objetivo no es tanto suprimirlos (tarea imposible) como distanciarnos y recuperar nuestra libertad de acción respecto a ellos. Los ejercicios más frecuentemente recomendados son, por ejemplo, adoptar la costumbre de concentrarse sólo en una actividad: no escuchar la radio mientras conducimos, no leer el correo mientras hablamos por teléfono o comer viendo la televisión… A veces, cuando sea posible, no hacer nada. No hacer nada es una de las actividades –es una actividad si se hace con plena conciencia– más practicadas. Por ejemplo, por la noche: no coger un libro "porque hay que acabarlo" o una revista "para leer". Tan sólo acostarse, mirar el techo y observar el flujo de los pensamientos sin tratar de resolver los problemas, planificar el mañana, comprender lo que ha ocurrido hoy. Tan sólo observar cómo transcurren los pensamientos, cómo vienen y se van, estar atento a la respiración…

Practicar con regularidad el ejercicio de "sólo esto".[9] Tan sólo caminar, mirar las nubes, fregar los platos, arrancar las malas hierbas, escuchar a un pájaro o a un amigo, tender la ropa. Tan sólo esperar el autobús, observar cómo desfila el paisaje. Tan sólo observar el ritmo a un tiempo cambiante y monótono de la propia respiración…

Simplemente, ser uno con aquello que hacemos.[10]

No pensar en el porqué de las cosas, ni en el yo.

Ni en la autoestima…

43. DESAPARECER TRAS EL SENTIDO QUE OTORGAMOS A LO QUE HACEMOS

«Y ahora voy a describir la experiencia
que consiste en maravillarse
de la existencia del mundo diciendo:
es la experiencia de ver el mundo como un milagro.»
LUDWIG WITTGENSTEIN

El mediodía de un domingo de invierno. Louise, de nueve años, y Céleste, de seis, juegan juntas en la habitación de la segunda. Como desde hace un rato no hacen ruido alguno, como acostumbran, su padre acude a ver qué pasa: «¿Qué tramáis, niñas?». Las niñas juegan tranquila y amistosamente, aun cuando les han leído la cartilla, esta semana, por su falta de solidaridad: como muchos niños de hoy en día, discuten, se pelean y se dejan de hablar por tonterías. Nada perverso, pero a menudo los padres les regañan. La ocasión es oportuna... Responden, regias y levemente irónicas: «Practicamos la amistad entre hermanas». Pequeña lección para al padre. No tan alejada de lo esencial...

CONFERIR UN SENTIDO A LA VIDA

Uno de los rasgos más bellos del ser humano es tal vez el hecho de ser un "constructor de sentido", un fabricante de sentido, como dicen los filósofos anglosajones (*a sense maker*). Los psicoterapeutas reciben numerosas quejas de sus pacientes a propósito del sentimiento de "vacío existencial", mucho más duro de soportar de lo que pueda creerse. La "buena" vida, según la expresión de los filósofos griegos, no sólo es aquella en cuyo transcurso no se sufre, sino también una existencia que tiene (o parece tener) un sentido.

Este sentimiento de una vida vacía de sentido puede ser pasajero, como la tristeza, una sombra que atraviesa nuestro día. El fenómeno es entonces útil a nuestra inteligencia: traduce la conciencia de las cosas tristes del mundo... Testimonia una lucidez; crea una duda y preserva nuestra capacidad de cuestionamiento, nos permite incluso interrogar nuestras certezas sobre el sentido que queremos conceder a nuestra vida. En resumen, un momento de reequilibrio sutil y automático de nuestra vida interior. A continuación encontramos soluciones, explicaciones, actos, ilusiones que vuelven que nos impulsan a seguir adelante. Recuperamos nuestro bienestar y con él nuestra energía para vivir.

Sin embargo, a veces, esta pérdida del interés vital, esta *ageusia* existencial, a veces persiste, como una enfermedad. Puede ser la consecuencia de trastornos afectivos como la depresión, en cuyo caso se refuerza en un doble sentido: puesto que estoy deprimido no le encuentro sentido a mi vida, y como mi vida no tiene sentido, me deprimo...

Por el contrario, encontrar un sentido a la existencia es evidentemente un importante factor de protección en materia de trastornos psicológicos. Así, muchos artistas o creadores de genio han compensado sus desequilibrios y debilidades psíquicas mediante extraordinarios logros personales que confirieron un sentido a sus vidas capaz de evitar que se hundieran en la locura. Este mecanismo me parece más probable que la explicación de su genio *a partir de* su vulnerabilidad psíquica: más bien creo que la búsqueda de sentido que les permitió su genio les evitó lo peor (esto les ocurrió a tantos seres anónimos que pueblan los hospicios y los hospitales psiquiátricos). Al margen de ello, en la actualidad se han realizado muchos trabajos sobre la cuestión del sentido, que ya no se abandona a las religiones o la filosofía.[1]

Vivir lúcidamente es tratar de comprender el mundo que nos rodea e intentar responder a la pregunta «¿Por qué?». Es indagar en muchos aspectos:

- Ir más allá de la apariencia, de lo inmediato. ¿Qué es lo que realmente hay tras mis necesidades, mis motivaciones y mis sueños?
- Tratar de establecer una cohesión, una coherencia a través de todos los actos de la vida, es decir, conectar los elementos dispersos. ¿Mi vida sigue una lógica? ¿O bien no hago más que responder a exigencias u obedecer a mis impulsos, como una hoja al viento?
- Lograr una visión de estabilidad, tanto de los valores y las cosas como de la propia persona, a través de esa necesidad de coherencia que parece fundamental para el ser humano.[2] ¿Sigo siendo la misma persona conforme transcurre el tiempo? ¿Me he convertido en lo que quería ser?

La búsqueda de sentido nos incita a percibir el alcance universal de los actos y emociones. En nuestra pequeña historia, las dos hermanas comprenden oscuramente, en la puya que lanzan a su padre, que su relación es una relación de humanidad. El padre, que quiere enseñarles el respeto mutuo, quiere algo más que comprar su tranquilidad (¡Nada de gritos ni peleas!), también intenta que sus hijas sean humanas. El fuego que arde en la chimenea es la inteligencia del ser humano que ha cortado la madera e inventado la chimenea, y la riqueza de la naturaleza, y la voluntad de sobrevivir al frío, etc. Vértigo del sentido... Y también sensación de seguridad, de no ser completamente huérfanos en esta Tierra en el caso de que no exista Dios.

Sin embargo, la búsqueda y la atribución de sentido, como siempre, no debe ser sólo un concepto; únicamente nos ayudará si es objeto de una práctica: ¿cómo dar sentido a nuestra existencia a través de los actos de nuestra vida cotidiana?

CONFERIR SENTIDO A LOS GESTOS COTIDIANOS

Detener el curso de los pensamientos, rechazar cuanto nos distrae. Si aguardamos en una sala de espera, abandonar la lectura de nuestra revista, alejarnos de los pensamientos irritados por el retraso. Respirar y preguntarnos cómo habitar por completo ese instante. Prestar atención a nuestro cuerpo, sentarnos más cómodamente, respirar en profundidad, y sonreír, ¿por qué no? En resumen, hacer algo más "pleno" y esencial que sumirse en la información inútil contenida en las revistas, o enfadarse contra el médico o dentista que nos hace esperar. Advertir que estamos vivos. Que un ser humano competente en su oficio se ocupará de nosotros; utilizará su saber, transmitido por otros seres humanos, para curar a otro ser al que no conoce...

Preguntarse a menudo por el sentido de lo que hacemos o vivimos. El sentido o *los* sentidos. Aun cuando no los haya en apariencia, o sean mínimos... Para ello nos servirán las mismas actividades que evocamos en el capítulo anterior a propósito de la concentración en el instante, porque, para conferir un sentido a los muchos momentos de nuestra vida, en primer lugar hemos de centrar en ellos nuestra atención. Caminar por el bosque, fregar los platos, efectuar un trayecto o trabajo, ocuparse de otros seres humanos, esperar una cita.

Atención: aquí no estamos en el "tratamiento" directo de los problemas de la autoestima o en la lucha contra los pensamientos negativos relacionados con las enfermedades depresivas o ansiosas, etc. Es posible que, en ocasiones, atribuir un sentido a nuestro dolor sea terapéutico.[3] Pero indudablemente es necesaria la ayuda de un terapeuta. Si no es así, las actuaciones del tipo "otorgar un sentido al sufrimiento" podrían resultar ineficaces... U ocuparían su lugar en un sistema de creencias forjado hace mucho, como la religión: otorgar, o esperar, un sentido a nuestro dolor como medio para aliviarlo. En realidad, traemos a colación el *trabajo del sentido* como una fase de prevención: cuando no nos encontramos tan mal, ¿somos capaces de practicar con regularidad este tipo de reflexión para protegernos parcialmente de la sensación de vacío que amenaza siempre con instalarse en nuestra existencia? El movimiento mental hacia el sentido no es una necesidad permanente, pero sí a largo plazo. *No se puede otorgar sentido ininterrumpidamente: sería agotador y acaso inútil.* Pero es mejor si es frecuente, como un acto de higiene psíquica. Hace mucho que no somos paramecios, maquinalmente anclados a un mecanismo estímulo-respuesta. Cuidado también con no caer, por el contrario, en el "delirio del sentido", que consiste en buscar un sentido oculto detrás de todo azar, lapsus, enfermedad o acontecimiento de la vida cotidiana. Aquí no hablaremos de sentido *oculto*, sino de sentido *olvidado*. Como olvidamos que tras la palabra "buenos días" hay, en principio, el sincero deseo de que la persona a la que ofrecemos esa expresión tenga un buen día...

Otorgar sentido atañe a todos los gestos de la vida diaria, como comer, que podemos comprender fácilmente, o preparar la comida, que puede ser un placer o un engorro. La relación de los franceses con la comida intriga a los estadounidenses y apasiona a algunos de nuestros especialistas, que tratan por ejemplo de explicar la relativa ausencia (esto podría cambiar...) de problemas de obesidad y sobrepeso en Francia en comparación a Estados Unidos, cuando los franceses están mucho más interesados en la alimentación... Una de las hipótesis formulada por uno de estos investigadores[4] es que los franceses consideran la comida como un fin en sí mismo y comen más lentamente, en un ambiente relacional que tienden a convertir en agradable, etc. Es decir, que prestan más *atención* a todo lo que guarda relación con la comida y le dan un mayor *sentido*. De ahí deriva, quizá, una ventaja metabólica en esos manjares ingeridos con plena conciencia, o simplemente el hecho de que los franceses no se atiborran sino degustan.

A veces he hablado de esto con algunas de mis pacientes, madres de familia con la sensación de vivir una vida incompleta por haber renunciado a una carrera profesional para estar cerca de sus hijos. Su *autoestima como madres* no tenía tanto valor como la noción, socialmente dominante en la actualidad, de que la realización personal también pasa por un oficio. Pero del mismo modo olvidaban que criar a los hijos es cumplir con un trabajo de construcción tan interesante y socialmente útil como acudir al trabajo. ¿Por qué no miramos más a menudo, y con más atención, esa dimensión de nuestra existencia? En esas terapias, mi objetivo no es tranquilizar o mantener un determinado orden social predicando: «Vuestro lugar está en la familia, no os quejéis», sino ayudarles a apoyarse en su labor como madres a fin de fortalecer su confianza en su capacidad para emprender otras cosas en la vida, una vez que sus hijos sean mayores. Si entonces quieren volver a trabajar, ¿por qué su pasado de madres tendría que ser una rémora? La perspectiva sobre el *trabajo de los padres* debe ser del mismo orden: el tiempo que dedicamos a nuestros hijos no es un tiempo perdido, ni para ellos, evidentemente, ni para nosotros (nos enseñan), ni para la sociedad (le será útil disponer, como futuros ciudadanos, de niños queridos y educados). Pero estas tareas cotidianas son como nubes o cielos que no miramos ni admiramos porque entran en la normalidad diaria... «Contemplar nuestro mundo intensamente, con compasión, veneración y distancia es la sabiduría», decía en una entrevista la coreógrafa Carolyn Carlson; también hablaba de la "belleza ordinaria".[5]

MÁS ALLÁ DE LA AUTOESTIMA

Presencia en el instante, conciencia de estar vivo y actuar como un ser vivo, y, por ello, conexión con lo universal...

No sólo hay autoestima en la vida; asimismo hay cosas esenciales como la necesidad de sentir que tenemos un valor y un lugar en la comunidad humana. También la sensación de existir, con sus raíces a un tiempo animales y espirituales. Permanecer unido a esto es fundamental. Quizá incluso desarrolle y fortalezca una profunda autoestima...

La búsqueda de sentido completa la de la autoestima, así como la del bienestar y la felicidad.[6] Una vida plena de sentido, como la de los héroes, o una vida que vuelve decididamente la espalda a la autoestima, como la de los santos, puede no ser feliz o armoniosa. Pero sería una lástima que la vida feliz y armoniosa que facilita una buena autoestima careciera de sentido.

44. HUMILDAD:
¿HASTA QUÉ PUNTO SOLTAR LASTRE?

«El hombre humilde no se cree –o no se pretende–
inferior a los demás:
ha dejado de creerse –o desear ser– superior.»
André Comte-Sponville,
Diccionario filosófico

En un retiro junto a los benedictinos, un día encontré un libro curioso en la biblioteca del monasterio. He olvidado su título, era algo así como *Caminar hacia Dios*, pero no estoy del todo seguro. En cambio, no he olvidado a su autor: «Un monje cartujo».

¿No figuraba su nombre? Le doy vueltas al libro diciéndome que acabaré por encontrar alguna información sobre su autor. Pero no aparece nada. Entonces me asalta un ligero vértigo. Todo el mundo asegura que es modesto, pero nadie lo es realmente, ni hasta el final. Incluso serlo o mostrarnos modestos puede halagarnos, como apunta con ironía Jules Renard en su *Diario*: «Me enorgullezco de mi modestia…». Nadie o casi nadie está dispuesto a renunciar a las migajas de la autoestima. El monje que había escrito el libro había logrado distanciarse de esa gratificación social: poner su nombre en la cubierta del libro. En mi caso, que creo ser, quizá erróneamente, *más bien* modesto, confieso que nunca se me ha ocurrido publicar un libro en cuya tapa aparezca como única mención: «un psiquiatra», en el lugar que corresponde al nombre del autor.

Entonces me senté en la biblioteca desierta y silenciosa, con el libro entre las manos, y soñé con el gesto del monje cartujo (sin duda la orden religiosa que ha llevado más lejos las reglas de soledad y silencio). Imaginé que detrás de ese gesto no había ningún deseo de mortificación o castigo por un acto de orgullo en el pasado, sino una intención gozosa. Un acto fácil y sencillo, no cabe duda, para alguien que ha alcanzado un estado superior de sabiduría y renuncia. Y estoy seguro de que tras ese acto yace la expectativa maliciosa de que la ligera perturbación provocada en el lector le sea útil a este último. Las mejores lecciones son las que se predican con el ejemplo.

LA HUMILDAD
Y SUS VÍNCULOS CON LA AUTOESTIMA

«La humildad es la modestia del alma», decía Voltaire. El leve esfuerzo de la humildad, esa aceptación tranquila de los propios límites y carencias, no tiene que ver con el deseo de humillación pese a la proximidad etimológica de ambas palabras –ambas proceden del latín *humilis* (humilde, bajo, cercano al suelo), que a su vez deriva de *humus* (tierra).

Nada más alejado de una buena autoestima que el orgullo. En cambio, la humildad no sólo es favorable para una buena autoestima:[1] es su esencia misma.

Conduce a la libertad: permite no depender de la propia imagen o de las presiones competitivas, así como avanzar a cara descubierta sin querer presentar nuestro mejor perfil. Al limitar la tendencia al juicio, facilita la apertura a nuevas ideas, la receptividad al *feedback*, el interés por todo cuanto nos rodea. No implica desinterés o desprecio de uno mismo; preserva el interés hacia nuestra persona a un nivel relativamente bajo y silencioso, salvo cuando la situación exige lo contrario. También estimula la acción porque no nos impulsa a querer destacar y no teme el fracaso. Saint-Exupéry lo comprendió perfectamente: «Comprendo el sentido de la humildad. No implica un rebajamiento de uno mismo. Es el principio mismo de la acción».

Probablemente incentiva la espiritualidad,[2] que hemos dicho se puede entender como la aceptación y la búsqueda de un vínculo con lo que nos supera y se revela más grande que nuestro ser. Enfrontarse a ello, en el dominio de la naturaleza o la humanidad, es excelente para la autoestima...

También es un factor de relaciones sociales: la humildad puede ser vertical, como en la espiritualidad, pero también horizontal: nos abre entonces a la conciencia universal de la proximidad y fraternidad de todo ser humano con su prójimo, actual o pasado. Es el sentido que encierra el siguiente fragmento de Valéry: «Modestos son aquellos en quienes el sentimiento de ser hombres es superior al sentimiento de su invidivualidad. Están más atentos a su semejanza con los demás que a su diferencia y singularidad».

¿MODESTIAS FALSAS Y VERDADERAS?

«La modestia es adecuada para los grandes hombres. Lo difícil es no ser nada y ser modesto a pesar de ello», escribía Jules Renard en su *Diario*. Siempre han existido comportamientos abiertamente humildes que en realidad eran señal de oportunismo u ocultaban otros fines. Cuando en la corte real era de buen tono alardear de la propia fe, ciertos cortesanos mostraban ostensiblemente los atributos de la humildad, inspirando la pluma de ese feroz cronista de las vanidades humanas que fue La Rochefoucauld: «Aunque el orgullo se transforma de mil maneras, nunca se disfraza mejor y es más capaz de engañar que cuando se oculta bajo la apariencia de la humildad».

Nuestra época también aprecia la humildad, que se convierte en una posición. Recuerdo un artículo bastante divertido (creo que se trataba de una crónica del escritor Frédéric Beigbeder en la revista *Lire*) en el que un *dandy* parisino, habituado a la sociedad, explicaba que cuando alguien a quien no conocía lo escuchaba atentamente y se mostraba muy amable con él, se decía: este tipo ha de ser conocido para comportarse así, no es normal, pretende hacerme entrar en el juego de «soy sencillo y simpático a pesar del éxito», en medio de todas esas personalidades narcisistas propensas a ocuparse sólo de sí mismas, de su imagen y del efecto que causan en los demás... Esta falsa modestia de las estrellas es, ciertamente, efecto de la moda.[3] Pero al fin y al cabo, mejor esta moda que la de la arrogancia. «Arrodíllate y la fe vendrá», decía Pascal. ¿Tal vez esa fingida humildad inducirá estados de gracia en nuestros famosos de los platós televisivos? ¿Les hará descubrir la dicha de la humildad real?

Sin embargo, si la humildad se simula de esta manera es porque es un valor social moderno (e indudablemente eterno) y sinceramente apreciado: un estudio llevado a cabo en 127 estudiantes[4] mostró que no asociaban la humildad con la humillación, sino que tenían de ella una opinión muy positiva: cuando recordaban situaciones que asociaban a la humildad, a menudo pensaban en éxitos y no sólo en fracasos. Por el contrario, sólo la asociaban levemente a la capacidad de *leadership*. La opinión que tenían de la humildad era más favorable en los estudiantes con una alta autoestima, mientras que los más narcisistas la percibían negativamente.

PARA UNA PRÁCTICA DE LA HUMILDAD

Valiosa pantalla contra la arrogancia y la *hubris*, la humildad no es un don, no puede ser una mera declaración de intenciones, y requiere una reflexión y una práctica constantes; sin por ello renunciar a vivir en condiciones normales (si no, sólo los religiosos podrían aventurarse), sin rechazar nuestras necesidades y aspiraciones.

El estadounidense Bill Wilson, fundador de Alcohólicos Anónimos, comprendió la importancia de la humildad para curar esa adicción.[5] Entre los principios que los animan, AA. citan en primer lugar: «Hemos admitido nuestra impotencia ante el alcohol y que hemos perdido el control de nuestra vida». Esta lucidez en la aceptación de los propios límites y la necesidad de recibir ayuda representan una etapa capital para muchos pacientes con dificultades con el alcohol.

Pero también se puede proceder a *ejercicios de limpieza del ego* sin que sea necesario llegar a un punto de indefensión tan intenso como el del alcoholismo. No es tan malo *someter la autoestima a régimen* de vez en cuando. Hacer el bien sin alabarnos por ello y aprovechar para mejorar nuestra imagen. Escuchar las críticas que recibimos y antes de responder esperar a que terminen. No buscar los cumplidos y preguntarse simplemente: «¿Lo he hecho para que me celebren o porque había que hacerlo?». No comprar algo que nos disponíamos a adquirir, o comprarlo y regalarlo por la calle. Al final de su vida, una de mis abuelas volvía a regalar todo lo que le regalaban. Eso a veces molestaba a algunos miembros de la familia, pero de este modo el regalo era disfrutado al menos dos veces...

Esta práctica de la humildad a veces es fuente de malentendidos. Recuerdo haber asistido un día a un debate de Bernard Kouchner, un político, y Matthieu Ricard, monje budista, a propósito del compromiso humanitario. Mientras que Matthieu, en la tradición budista, celebraba la renuncia al ego, Kouchner se resistía, inquieto ante esa idea. Parece normal siendo político, pero creo que no hablaban de lo mismo, ni pretendían los mismos objetivos: uno aspiraba al autocontrol, el otro a la defensa de su ideal.[6]

Por último, en la práctica de la humildad no hay que olvidarse de seguir escuchando a los demás y permitir que nos hagan más humildes, como testimonia esta deliciosa crónica de la vida monástica:[7] «Théotime piensa siempre con cariño en el viejo Abba Léonidès, al que le gusta decir: «soy un burro, un tonto, un pobre hombre, un pecador, el último de todos" y que sonríe con ternura anulándose de esta manera. Porque hay algo que a Abba Lénonidès no le gusta en absoluto, y es que le hagan reproches o que le señalen un pequeño error o falta; se ruboriza y se enfada. Quiere trabajar sólo en su humildad».

No preocuparse del efecto que causamos

La virtud del olvido de sí mismos en los niños...

Esa belleza animal que procura la ausencia de inquietud –la ausencia de conciencia misma– hacia la propia imagen y la opinión que los demás se hacen de nosotros. Y cómo esa virtud suele desaparecer en la adolescencia, a veces incluso antes. Es triste observar a tantos niños en la actualidad, contaminados por la televisión y la publicidad, llenos de reclamos y melindres, contaminados por el enloquecido reflejo de la foto y el vídeo (¡ay!, esos sorprendentes padres que filman todos los momentos felices de su vida familiar...). Muchos son conscientes de su imagen y adoptan una pose: su naturalidad ha desaparecido. Peor aún, he aquí una futura autoesti-

ma que depende de la más irrisoria y tiránica de las contingencias materiales: la imagen...

«SOY UN PLATO DEL DÍA»

Esa "tranquilidad del yo" a la que aspiramos, sin que sea una
completa negación de uno mismo... Recuerdo haber leído un
día una entrevista a la actriz Mathilde Seignier, una joven
llena de vida, fuerza y sencillez.[8] En respuesta a una pregunta del periodista, hizo esta extraordinaria observación:
«¿Cuál es el método Seignier? Pfff... No lo hay. Se interpretan las situaciones. No hay un proceso mental ni intelectual
en mí. Soy animal. ¡Soy un plato del día!». Esta fórmula contiene todo lo que se puede decir de la humildad en la vida
diaria. Un plato del día está rico, es sencillo y sabroso, no es
pomposo (normalmente prefiero eso, ¿tú no?).
    Aceptar ser ordinario es extraordinario.

45. LA AUTOESTIMA,
EL SENTIDO DE LA VIDA
Y EL MIEDO A LA MUERTE

«Aun si camino por un barranco de sombra y muerte,
no temo ningún mal porque tú estás conmigo.»
La Biblia, Salmo 23

¿Qué somos sino vivos obsesionados con la muerte?

En su magnífica e inquietante novela *La muerte de Iván Ilich*, Tolstoi relata los últimos días de un hombre afectado por una enfermedad mortal (probablemente, un cáncer de estómago). Esos días padece espantosos dolores físicos, pero también un gran desasosiego moral: Ivan Ilitch morirá mal porque ha vivido mal. No ha *hecho* el mal, pues era un hombre justo y honrado, juez de profesión. Pero su vida no tuvo sentido, Ivan se limitó a hacer lo que la sociedad y sus allegados esperaban de él, vivir según las apariencias de lo conveniente y lo materialmente correcto. Todo se desgarra con la cercanía de la muerte. «Ya no es posible, no, ya no es posible seguir viviendo como he vivido hasta ahora y como todos vivimos», escribía Tolstoi como epígrafe de una de sus primeras versiones de la obra.[1] La lectura de *La muerte de Iván Ilich* nos sobrecoge aún hoy, como su escritura sobrecogió a Tolstoi, porque sitúa la muerte en el corazón de nuestras vidas. Y, junto a la muerte, el sentido de la vida, del que a veces nos ocupamos tan poco pues olvidamos nuestra muerte futura. Imposible. Todos los animales son mortales, pero el ser humano es el único que sabe que morirá, de ahí la importancia de nuestra relación con la muerte en todos los aspectos de nuestra vida psíquica. La autoestima no escapa a esta regla. Nada más lejos…

El temor a la muerte
aumenta la necesidad de la autoestima

Para ciertos teóricos, y especialmente según un importante número de trabajos de psicología experimental –más de ciento treinta el año en que escribo este libro:[2] no son estudios anecdóticos o aislados–, la aspiración a la autoestima sería un medio de rechazar nuestro temor a la muerte.

Cuando reforzamos la autoestima (ofreciendo, por ejemplo, *feedback* positivo tras un test de personalidad que el individuo acaba de realizar), baja transitoriamente el nivel de ansiedad global,[3] así como el miedo a la muerte.[4] A la inversa, cuando se aumenta la conciencia del carácter mortal del individuo en los voluntarios, por ejemplo, pidiéndoles que redacten un pequeño texto donde evoquen su propia muerte, aumenta de algún modo la "necesidad" de autoestima, como si esto les sirviera, oscuramente, para protegerse de la amenaza de la muerte… Así pues, enfrentarse a la idea de la propia desaparición provoca, según las personas y la disposición del entorno, múltiples reacciones en la vida cotidiana:

una mayor receptividad al *feedback* positivo[5] y una necesidad de cumplidos y mensajes tranquilizadores;
– un aumento del deseo de certidumbres sobre la propia

personalidad, una tendencia a mostrarse más autoritario y cortante en las afirmaciones y la defensa de las creencias;[6]
- un aumento de los comportamientos de riesgo, al menos en los ámbitos en los que se tiene una alta autoestima, como la conducción automovilística;[7]
- una estimulación de la necesidad de lujo y posesiones materiales;[8] el primero de estos estudios sobre la relación entre el miedo a la muerte y la apetencia de riquezas inspiró a sus autores este título cruel: «Quien muere con más juguetes ha ganado...»;
- un aumento del interés por el cuerpo, el sexo, la apariencia física,[9] sobre todo en aquellos en quienes todo esto representa una fuente de autoestima;
- un aumento de la generosidad y los comportamientos altruistas, aspectos de la inversión en autoestima que resultan mucho más interesantes para la sociedad que el *look* o el lujo. Humor surrealista (¿e involuntario?) de la minuciosidad del trabajo científico: en uno de estos estudios, que mostraba el incremento de la frecuencia de los comportamientos "prosociales" tras la activación del "sentimiento de mortalidad", el mensaje "eres mortal" se activaba más ante un establecimiento de pompas fúnebres que en lugares "mortalmente neutros".[10] El mortalmente neutro era menos productivo...

DEJAR DE TEMER A LA MUERTE

Vencer el miedo a la muerte mejora la autoestima y la hace más serena y menos defensiva.[11]

En psicoterapia es posible trabajar eficazmente el temor a

la muerte. Sin embargo, muchos terapeutas no exploran este camino, sin duda porque el propio Freud, por muchas razones, no lo exploró y habló poco de ello. Su influencia en la psicología y la psiquiatría del siglo XX ha sido tal que pocos terapeutas se atreven a construir y modelar teorías o estrategias de tratamiento para ayudar a afrontar el temor a la muerte.[12] Sin embargo, el problema es crucial; muchos pacientes son presa de esta angustia. La base es sencilla de comprender, aunque asumirla es dolorosa, al menos al principio: hay que afrontar suave y consistentemente el hecho de que todos los seres humanos mueren, y las "aplicaciones prácticas" de esta idea, es decir, la imagen de nuestra propia muerte y la de nuestros seres queridos, incluso aquellos que amamos por encima de todo. Se trata de incentivar la aceptación.

Vayamos hasta el final de nuestros temores relacionados con la autoestima, y quizá encontraremos la muerte: la evidente muerte social (rechazo, desprecio, abandono). A veces la muerte física (y acaso la intuición de que se puede morir de pena o vergüenza). *Aceptemos esos miedos y sus imágenes*. Saint-Exúpery decía lo siguiente: «La guerra no es la aceptación del riesgo. No es la aceptación del combate. En algunos momentos, para el combatiente, es pura y simplemente la aceptación de la muerte». Otra cita del extraño escritor que fue Louis-René Des Forêts: «No nos miremos envejecer en el espejo que nos tiende la muerte; tampoco la desafiemos con palabras elevadas; si es posible, acogerla en silencio, como un niño en su cuna sonríe a su madre».[13]

Las meditaciones sobre la muerte siempre han sido muy importantes en las diferentes religiones, así como en los sistemas filosóficos como el estoicismo. En su célebre *Manual*, Epicteto enseña así: «Que la muerte, el exilio y todo lo que te parezca espantoso esté presente en ti cada día; pero la muerte más que otra cosa». Y también: «Si abrazas a tu hijo o a tu mujer, repítete que es un ser humano lo que abrazas; si muere, no te perturbará».[14] ¿No perturbarnos si llega a suceder? Dejémoselo a Epícteto... No obstante, no vivir angustiados por anticipado ante la *posibilidad* de esas muertes es algo que está a nuestro alcance. ¿Cómo entrenarnos para ello? Hay un sencillo ejercicio, el más simple que quepa imaginar: si fuera a morir dentro de una semana, ¿qué sería más importante para mí? ¿A quién querría saludar y abrazar por última vez? ¿Qué lugares querría volver a ver? ¿Qué actividad emprendería? Hacer todo esto en el mes o en el año presente...

Así pues, pensar en la muerte cada día para no ser juguete de sus temores, especialmente cuando son tan implacables y esenciales como nuestra desaparición: el olvido y el rechazo no aportan nada bueno en este campo. En cambio, cuando superamos esos temores, o los hemos socavado y ocupan el lugar que les corresponde, obtenemos muchos beneficios, como testimonian muchas personas que han escapado a una enfermedad mortal. La experiencia de la enfermedad, si se ha vivido profundamente e inmersos en la aceptación, nos conciencia de que la existencia no es sino un aplazamiento permanente que hay que vivir con plenitud. En muchas personas esto basta para inducir una insospechad inteligencia vital.[15] «Estoy preparada para morir», cuenta Lydie Violet, autora de un libro hermoso y sincero sobre su actitud ante su enfermedad, un tumor cerebral.[16] «El seguro, el testamento, ya está hecho. Está claro, es sencillo, no es nada. Desde que estoy enferma, vivo de acuerdo conmigo misma. Ya no paso la vida preparando mi muerte. Eso está arreglado. Ya no pienso en muchos años, simplemente vivo.»[17]

¿PUEDE LA AUTOESTIMA
DISMINUIR EL TEMOR A LA MUERTE?

Existe otra solución en relación a ese miedo: la creencia en una vida después de la muerte. También aquí, procediendo a diversas manipulaciones experimentales (obligar a los voluntarios a leer artículos convincentes sobre la existencia o inexistencia de una vida después de la muerte), podemos aumentar o disminuir la necesidad de autoestima.[18] Por el contrario, señalemos que otras inversiones tanato-ansiolíticas (*thanatos*: muerte) son más inestables, como demuestran ciertos estudios. Esto ocurre en la participación en grupos de hinchas deportivos, como los de un club de fútbol danés,[19] en cuyos integrantes aumentaba el apego al equipo si previamente les hacían pensar en su propia muerte; pero cuando los resultados del equipo de fútbol eran malos, el apego éste caía en picado y se trasladaba al equipo... de baloncesto.

La autoestima capaz de ejercer un efecto regulador global sobre el control de la ansiedad, y especialmente la relacionada con el miedo a la muerte y a la enfermedad,[20] puede revestir cualquier naturaleza. Para que ese efecto protector sea poderoso y duradero, probablemente hace falta que la autoestima en cuestión no sólo sea elevada, sino también estable y serena. Una autoestima demasiado vulnerable y defensiva, aunque elevada, no desempeñará esa función; tan sólo nos permitirá trucos y desviaciones ante nuestros temores a la vida y a la muerte.

Sin embargo, como hemos visto, una autoestima pacientemente cultivada y desarrollada en las diferentes direcciones que hemos evocado, no está tan lejos de una espiritualidad sin Dios (lo que, por otro lado, no impide profesar creencias religiosas...). Desde hace muchos años se ha estudiado la espiritualidad, tanto laica como religiosa, como vector de salud psíquica.[21] Sin duda puede definirse mejor por el deseo, o más bien la necesidad, de enfrentarnos a algo que nos supera: el absoluto, el infinito, el sentido o sinsentido de la existencia, de la vida y de la muerte, el tiempo, la eternidad... y la posibilidad de Dios. La práctica constante de la autoestima puede conducirnos así a los caminos de la espiritualidad en su práctica cotidiana: «La vida espiritual es una actitud mental de cada instante».[22]

André Comte-Sponville, ateo, lo explica claramente: «¿Una espiritualidad sin Dios? Será más bien una espiritualidad de la inmanencia y no de la trascendencia, de la meditación y no de la oración».[23] La inmanencia: presencia de todo en todas las cosas, donde la trascendencia supone una elevación.

Como la autoestima, que hay que alcanzar y olvidar a través de todo cuanto nos rodea en la vida cotidiana... *El enfoque sereno de la autoestima es, en cierto sentido, una búsqueda espiritual, es decir, que atañe a nuestra alma.* Su actualización (la autoestima se debilita o marchita en la repetición y el estereotipo) también es una zetética tranquila, del griego *zetetikos*, "que ama la búsqueda". Por esta razón, la autoestima es un proceso permanente y apasionante.

46. EL VIEJO SEÑOR ÁRABE
Y LA TELEVISIÓN

Mi querido amigo Étienne...

Cristiano carismático que pone en práctica, sin ostentación, los preceptos de su fe. Hace algunos años, destrozado por la muerte de su madre (había perdido a su padre a edad temprana) tomó la decisión de ayudar en una unidad de cuidados paliativos. Le agrada la idea de acompañar a los seres humanos a las puertas de la muerte. Conoce de memoria (como yo) todas las canciones de George Brassens sobre la muerte, los enterradores, sepultureros, etc. A menudo piensa en la muerte, el más allá, la eternidad, la resurrección, la vida eterna, etc. Mi amigo Étienne piensa en ello con serenidad porque posee la fe, una fe de carbonero, robusta e inquebrantable.

¿Y su autoestima? No conozco una más sólida y que funcione tan bien. Étienne nunca eleva el tono de su voz, pero todo el mundo lo escucha. No parece esforzarse en su trabajo, pero todo lo que hace es apropiado en la mayoría de las ocasiones. Si algo falla, se burla de sí mismo con una sonrisa sincera, entrecerrando los ojos. Se ríe porque sí, no para fingir o jugar a los filósofos o a los buenos perdedores. Se burla de la pose. Nunca le he visto adoptar ninguna. Es el mismo con todo el mundo y en toda circunstancia. Su voz no cambia; su mirada y sus gestos son idénticos. En resumen: en sus fracasos, una vez superada la decepción, se divierte de verdad. Creo que disfruta la lección: no apegarse mucho al éxito. La degusta, la paladea. Le encuentra un buen sabor una vez pasada la mínima amargura inicial del automatismo de la decepción. Su buena autoestima convierte a Étienne en una criatura extraña y única. Es un hombre profundamente amable, pero también muy sincero; puede decir barbaridades sin matizarlas únicamente porque está convencido de que son ciertas y cree que sólo la verdad puede ayudarnos. Así pues, hay personas que al principio se sienten molestas. Pero, si se mantiene la relación, todo el mundo lo quiere. Es así. Queremos a alguien sincero y amable aunque a veces nos irrite.

A menudo discuto de psicología con Étienne. Hemos hablado de la autoestima durante la redacción de este libro. Le preguntaba por *su* autoestima, cosa que no le gusta, aunque se esfuerza porque somos amigos. Étienne no habla mucho de sí mismo, prefiere contar su fascinación por la *kenosis*, del griego *kenoo*: vaciar, extenuar, reducir a la nada... La *kenosis* es el descenso de Cristo, que abandona su condición divina para revestir una condición humana y vivirla hasta sus últimas consecuencias. Étienne cree que la *kenosis* es más interesante que la autoestima. Yo creo que es uno de sus resultados. Hablamos de esto de vez en cuando, cuando tenemos tiempo para vernos.

Pues bien, Étienne se apuntó como voluntario en un centro de cuidados paliativos. Siguió una formación muy amplia, con mucha psicología, que no le gusta nada (no ha leído ninguno de mis libros, que le he regalado). Entonces empezó. Acude una vez a la semana al servicio que le han encomendado. Las enfermeras le facilitan el nombre de uno o dos enfermos terminales de esa unidad especializada. Étienne llama a su puerta para proponer ayudarlos, escucharlos y darles un poco de calor humano. A veces lo reciben mal, lo que es comprensible: no siempre queremos hablar con un desconocido en ese momento de la vida. A veces lo reciben bien, es decir, lo reciben. Le permiten entrar, responden a sus preguntas, escuchan amablemente su presentación: «Soy Étienne, soy voluntario, si está de acuerdo vendré a verlo cada semana, pero no está obligado a recibirme ni hablar conmigo, etc.».

Étienne se había formado una idea equivocada de esta actividad antes de empezar. Como hacemos siempre, la había idealizado. Había imaginado grandes debates sobre el sentido de la vida y la muerte. Lágrimas y emoción, como en el cine o en los libros. No es que le guste especialmente esto; tan sólo se lo había imaginado así. Tal vez inconscientemente, ser un *voluntario en un servicio de cuidados paliativos* confería más valor a su persona. No lo necesitaba porque su autoestima es buena. Sin embargo, hacer el bien es bueno para el ego, aunque no lo hagamos *por* eso.

Poco a poco, Étienne comprendió que su papel no consistiría en hablar de la vida y la muerte. En un servicio de cuidados paliativos, el enfermo rara vez desea hablar de eso. Además, hay psicólogos en esos servicios, y las amables y geniales enfermeras. También la familia (desgraciadamente, no siempre es así). En cambio, hay televisión en casi todas las habitaciones. Y cuando el paciente pasa los días en una cama de hospital y sabe cómo acabará la historia (la suya al menos), ve mucha televisión. Incluso cuando se está muy cansado o embotado por la enfermedad, la metástasis o la morfina que evita el sufrimiento, se puede ver la televisión. La mayor parte del tiempo. La ventaja es que esta actividad no exige ninguna energía mental ni de otro tipo. Y además, a veces podemos dormir, es indiferente que hagan uno u otro programa.

Así pues, Étienne pasaba la mayor parte del tiempo viendo la televisión con los enfermos, o acompañándolos mientras dormían. Al cabo de un rato se iba de puntillas. A veces se despertaban y le pedían que no se fuera: «No, no, quédese, por favor». Otros se despertaban y no pedían nada o seguían durmiendo. Étienne lo asumía bastante bien, y lo hacía con el corazón. Así ocurre en las personas con una buena autoestima. A veces se equivocaba: «A veces me olvido de su estado y me voy muy deprisa porque el paciente me aburre; otras me quedo más de lo debido, porque me interesa, y acabo cansándolo. Todo esto me ayuda a progresar y lo debatimos en las reuniones de voluntarios. También miro hacia arriba: me digo que Dios me quiere como soy. Si fuera mejor le divertiría menos...». A pesar de todo, Étienne se plantea muchas preguntas, y en alguna ocasión me ha confesado su decepción por esta actividad. A veces le asaltan pensamientos del tipo: «¿Qué hago allí, en esas habitaciones con la calefacción alta, con esas personas a las que quizá no aporto nada, cuando tengo tantas otras cosas que hacer...?»). Pero, como ha decidido ser voluntario, persevera. Y seguirá muchos años, para no permanecer al margen de esta situación, para formar parte de ese universo crepuscular del paso de la vida a la muerte.

Un día Étienne fue tocado por la gracia en la habitación de un viejo señor árabe que no tenía familia. Llevaba allí muchas semanas, lo que es extraño en ese tipo de unidades. Normalmente, los cuidados paliativos... Étienne le había cogido cariño al anciano. En las primeras visitas habían hablado mucho. Su cáncer empeoraba lentamente pese a las visitas de Étienne. Llegó un momento en que ya no pudo hablar, pero le alegraba la presencia de mi amigo; se veía en su mirada. Una noche, la televisión emitía un partido de fútbol. El anciano casi no podía mirarla, cerraba los ojos y le costaba respirar, pero cuando mi amigo quiso apagar el aparato, el enfermo negó con la cabeza y le hizo una señal para que se sentara a su lado, al borde de la cama. Le tendió la mano y se durmió. Étienne nunca había sido tan feliz, ni se había sentido tan orgulloso de sí mismo (detestaba enorgullecerse). Nunca había sentido que ocupaba su lugar como ser humano. En la habitación del anciano árabe que lo miraba por última vez y cuya mano sostenía, mirando un partido de fútbol en un televisor con el volumen (el anciano apenas escuchaba) demasiado alto.

CONCLUSIÓN

Pensamientos de Marco Aurelio, libro décimo, entre 170 y 180 después de Cristo.[1]

«¿Serás algún día, alma mía, buena, sencilla, única, desnuda, más patente que el cuerpo que te circunda? ¿Probarás algún día la disposición que te incita a amar y querer? ¿Serás algún día colmada, te hallarás sin necesidades, sin echar nada de menos, sin ambicionar nada, ni animado ni inanimado, para disfrute de tus placeres, sin desear siquiera un plazo de tiempo en el transcurso del cual prolongues tu diversión, ni tampoco un lugar, una región, un aire más apacible, ni una buena armonía entre los hombres? ¿Te conformarás con tu presente disposición, estarás satisfecha con todas tus circunstancias presentes, te convencerás a ti misma de que todo te va bien?»

Lo intentamos, Marco Aurelio, lo intentamos…

Prometemos hacer cuanto podamos.

Descansa en paz.

RECOMENDACIONES DE LECTURA

Obras fundamentales
PARA PROFESIONALES O LECTORES EXPERTOS

Baumeister R.F. (comp.), *Self-esteem: the puzzle of low self-regard*. Nueva York: Plenum Press, 1993.

Bolognini M., Prêteur Y. *Estime de soi, perspectives développementales*. Lausanne: Dalachaux et Niestlé, 1998.

Burns D.D. *Ten days to self-esteem*. Nueva York: Harper Collins, 1999. [Versión en castellano: *Autoestima en diez días*. Barcelona: Paidós Ibérica, 2004.]

Carlock C.J. (comp.). *Enhancing self-esteem*. Filadelfia: Taylor & Francis, 1999.

Fennell M.J.V. *Overcoming low self-esteem*. Londres: Constable & Robinson, 1999.

Hadot P. *Exercices spirituels et philosophie antique*. París: Albin Michel, 2002. [Versión en castellano: *Ejercicios espirituales y filosofía antigua*. Madrid: Siruela, 2006.]

Kernis M.H. (comp.). *Efficacy, agency, and self-esteem*. Nueva York: Plenum Press, 1995.

Leary M.R., Tangey J.P. (comps.). *Handbook of self and identity*. Nueva York: Guilford, 2003.

Owens T.J., Stryker S., Goodman N. (comps.). *Extending self-esteem theory and research. Sociological and psychological currents*. Cambridge: Cambridge University Press, 2001.

Para saber más, PARA TODOS LOS PÚBLICOS

Autoestima

André C., Lelord F. *L'Estime de soi*. París: Odile Jacob, 1999. [Versión en castellano: *La autoestima*. Barcelona: Kairós, 2000.]

Bensaid C. *Aime-toi, la vie t'aimera*. París: Laffont, 1992.

Branden N. *Les Six Clés de la confiance en soi*. París: J'ai lu, 1995. [Versión en castellano: *Los seis pilares de la autoestima*. Barcelona: Paidós Ibérica, 1998.]

Monbourquette J. *De l'estime de soi à l'estime du soi. De la psychologie à la spiritualité*. Montreal: Novalis, 2000. [Versión en castellano: *De la autoestima a la estima del yo profundo*. Santander: Sal Terrae, 2005.]

Autoestima en los niños

Duclos G. *L'Estime de soi, un passeport pour la vie*. Montreal: Éditions de l'hôpital Sainte-Justine, 2004.

Pickhardt C. *Développez l'estime de soi de votre enfant*. Montreal: Éditions de l'homme, 2001.

Auto-afirmación

Fanget, F. *Oser. Thérapie de la confiance en soi*. París: Odile Jacob, 2003.

Cungi C. *Savoir s'affirmer*. París: Retz, 2001 (3ª edición). [Versión en castellano: *Saber afirmarse*. Bilbao: Mensajero, 1999.]

Nazare-Aga, I. *Approcher les autres, est-ce difficile?* Montreal: Éditions de l'Homme, 2004.

Pasini, W. *Être sûr de soi*. París: Odile Jacob, 2002.

Meditación

Castermane J. *La Sagesse exercée*. París: La Table Ronde, 2005.

Kabat-Zin J. *Où tu vas, tu es*. París: Lattès, 1996.

Tich Nhat Hanh. *Soyez libres là où vous êtes*. Saint Jean de Braye: Dangles, 2003.

Aceptación

Comte-Sponville A. *De l'autre côté du désespoir*. París: L'Originel, 1997.

Prakash S. *L'Expérience de l'unité. Dialogues avec Swami Prajnanpad*. París: L'Originel, 1986.

Ricard M. *Plaidoyer pour le bonheur*. París: Nil Éditions, 2003. [Versión en castellano: *En defensa de la felicidad*. Barcelona: Urano, 2005.]

Lucha contra las influencias sociales perniciosas

Amadieu J.-F. *Le Poids des apparences*. París: Odile Jacob, 2002.

Huston N. *Professeurs de desespoir*. Arles: Actes Sud, 2004.

Klein N. *No logo*. Arles: Actes Sud, 2001. [Versión en castellano: *No logo: El poder de las marcas*. Barcelona: Paidós Ibérica, 2002.]

Estatus social y la mirada de los otros
De Botton A. *Du statut social*. París: Mercure de France, 2004. ... [Versión
    en castellano: *Ansiedad por el estatus*. Madrid: Taurus, 2004.]
Cannone B. *Le Sentiment d'imposture*. París: Calmann-Lévy, 2005.

NOTAS BIBLIOGRÁFICAS

Introducción
1. Renard J. *Journal 1887-1910*. París: Gallimard, «La Pléiade», 1965. [Versión en castellano: *Diario 1887-1910*. Barcelona: Mondadori, 1998.]
2. James W. *Précis de psychologie*. París: Les Empêcheurs de penser en rond, 2003. [Versión en castellano: *Compendio de psicología*. Madrid: Daniel Jorro, 1916.]

¿Cómo te encuentras?
1. US News and World-Report (31 de marzo de 1997, pág. 18), «Oprah: a heavenly body? Survey finds a talk-shaw host a celestial shoo-in», citado por Myers D. G., *Psychologie*. París: Flammarion, 2004 (séptima edición). [Versión en castellano: *Psicología*. Madrid: Médica Panamericana, 1994.]
2. Codol J. P. «On the so-called "superiority conformity on the self" behavior: twenty experimental investigations.» *European Journal of Social Psychology*, 1975, 5: 457-501.
3. Crocker J. «Contengencies of self-worth: implications for self-regulation and psychological vulnerability.» *Self and identity*, 2002, 1: 143-149.
4. Síntesis de los trabajos recientes en este sentido en: DeAngelis T. «Why we overestimate our competence.» *Monitor on Psychology*, 2003, 34(2): 60-62.
5. Taylor S.E., Armor D.A. «Positive illusions and coping with adversity.» *Journal of Personality*, 1996, 64: 873-898.
6. Epley N., Dunning D. «Feeling "Holier than thou": are self-serving assessments produced by errors in self or social predictions?». *Journal of Personality and Social Psychology*, 2000, 79: 861-875.
7. Krueger J. «The "below average effect" and the egocentric nature of comparative ability judgements.» *Journal of Personality and Social Psychology*, 1999, 77: 221-232.

8. Roberts J.E., Gotlib I.H. «Temporal variability in global self-esteem and specific self-evaluations as prospective predictors of emotional distress: specificity in predictors and outcome.» *Journal of Abnormal Psychology,* 1997, 106: 521-529.

9. Roberts J.E., Kassel J.D. «Labile self-esteem, life stress, and depressive symptoms: prospective data testing a model of vulnerability.» *Cognitive Therapy and Research*, 1997, 21: 569-589.

10. Twenge J.M. «The age of anxiety? Birth cohort change in anxiety and neuroticism, 1952-1993.» *Journal of Personality and Social Psychology*, 2000, 79: 1.007-1.021.

11. Caughlin J.P. y Malis R.S. «Demand/withdraw communication between parents and adolescents: connections with self-steem and substance use.» *Journal of Social and Personal Relationship*, 2004, 21: 125-148. Véase también: Guillon M.S. *et al.*, «The relationship between self-esteem and psychiatric disorders in adolescents.» *European Psyquiatry*, 2003, 18: 59-62.

12. Eiber R. *et al.* «Estime de soi: étude comparative entre patientes avec troubles des conduites alimentaires et phobiques sociaux.» *L'Encéphale*, 2003, 29: 35-41. Véase también: Fossati M. *et al.* «Thérapie cognitive en groupe de l'estime de soi chez des patientes obèses.» *Journal de Thérapie cognitive et comportementale*, 2004, 14, 29-34.

13. Véase a este respecto Ehrenbeg A. *Le Culte de la performance*. París: Cammann-Lévy, 1991. También Amadieu J.-F. *Le Poids des apparences*. París: Odile Jacob, 2002.

14. Ehrenberg A. *La Fatigue d'être soi*. París: Odile Jacob, 1998. [Versión en castellano: *La fatiga de ser uno mismo*. Buenos Aires: Nueva Visión, 2000.]

2. Lo esencial de la autoestima

1. Este "sentido del otro" es la empatía. Véase especialmente la síntesis de los trabajos de investigación sobre este tema dirigidos por Alain Berthoz y Gérard Jorland: *L'Empathie*. París: Odile Jacob, 2004.

2. Kaufman J.-C. *L'Invention de soi. Une théorie de l'identité*. París: Armand Collin, 2004.

3. ¿Qué es una buena autoestima?

1. André C. «L'estime de soi au quotidien.» *Sciences humaines*, 2002, n° 131, págs. 34-39.

2. Paradis A.W., Kernis M.H. «Self-esteem and psychological well-being: implications of fragile self-esteem.» *Journal of Social and Clinical Psychology*, 2002, 21, págs. 345-361.

3. Crocker *et al.* «Contingences of self-worth in college students: theory and measurement.» *Journal of Personality and Social Psychology*, 2003, 85, págs. 894-908.

4. Crocker J. «The cost of seeking self-steem.» *Journal of Social Issues*, 2002, 58, págs. 597-615.

5. Metalsky G. *et al.* «Depressive reactions to failure in a naturalistic setting: a test of the hopelessness and self-esteem theories of depression.» *Journal of Abnormal Psychology*, 1993, 102(1), págs. 101-109.

6. Sedikides C. *et al.* «Are normal narcissists psychologically healthy?: self-esteem matters.» *Journal of Personality and Social Psychology*, 2004, 87 (3): págs. 400-416.

7. Taylor S.E. *et al.* «Are self-enhancing cognitions associated with healthy or unhealthy biological profiles?» *Journal of Personality and Social Psychology*, 2003, 85: págs. 605-615.

4. Los defectos de la autoestima

1. Wood J.V. *et al.* «Snatching defeat from the jaws of victory: self-esteem differences in the experience and anticipation of success.» *Journal of Personality and Social Psychology*, 2005, 89 (5), págs. 764-780.

2. Heimpel S.A. *et al.* «Do people with low self-esteem really want to feel better? Self-esteem differences in motivation to repair negative moods.» *Journal of Personality and Social Psychology*, 2002, 82, págs. 128-147.

5. La autoestima vulnerable: baja y cambiante

1. Jordan D. *et al.* «Secure and defensive high self-esteem.» *Journal of Personality and Social Psychology*, 2003, 85, págs. 969-978.

6. El desarrollo constante de la autoestima

1. Fennell M.J.V. *Overcoming low self-esteem*. Londres: Constable and Robinson, 1999.

2. Carlock C.J. (ed.). *Enhancing self-esteem*. Filadelfia: Taylor and Francis, 1999 (3ª edición).

3. Respecto a las cuestiones del determinismo psicológico, véase el capítulo «Faut-il croire au déterminisme psychologique?», en Kagan J. *Des idées reçues en psychologie*. París: Odile Jacob, 2000.
4. Como en *De repente el último verano*, de Joseph Mankiewicz (1959), o *La casa del doctor Edwards*, de Alfred Hitchcock (1945).
5. Gabbard G.O., Gabbard K. *Psychiatry and the Cinema*. Washington: American Psychiatric Association, 1999 (2ª edición).

7. La autoestima comienza por la aceptación de uno mismo

1. Comte-Sponville A. *De l'autre côté du désespoir*. París: L'Originel, 1997.
2. Nietzsche F. *Fragments posthumes*. París: Gallimard, 1997.
3. Swami Prajnanpad, citado por André Comte-Sponville, *op. cit.*
4. Eurípides, citado por Marco Aurelio en sus *Pensamientos* (VII, XXXVIII).
5. Citado por Matthieu Ricard: *Plaidoyer pour le bonheur*. París: Nil Éditions, 2003. [Versión en castellano: *En defensa de la felicidad*. Barcelona: Urano, 2005.]
6. James W., *op. cit.*
7. Hayes S.C. *et al. Acceptance and commitment therapy. An experiential approach to behavior change*. Nueva York: Guilford, 1999.
8. Orsillo S. M. *et al.* «Acceptance, mindfulness and cognitive-behavioral therapy: comparisons, contrasts and applications to anxiety», en S.C. Hayes *et al.* (eds.). *Mindfulness and Acceptance*. Nueva York: Guildford, 2004, págs. 66-95.
9. Morgan S.P. «Depression: turning toward life», en Germer CK *et al.*, (eds.). *Mindfullness and Psychotherapy*. Nueva York: Guilford, 2005, págs. 130-151.
10. Marlat G.A. *et al.* «Vipassana meditation as a treatment for alcohol and drugs use disorders», en S.C. Hayes *et al.* (eds.). *Mindfulness and Acceptance*. Nueva York. Guilford, 2004, págs 261-287.
11. Véase especialmente el capítulo «Control is the problem, not the solution», en Hayes S.C. *et al. Acceptance and commitment therapy*. Nueva York: Guilford, 1999, págs. 115-147.
12. Hadot P. *La Citadelle intérieure*. París: Fayard, 1992.
13. Marc Aurèle. *Pensées pour moi-même*. París: Garnier, 1964. [Versión en castellano: *Meditaciones*. Madrid: Gredos, 1994.]

9. Práctica de la aceptación de uno mismo

1. Purdon C., Clark D. A. «Suppression of obsession-like thoughts in non-clinical individuals: impact on thought frecuency, appraisal and mood state.» *Behaviour Research and Therapy*, 2001, 39, págs. 1.163-1.181.

2. Nystul M.S., Garde M. «The self-concept of regular transcendental meditators, dropout meditators and non-meditators.» *Journal of Psychology*, 1979, 103, págs 15-18.

3. Marcks B.A. *et al.* «A comparison of thought supresión to an acceptance-based technique in the management of personal intrusive thoughts: a controlled evaluation.» *Behavior Research and Therapy*, 2004, 43, págs. 433-445.

4. Watkins E. «Adaptative and maladaptative ruminative self-focus during emotional processing.» *Behaviour Research and Therapy*, 2004, 42, págs. 1.037-1.052.

5. McCracken L.M. *et al.* «Acceptance-based treatment for persons with complex, long standing chronic pain: a preliminary analysis of treatment outcome in comparison to a waiting phase.» *Behaviour Research and Therapy*, 2005, 43, págs. 1.335-1.346.

10. No juzgarse

1. Fanget F. *Oser. Thérapie de la confiance en soi*. París: Odile Jacob, 2003.

2. Dunkley D.M *et al.* «Self-critical perfectionism and daily affect: dispositional and situational influences on daily affect.» *Journal of Personality and Social Psychology*, 2003, 84, págs. 234-252.

3. Josephs R.A. *et al.* «Self-esteem maintenance and mindfulness.» *Behaviour Research and Therapy*, 2004, 42, págs. 1.053-1067.

4. Fennel M.J.V «Depresión, low self-esteemand minfulness.» *Behaviour Research and Therapy*, 2004, 42, págs. 1.053-1.065.

5. Gross J.J., John O.P. «Individual differences in two emotions regulation processes: implications for affect, relationship, and well-being.» *Journal of Personality and Social Psychology*, 2003, 85, págs. 348-362.

6. Fennell M.J.V. *Overcoming low self-esteem: a self-guide using cognitive behavioral techniques*, op. cit.

7. Dutton K.A., Brown J.D. «Global self-esteem and specific self-views as determinants of people's reactions to success and failure.» *Journal of Personality and Social Psychology*, 1997, 73, págs. 139-148.

8.   Ehrlinger J., Dunning D. «How chronic self-views influence (and potentially mislead) estimates of performance.» *Journal of Personality and Social Psychology*, 2003, 84, págs. 5-17.

9.   Seibt B., Förster J. «Stereotype treta and performance: how self-stereotypes influence porcessing by inducing regulatory foci.» *Journal of Personality and Social Psychology*, 2004, 87, págs. 38-56.

10. Savitsky K. *et al.* «Do others judge as harshly as we think? Overestimating the impact of our failures, shortcomings, and mishaps.» *Journal of Personality and Social Psychology*, 2001, 81, págs. 44-56.

11. Hablarse

1.   San Agustín. *Les Confessions*. París: Garnier, 1964. [Versión en castellano: *Confesiones*. Madrid: Alianza Editorial, 1999.]

2.   San Ignacio de Loyola. *Exercices spirituels*. París: Senil, 1982. [Versión francesa del original castellano: *Los ejercicios espirituales*. Santander: Sal Terrae, 2004.]

3.   Besançon G. *L'Écriture de soi*. París: Senil, 1982.

4.   Pennebaker J.W. *Writing to heal: A guided journal for recovering from Trauma and Emocional upheaval*. Oakland: New Harbinger, 2004.

5.   Lepore S.J., Smyth J.M. *The Writing Cure: how expressive writing promotes health and Emotional upheaval*. Oakland: New Harbinger, 2004.

6.   «Les Ecritures du Moi, de l'autobiographie à l'autofiction.» *Le Magazine littéraire*, mayo de 2002, n° 409.

7.   Coué É. *La Maîtrise de soi-même par l'autosuggestion consciente*. París: Renaudot, 1989.

8.   Dijksterhuis A. «I like myself but I don't know why: enhancing self-esteem by subliminal evaluative conditioning.» *Journal of Personality and Social Psychology*, 2004, 86; págs. 345-355.

9.   Extracto del 21 de diciembre de 1860, relatado por Besançon, *op. cit.*

12. No violencia hacia uno mismo: ¡deja de hacerte daño!

1.   Citado por Myers, *op. cit.*, pág. 329.

13. Luchar contra los complejos

1. Sondeo realizado en abril de 2003 en 1.000 personas representativas de la población mayor de 18 años, en *Psychologies Magazine*, nº 220, junio de 2003, págs 100-104.
2. Jonson F., Wardle J. «Dietary, body dissatisfaction and psychological distress: a prospective análisis.» *Journal of Abnormal Psychology*, 2005, 114, págs. 119-125.
3. Tignol J. *Les Défauts imaginaires*. París: Odile Jacob, 2006.
4. Cansen A. *et al.* «Selective visual attention for ugly and beautiful body parts in eating disorders.» *Behaviour Research and Therapy*, 2005, 43, págs. 183-196.
5. Sarwer D.B. *et al.* «A prospective, multi-site investigation of patient satisfaction and psychological status following cosmetic surgery.» *Aesthetic Surgery Journal*, 2005, 25, págs. 263-269.
6. Dittman M. «Plastic surgery: beauty or beast?» *Monitor on Psychology*, 2005, 36, págs. 30-32.

14. Proteger la autoestima de influencias nocivas, de la publicidad y las presiones sociales

1. Amadieu J.-F. *Le Poids des apparences*, *op. cit.*
2. Citado por Myers, *op. cit.*, pág. 730.
3. Duval T.S., Silvia P. «Self-awareness, probability of improvement and the self-serving bias.» *Journal of Personality and Social Psychology*, 2002, 82, págs. 49-61.
4. Pope H.G. *et al.* «Body image perception among men in three countries.» *American Journal of Psychiatry*, 2000, 157, págs. 1.291-1.296.
5. Olivardia R. *et al.* «Muscle dysmorphia in male weightlifters: a case-control study.» *American Journal of Psychiatry*, 2000, 157, págs. 1.291-1.296.
6. Lorenzall L. A. *et al.* «Exposure to muscular male models decreases mens body satisfaction.» *Sex Roles*, 2004, 51, págs. 743-748.
7. De Botton A. *Du statut social*. París: Mercure de France, 2005. El título inglés de la obra original se acerca más al tema del libro: *Status anxiety*, «L'anxiété liée au statut social». [Versión en castellano: *Ansiedad por el estatus*. Madrid: Taurus, 2004.]
8. Patrick H. *et al.* «Appearance-related social comparisons: The role of contingent self-esteem and self-perceptions of attractiveness.» *Personality and Social Psychology Bulletin*, 2004, 30, págs. 501-514.

9. Cash T. *et al.* «"Mirror, mirror on the wall..." Contrast effects and self-evaluations of physical attractiveness.» *Personality and Social Psychology Bulletin*, 1983, 9, págs. 351-358.

10. Stapel D.A., Blanton H. «From seeing to being: subliminal social comparisons affect implicit and explicit self-evaluations.» *Journal of Personality and Social Psychology*, 2004, 87, págs. 468-481.

11. Guéguen N. *100 Petites Expériences en psychologie du consommateur*. París: Dunod, 2005.

12. Véase por ejemplo el dossier «Comment on vous manipule», en *Science et Vie Junior*, n° 170, noviembre de 2003, págs. 36-72.

15. Escucharse, respetarse y afirmarse

1. André C., Légeron P. *La Peur des autres. Trac, timidité et phobie sociale*. París: Odile Jacob, 2000, 3ª edición. [Versión en castellano: *El miedo a los demás: miedo escénico, timidez y fobia social*. Bilbao: Mensajero, 1998.]

2. Wilson K., Gallois C. *Assertion and its social context*. Oxford: Pergamon Press, 1993.

3. Damasio A. *Le Sentiment même de soi*. París: Odile Jacob, 1999. [Versión en castellano: *La sensación de lo que ocurre*. Barcelona: Debate, 2001.]

16. Vivir siendo imperfectos: el coraje de ser débil

1. Yao S.N., Cottraux J. «Le sentiment d'infériorité entre population normale et anxieuse.» *L'Encéphale*, 2002, 28, págs. 321-327.

2. Adler A. *Étude de la compensation psychique de l'état d'infériorité des organes*. París: Payot, 1956. [Versión en castellano: *Estudios sobre la inferioridad de los órganos*. Barcelona: Paidós Ibérica, 1980.]

3. Vohs K.D. *et al.* «Self-regulation and self-presentation: regulatory resource depletion impairs impression management and effortful self-presentation depletes regulatory resources.» *Journal of Personality and Social Psychology*, 2005, 88, págs. 632-657.

4. Cannone B. *Le Sentiment d'imposture*. París: Calmann-Lévy, 2005.

5. Billand C. *Psychologie du menteur*. París: Odile Jacob, 2004.

17. Ocuparse de nuestro estado de ánimo

1. Kernis M.H., Goldman B.M. *Stability and variability in self-concept and self-esteem*, en Leary M.R, Taney J.P. (comps.). *Handbook*

of self and identity. Nueva York: Guilford, 2003, páginas. 106-127.
2. Kaufman J.-C., *op. cit.*
3. Neiss M.B. *et al*. «Executive self, self-esteem, and negative affectivity: relations at the phenotypic and genotypic level.» *Journal of Personality and Social Psychology*, 2005, 89 (4), págs. 593-606.
4. Brown J.D., Dutton K.A. «The thrill of victory, the complexity of defeat: self-esteem and people's emotional reactions to success and failure.» *Journal of Personality and Social Psychology*, 1995, 68, págs 712-722.
5. Watson D. *et al*. «Global self-esteem in relation too structural models of personnality and affectivity.» *Journal of Personality and Social Psychology*, 2002, 83, págs. 185-197.
6. Harber K.D. «Self-esteem and affect as information.» *Personality and Social Psychology Bulletin*, 2005, 31, págs. 276-288.
7. Brown J.D., Marshall M.A. «Self-esteem and emotions: some thoughts about feelings.» *Personality and Social Psychology Bulletin*, 2001, 27, págs. 574-584.
8. Thayer R.E. *The origin of everyday moods*. Oxford, Oxford University Press, 1996. [Versión en castellano: *El origen de los estados de ánimo cotidianos*. Barcelona: Paidós Ibérica, 1998.]
9. Sanna L.J. *et al*. «Mood, self-esteem, and simulated alternatives: thought-provoking affective influences on counterfactual direction.» *Journal of Personality and Social Psychology*, 1999, 76, págs. 543-558.
10. Wood J.V. *et al*. «Savoring versus dampening: self-esteem really want to feel better? Self-esteem differences in regulating positive affect.» *Journal of Personality and Social Psychology*, 2003, 85, págs. 566-580.
11. Heimpel S.A. *et al*. «Do people with low self-esteem really want to feel better? Self-esteem differences in motivation to repair negative moods.» *Journal of Personality and Social Psychology*, 2002, 82, págs. 128-147.
12. Véase el capítulo 2, «Cognition, mood, and the nature of depressive relapse», en Segal Z.V., Williams J.M.G., Teasdale J.D. *Mindfulness-based cognitive therapy*. Nueva York: Guilford, 2002, págs. 21-45.
13. Williams J.M.G. *et al*. «Problem solving deteriorates following mood challenge in formerly depressed patients with a history of suicidal ideation.» *Journal of Abnormal Psychology*, 2005, 114, págs. 421-431.
14. Etkin A. *et al*. «Toward a neurobiology of psychotherapy: Basic science and clinical applications.» *Journal of Neuropsychiatry and Clinical Neurosicences*, 2005, 17, págs. 145-158.

15. Fossati P. *et al.* «In search of emocional self: an fMRI study using positive and negative emotional words.» *American Journal of Psychiatry*, 2003, 160, págs. 1.938-1.945.
16. Goldapple M. *et al.* «Modulation of cortial-limbic pathways in major depresión: treatment-specific effects of cognitive-behavior therapy.» *Archives of General Psychiatry*, 2004, 61, págs. 34-41.
17. Thayer R.E. *The origin of everyday moods.* Oxford: Oxford University Press, 1996, *op. cit.*
18. Forgas J.P. «The affect Infusion Model (AIM): an integrative theory of mood effects on cognition and judgments», en L. L. Martin y G. L. Clore (comps.) *Theories on mood and cognition.* Mahwah, Nueva Jersey: Erlbaum, 2001, págs. 99-134.
19. Muraven M., Baumeister R.F. «Self-regulation and depletion of limited resources: does self-control resemble a muscle?» *Psychological Bulletin*, 2000, 126, págs. 247-259.
20. Véase especialmente en Baumeister R.F. y Vohs K.D (comps.). *Handbook of self-regulation. Research, theory and applications.* Nueva York: Guilford, 2004. Los capítulos de Carver C.S., «Self-regulation of action and emotion», págs. 13-19, y Larsen R.J. y Prizmic Z., «Affect regulation», págs. 40-61.
21. Como resumen, véase André C. *Vivre heureux. Psychologie du bonheur.* París: Odile Jacob, 2003. [Versión en castellano: *El placer de vivir.* Barcelona: Kairós, 2004.]
22. Burns D.D. *Ten days for self-esteem.* Nueva York: Harper Collins, 1999. [Versión en castellano: *Autoestima en diez días.* Barcelona: Paidós Ibérica, 2004.]
23. Tugade M.M., Fredrickson B.L. «Resilient individuals use positive emotions to bounce back from negative emocional experiences.» *Journal of Personality and Social Psychology*, 2004, 86, págs. 320-333.
24. Deleuze G. *Spinoza.* París: Éditions de Minuit, 1981, págs. 40-41. [Versión en castellano: *Spinoza: filosofía práctica.* Barcelona: Tusquets, 1984.]

18. Ser nuestro mejor amigo

1. Comte-Sponville, A. *Dictionnaire philosophique.* París: Presses universitaires de France, 2001. [Versión en castellano: *Diccionario filosófico.* Barcelona: Paidós Ibérica, 2003.]
2. Hahusseau S. *Comment ne pas gâcher la vie.* París: O. Jacob, 2003. [Versión castellana: No arruines tu vida con falsas razones. Bilbao,2005.]

20. El dolor insoportable del rechazo social

1.   Twenge J. M. *et al*. «Social exclusión and the deconstructed state: time, perception, meaningless, lethargy, lack of emotion, and self-awareness.» *Journal of Personality and Social Psychology*, 2003, 85, págs. 409-423.
2.   Mendoza-Denton R. *et al*. «Sensivity to status-based rejection: implications for african-american student's collage experience.» *Journal of Personality and Social Psychology*, 2002, 83, págs. 869-918. El testimonio, presente en este artículo, es una traducción libre del autor.
3.   Williams K.D. *et al*. «Ciberostracism: Effects of being ignored over the Internet.» *Journal of Personality and Social Psychology*, 2000, 79, págs. 748-762.
4.   Salmo XXXI, 12 y 13.
5.   Twenge J.M. *et al*. «Social exclusion causes self-defeating behavior.» *Journal of Personality and Social Psychology*, 2002, 83, págs. 606-615.
6.   Buckley K. *et al*. «Reaction to acceptance and rejection: effects of level and sequence of relational evaluation.» *Journal of Experimental Social Psychology*, 2004, 40, págs. 14-28.
7.   Downey G., Feldman S.I. «Implications of rejection sensitivity for intimate relationships.» *Journal of Personality and Social Psychology*, 1996, 70, págs. 1.327-1.343.
8.   Baumeister R.F. *et al*. «Effects of social exclusión on cognitive processes: anticipated aloneness reduces intelligent thought.» *Journal of Personality and Social Psychology*, 2002, 83, págs. 817-827.
9.   Véase Farge A. *et al*. *Sans visages. L'impossible regard sur la pauvreté*. París: Bayard, 2004, o Declerck P., *Les Naufragés*. París: Plon, 2001.
10.   Baumeister R.F. «Suicide as escape from self.» *Psychological Review*, 1990, 97, págs. 90-113.
11.   Baumeister R.F. «Social exclusión impairs self-regulation.» *Journal of Personality and Social Psychology*, 2005, 88, págs. 589-604.
12.   Stroebe W., Stroebe M.S. «Bereavement and health: the psychological and physical consequences of partner loss.» Nueva York: Cambridge University Press, 1987.
13.   Ayduk O. *et al*. «Regulating the interpersonal self: strategic self-regulation for doping with rejection sensitivity.» *Journal of Personality and Social Psychology*, 2000, 79, págs. 776-792.

21. La lucha contra el miedo al rechazo (y sus excesos)

1. Baumeister R.F., Leary M.R. «The need to belong: desire for interpersonal attachements as a fundamental human motivation.» *Psychological Bulletin*, 1995, 117, págs. 497-529.

2. Ayduk O. *et al.* «Rejection sensitivity and depressive symptoms in women.» *Personality and Social Psychology Bulletin, 2001*, 27, págs. 868-877.

3. Murria S.L. *et al.* «Rejection sensitivity and depressive symptoms in women.» *Journal of Personality and Social Psychology*, 2002, 83, págs. 556-573.

4. Gilovitch T. *et al.* «The spotlight effect in social judgement: an egocentric bias in estimates of the saliente of one's own actions and appearance.» *Journal of Personality and Social Psychology*, 2000, 78, págs. 211-222.

5. Savitsky K. *et al.* «Do others judge us as harsly as we think? Overestimating the impact of our failures, shortcomings, and mishaps.» *Journal of Personality and Social Psychology*, 2001, 81, págs. 44-56.

6. Hartland J. «Masquerade. Tracking the bogus doctors.» *Health Service Journal*, 1996, págs. 26-29.

7. Vorauer J.D. *et al.* «Invisible overtures: fears of rejection and the signal amplification bias.» *Journal of Personality and Social Psychology*, 2003, 84, págs. 793-812.

22. El miedo a la indiferencia y el deseo
de reconocimiento: existir en la mirada de los demás

1. André C. *et al.* «Le stress des conducteurs de bus dans une grande entreprise de transports publics.» *Synapse*, 1996, 122, págs. 27-30.

2. Todorov S. «Sous le regard des autres.» *Sciences humaines*, 2002, 131, págs. 22-27.

3. Citado por Haroche C. y Vatin J.C. *La Considération*. París: Desclée de Brouwer, 1998, pág. 39.

4. Hawkley L.C. *et al.* «Loneliness in everyday life: cardiovascular activity, psychosocial context, and health behaviors.» *Journal of Personality and Social Psychology*, 2003, 85, págs. 105-120.

23. La búsqueda de amor, afecto, amistad y simpatía:
la búsqueda del aprecio de los demás

1. Vohs K. D., Heatherton T. «The effects of self-esteem and ego treta

on interpersonal appraisals of men and women: a naturalistic study.» *Personality and Social Psychology Bulletin*, 2003, 29, págs. 1.407-1.420.

2. Murray S.L. *et al.* «Self-esteem and the queso for felt security: how perceived regard regulates attachment processes.» *Journal of Personality and Social Psychology*, 2000, 78, págs. 478-498.

3. Murray S.L. *et al.* «Calibrating the sociometer: the relational contingencias of self-esteem.» *Journal of Personality and Social Psychology*, 2003, 85, págs. 63-84.

24. La presentación de uno mismo: ¿qué rostro ofrecer?

1. En la película de Agnès Jaoui, *Comme une image*, 2004.

2. Tice D.M. *et al.* «When modesty prevails: differential favorability of self-presentation to friend and strangers.» *Journal of Personality and Social Psychology*, 1995, 69, págs. 1.120-1.138.

3. Vohs K.D. *et al.* «Self-regulationand self-presentation: regulatory resource depletion impairs impresión management and effortfull self-presentation repletes regulatory resources.» *Journal of Personality and Social Psychology*, 2005, 88, págs.632-657.

4. La misma referencia citada arriba: Tice *et al.*, *Journal of Personality and Social Psychology*, 1995, 69, págs. 1.120-1-138.

5. Hewitt P.L. *et al.* «The interpersonal expresión of perfectionism: perfectionistic self-presentation and psychological distress.» *Journal of Personality and Social Psychology*, 1995, 69, págs. 1.303-1.325.

6. Schimel J. *et al.* «Being accepted for who we are: evidence that social validation of the intrinsic self reduces general defensiveness.» *Journal of Personality and Social Psychology*, 2001, 80, págs. 35-52.

25. El miedo al ridículo y el combate
contra la vergüenza y las heridas del amor propio

1. Véase por ejemplo el capítulo «Self-conscious emotions», en Lewis M. y Havilland J.M., *Handbook of emotions*. Nueva York: Guilford, 1993, págs. 563-574.

2. Smith R.H. *et al.* «The role of public exposure in moral and nonmoral shame and guilt.» *Journal of Personality and Social Psychology*, 2002, 83, págs. 138-159.

3. Kirkpatrick L.A. *et al.* «The functional domain specificity of self-esteem and the diferencial prrediction of agresión.» *Journal of Personality and Social Psychology*, 2002, 82, págs. 756-767.

4. Véase el capítulo «Exercices pour combattre la honte» en Ellis A., *Dominez vôtre anxiété avant qu'elle ne vous domine*. Québec: Éditions de l'Homme, 1999, págs. 135-145. [Versión en castellano: *Cómo controlar la ansiedad antes de que ella le controle a usted*. Barcelona: Paidós Ibérica, 2001.]

26. Encarrilar las relaciones sociales: desconfiar del irresistible impulso de las comparaciones y rechazar la competencia inútil

1. Stapel D.A., Suls J. «Method matters: effects of explicit versus implicit social comparisons on activation, bahavior, and self-views.» *Journal of Personality and Social Psychology*, 2004, 87, págs. 860-875.

2. Stapel D.A., Tesser A. «Self-activation increases social-comparison.» *Journal of Personality and Social Psychology*, 2001, 81, págs. 742-750.

3. Taylor S.E., Lobel M. «Social comparison activity ander treta.» *Psychological Review*, 1989, 96, págs. 569-575.

4. White J.B. *et al.* «Frecuent social comparisons and destructive emotions and behaviours: the dark side of social comparisons», memoria de investigación (2000) disponible en www.econ.ucla.edu/lyariv/Papers/DarkSide1. Resumido en Snyder C.R. y López S.J. *Handbook of positive psychology*. Oxford: Oxford University Press, 2000, pág. 227.

5. Lyubomirsky S. *et al.* «Responses to hedonically conflicting social comparisons: comparing happy and unhappy people.» *European Journal of Social Psychology*, 2001, 31, págs. 511-535.

6. Stapel D.A., Comen W. «Competition, cooperation, and the effects of others on me.» *Journal of Personality and Social Psychology*, 2005, 88, págs. 1.029-1.038.

7. Lockwood P. «Could it happen to you? Predicting the impact of downward comparisons on the self.» *Journal of Personality and Social Psychology*, 2002, 82, págs. 343-358.

8. Diekmann K.A. *et al.* «From the self-prediction to self-behavior: behavioral forecasting, self-fulfilling prophecies, and the effect of competitive expectations.» *Journal of Personality and Social Psychology*, 2003, 85, págs. 672-683.

9. Leary M.R. *et al.* «Deconfounding the effects of dominance and social acceptance on self-esteem.» *Journal of Personality and Social Psychology*, 2001, 81, págs. 898-909.
10. Bandura A., *op cit.*
11. Lockwood P. *et al.* «Motivation by positive or negative role models: regulatory focus determines who Hill best inspire us.» *Journal of Personality and Social Psychology*, 2002, 83, págs. 854-864.
12. Citado en *Magazine littéraire*, 445, septiembre de 2005, pág. 25.

27. Envidia y celos:
las emociones engendradas por la duda y cómo remediarlas

1. Parrott W.G., Smith R.H. «Distinguishing the experiences of envy and jealously.» *Journal of Personality and Social Psychology*, 1993, 64, págs. 906-920.
2. Wert S.R., Salovey P. «A social comparison account of gossip.» *Review of General Psychology*, 2004, 8, págs. 122-137.
3. Salovey P., Rodin J. «The differentiation of social-comparison jealously and romantic jealously.» *Journal of Personality and Social Psychology*, 1986, 50, págs. 1.100-1.112.
4. Mathes E.W. *et al.* «Jealously: loss of relationship rewards, loss of self-esteem, depresión, anxiety, and anger.» *Journal of Personality and Social Psychology*, 1985, 48, págs. 1.552-1.561.
5. Parker J.G. *et al.* «Friendship jealously in youth adolescents: individual differences links to sex, self-esteem, agresión and social adjustment.» *Developmental Psychology*, 2005, 41, págs. 235-250.
6. De Silva P. «Jealously in couple relationships: Nature, assessment and therapy.» *Behaviour Research and Therapy*, 1997, 35, págs. 973-985.
7. Sharpsteen D.J., Kirkpatrick L.A. «Romantic jealously and adult romantic attachment.» *Journal of Personality and Social Psychology*, 1997, 72, págs. 627-640.

28. No desconfiar de los demás:
los beneficios son superiores a los inconvenientes

1. Michael Kosfeld *et al.* «Oxytocin increases trust in humans.» *Nature*, 2005, 435 (n° 7.042), págs. 673-676.
2. Duna J.R., Schweitser M.E. «Feeling and believing: the influence of emotion on trust.» *Journal of Personality and Social Psychology*, 2005, 88, págs. 736-748.

3. Hertel G. *et al.* «Mood effects on cooperation in small groups: does positive mood simple lead to more cooperation).» *Cognition and Emotion*, 2000, 14, págs 441-472.
4. Rempel J.K. *et al.* «Trust in close relationships.» *Journal of Personality and Social Psychology*, 1985, 49, págs. 95-112.
5. Wieselquist J. *et al.* «Trust in close relationship behavior, and trust in close relationship.» *Journal of Personality and Social Psychology*, 1999, 77, págs. 942-966.
6. Luce R.D., Rafia H. *Games and Decisions*. Nueva York: John Wiley and Sons, 1957.
7. Komorita S.S. *et al.* «Cooperative choice in the N-person dilemma situation.» *Journal of Personality and Social Psychology*, 1980, 38, págs. 504-516.
8. Axelrod R. *Comment réussir dans un monde d'égoïstes*. París: Odile Jacob, 1992.

29. No juzgar: los beneficios de aceptar a los demás

1. Anderson C.A. *et al.* «Perseverance of social theories: the role of explanation in the persistance of discredited informations.» *Journal of Personality and Social Psychology*, 1980, 39, págs. 1.037-1.049.
2. La fórmula es del filósofo suizo Ruedi Imbach en su prefacio a la obra de Alexandre Jollien. *Éloge de la faiblesse*. París: Cerf, 1999. [Versión en castellano: *Elogio de la debilidad*. Barcelona: RBA Libros, 2001.]
3. Peterson C., Seligman M.E.P. *Caracter strenghts and virtues*. Oxford: Oxford University Press, 2004, capítulo «Curiosity», págs. 125-141, y «Open-mindedness», págs. 143-159.
4. Kling K.C. *et al.* «Exploring the influence of personality on depressive symptoms and self-esteem across a significant life transition.» *Journal of Personality and Social Psychology*, 2003, 85, págs. 922-932.
5. Exline J.J. *et al.* «Exploring the influence of personality on depressive symptoms and self-esteem across a significant life transition.» *Journal of Personality and Social Psychology*, 2004, 87, págs. 894-912.
6. Karremans J.C. *et al.* «When forgiving enhances psychological well-being: the role of interpersonal commitment.» *Journal of Personality and Social Psychology*, 2004, 86, págs. 295-309.

7. Enright R.D. *et al.* «Le pardon comme mode de régulation émotion-nelle.» *Journal de Thérapie comportementale et cognitive*, 2001, 11, págs. 123-135.
8. Freedman S.R., Enright R.D. «Forgiveness as an intervention goal with incest survivors.» *Journal of Consulting and Clinical Psychology*, 1996, 64, págs. 983-992.
9. Sermón del 3 de mayo de 1963, en King M.L., *Autobiographie* (tex-tos reunidos por Clayborne Carson). París: Bayard, 2000.
10. André C. «Maîtres de vie: Martin Luther King.» *Psychologies*, noviembre de 2005, 246, págs. 90-91.

30. Amabilidad, gratitud, admiración...: la relación con los demás refuerza la relación con uno mismo

1. Heatherton T.F., Vohs K.D. «Interpersonal evaluation following threats to the self: role of self-esteem.» *Journal of Personality and Social Psychology*, 2000, 78, págs. 725-736.
2. Comte-Sponville A. *Dictionnaire philosophique, op. cit.*
3. Van Lange P.A.M. *et al.* «How to overcome the detrimental effects of noise in social interactions: the benefits of generosity.» *Journal of Personality and Social Psychology*, 2002, 82, págs. 768-780.
4. Para un resumen véase Pelt J.M. *La Solidarité. Chez les plantes, les animaux, les humains*. París: Fayard, 2004, y De Waal F. *Le Bon Singe. Les bases naturelles de la morale*. París: Bayard, 1997. [Versión en castellano: *Bien natural*. Barcelona: Herder, 1997.]
5. McCulloug M.E. *et al.* «Gratitude in intermediate affective terrain: links of grateful moods to individual differences and daily emocio-nal experience.» Journal of Personality and Social Psychology, 2004, 86, págs. 295-309. Véase también Emmons R.A., McCullough M.E. (comps.). *The Psychology of Gratitude*. Oxford: Oxford University Press, 2004.
6. McCullough M.E. *et al.* «The grateful disposition: a conceptual and empirical topography.» *Journal of Personality and Social Psychology*, 2002, 82, págs. 112-127.
7. Kundera M. *Le Rideau*. París: Gallimard, 2005. [Versión en caste-llano: *El telón: ensayo en siete partes*, Barcelona: Tusquets, 2005.]
8. Emmons R.A., McCullough M.E. «Counting blessings versus bur-dens: an experimental investigation of gratitude and subjective well-being in daily life.» *Journal of Personality and Social Psychology*, 2003, 84, págs. 377-389.

9. Huston N. *Professeurs de désespoir*. Arles: Actes Sud, 2004.
10. Campbell W.K. «Narcissism and romantic attraction.» *Journal of Personality and Social Psychology*, 1999, 77, págs. 1.254-1.270.
11. Dasgupta N., Greenwald A.G. «On the malleability of automatic attitudes: Combating automatic prejudice with images of admired and disliked individuals.» *Journal of Personality and Social Psychology*, 2001, 81, págs. 800-814.
12. Lee M. J. «Self-esteem and social identity in basketball fans: a closer look at basking-in-reflected glory.» *Journal of Sport Behavior*, 1985, 8, págs. 210-223.
13. Glover D. *Trop gentil pour être heureux*. París: Payot, 2004.
14. Los psiquiatras, psicólogos y otros psicoterapeutas están en buena posición para comprobar los daños causados por la veneración de los padres fundadores como Freud o Lacan. Tributarles respeto, al menos como figuras históricas, es algo normal, pero no es obligatorio admirarlos y poco deseable adularlos y convertirlos en iconos. Este debate ha provocado violentos conflictos en el mundo de la psicoterapia. Véase por ejemplo Meyer C. (comp.). *Le Livre noir de la psychanalyse*. París: Les Arènes, 2005.

31. Plantear de otro modo la cuestión de la autoestima: encontrar el lugar que nos corresponde entre los demás

1. *Meditaciones*, libro noveno, I.
2. Ricard M. *Plaidoyer pour le bonheur*. París: Nil Éditions, 2003. [Versión en castellano: *En defensa de la felicidad*. Barcelona: Urano, 2005.]
3. Lee A.Y. *et al*. «The pleasures and pains of distinct self-construals: the role of interdependence in regulatory focus.» *Journal of Personality and Social Psychology*, 2000, 78, págs. 1.122-1.134.
4. Gable S.L. *et al*. «What do you do when things go right? The intrapersonal and interpersonal benefits of sharing positive events.» *Journal of Personality and Social Psychology*, 2004, 87, págs. 228-245.
5. Neumann R., Strack F. «"Mood contagion": the automatic transfer of mood between persons.» *Journal of Personality and Social Psychology*, 2000, 79, págs. 211-223.
6. Lockwood P. *et al*. «Feeling better about doing worse: social comparisons within romantic relationship.» *Journal of Personality and Social Psychology*, 2004, 87, págs. 80-95.
7. Gardner W.L. *et al*. «When you and I are "we" you are not threate-

ning: the role of self-expansion in social comparison.» *Journal of Personality and Social Psychology*, 2002, 82, págs. 239-251.

8. Bouvard M. *et al.* «Étude psychométrique de l'inventaire d'estime de soi sociale.» *Revue européenne de psychologie appliquée*, 1999, 49(3), págs. 165-172.

9. Cros S.E. *et al.* «The relational-interdependant self-construal, self consistency, and well-being.» *Journal of Personality and Social Psychology*, 2003, 85, págs. 933-944.

10. Silvia P.J., Gwendola G.H.E. «On introspection and self-perception: does self-focused attention enable achúrate self-knowledge?» *Review of General Psychology*, 2001, págs. 241-269.

11. Reidl A. «Gender and sources of subjective well-being.» *Sex Roles*, 2004, 51, págs. 617-629.

12. Väänänen A. *et al.* «When it is better to give than to receive: longterm health effects of perceived reciprocity in support Exchange.» *Journal of Personality and Social Psychology*, 2005, 89(2), págs. 176-193.

13. Gramzow R.H., Gaertner L. «Self-esteem and favoritism toward novel in-group: the self as an evaluativo base.» *Journal of Personality and Social Psychology*, 2005, 88, págs. 801-815.

14. Matthew J. Hornsey M.J., Jetten J. «The individual within the group: balancing the need to belong with the need to be different.» *Personality and Social Psychology Review*, 2004, 8, págs. 248-264.

15. Millêtre B. «L'estime de soi chez les adultes à haut potentiel.» comunicación presentada en las 33ª Jornadas científicas de terapia comportamental y cognitiva, París, 2005.

16. Hulin M. *La Mystique sauvage*. París: PUF, 1993.

33. Acción y autoestima: actuar para apreciarse...

1. Véase el resumen en Dubois N. *La Psychologie du contrôle*. Grenoble: Presses Universitaires de Grenoble, 1987.

2. Resumen en Maddux J.E., «Self-efficacy», en C.R. Zinder, S.J. López (comps.). *Handbook of positive psychology*. Oxford: Oxford University Press, 2002, págs. 277-287.

3. Judge T.A. *et al.* «Are measures of self-esteem, neuroticism, locus of control, and self-efficacy indicators of a common core construct?» *Journal of Personality and Social Psychology*, 2002, 83, págs. 693-710.

4. Alain. *Propos*. París: Gallimard, "La Pléiade", 1956 (crónica del 4 de abril de 1913).

5.   Hadot P. *La Philosophie comme manière de vivre*. París: Albin Michel, 2001.

34. La acción, no la presión: las reglas de la acción serena

1.   Ralph J.A., Mineka S. «Attributional style and self-esteem: the prediction of emocional distress following a midterm exam.» *Journal of Abnormal Psychology*, 1998, 107, págs. 203-215.
2.   Citado por Ide P. y Adrian L. (pág. 20) en su excelente obra *Les Sept Péchés capitaux*. París: Mame, 2002.
3.   Norcross J.C. *et al.* «Auld lang Syne: Succes predictors, change processes, and self-reported outcomes of New Year's resolvers and non-resolvers.» *Journal of Clinical Psychology*, 2002, 58, págs. 397-405.
4.   Cottraux J. *Les Thérapies comportamentales et cognitives*. París: Masson, 1998 (3ª edición). [Versión en castellano: *Las terapias comportamentales y cognitivas*. Barcelona: Masson, 1991.]
5.   Freitas A.L. *et al.* «Abstract and concrete self-evaluative goals.» *Journal of Personality and Social Psychology*, 2001, 80, págs. 410-424.
6.   Di Paula A., Campbell J.D. «Self-esteem and persistente in the FACE of failure.» *Journal of Personality and Social Psychology*, 2001, 80, págs. 410-424.
7.   Joule R.V., Beauvois J.L. *La Soumission librement consentie*. París: PUF, 1998.
8.   Grzegorek J.L. *et al.* «Self-criticism, dependency, self-esteem, and grade point average satisfaction among clusters of perfectionists and nonperfectionists.» *Journal of Counseling Psychology*, 2004, 51, págs. 192-200.
9.   Camus. *Le Mythe de Sisyphe*. París: Gallimard, 1942. [Versión en castellano: *El mito de Sísifo*. Madrid: Alianza, 1996]
10.   Custers R., Aarts H. «Positive affect as implicit motivador: on the non-conscious operation of behavioral goals.» *Journal of Personality and Social Psychology*, 2005, 89, págs. 129-142.

35. Atender al "feedback"

1.   Crocker J., Park L.E., «The costil pursuit of self-esteem.» *Psychological Bulletin*, 2004, 130, págs. 392-414.
2.   Casbon T. S. *et al.* «Receipt of negative *feedback* is related to increased negative *feedback* seeking among individuals with depressing symptons.» *Behaviour Research and Therapy*, 2005, 43, págs. 485-504.

3. Bernichon T. *et al.* «Seeking self-evaluative feed-back: the interactive goal of global self-esteem and specific self-views.» *Journal of Personality and Social Psychology*, 2003, 84, págs. 194-204.
4. Vohs K. D. *et al.* «Self-esteem and tretas to the self: implications for self-construal and interpersonal conceptions.» *Journal of Personality and Social Psychology*, 2001, 81, págs. 1.103-1.118.
5. Heatherton T.F. *et al.* «Interpersonal evaluations following tretas to the self: role of self-esteem.» *Journal of Personality and Social Psychology*, 2000, 78, págs. 725-736.
6. Sedidikes C. *et al.* «Accountability as a deterrent to self-enhancement: the search for the mechanisms.» *Journal of Personality and Social Psychology*, 2002, 83, págs. 592-605.
7. Pemberton M., Sedidikes C. «When do individuals help close others improve? The role of information diagnosticity.» *Journal of Personality and Social Psychology*, 2001, 81, págs. 234-246.
8. Jonson J.T. *et al.* «Inferences about the authentic self: when do actions says more than mental status?» *Journal of Personality and Social Psychology*, 2004, 87, págs. 615-630.

36. ¿Podemos librarnos del miedo al fracaso?

1. McGregor H.A., Elliot A.J. «The shame of failure: examining the link between fear of failure and shame.» *Personality and Social Psychology Bulletin*, 2005, 31(2), págs. 218-231.
2. Behar E. *et al.* «The effects of suppressing thoughts and images about worrisome stimuli.» *Behavior Therapy*, 2005, 36, págs. 289-298.
3. Tafarodi R.W. *et al.* «Self-esteem and memory.» *Journal of Personality and Social Psychology*, 2003, 84, págs. 29-45.

37. La autonomía respecto al éxito, los logros y consagraciones: ¿hasta dónde debe extenderse la indiferencia? O la libertad...

1. Citado por Ide y Adrian, *op. cit.*
2. En la fecha del 10 de octubre de 1893.
3. Kernis M. H. «High self-esteem: a differentiated perspectiva», en E.C. Chang y L.J. Sanna. *Virtue, vice and personality. The complexity of behaviour.* Washington DC: American Psychological Association, 2003, págs. 3-22.
4. Baldwin, M.W., Sinclair L. «Self-esteem and "if... then" contingen-

cias of interpersonal acceptance.» *Journal of Personality and Social Psychology*, 1996, 71(6), págs. 1.130-1.141.

38. Psicología del arrepentimiento

1. André C., «Regrets d'hier et d'aujourd'hui...» *Cerveau et Psychologie*. 2005, 9, págs. 32-36.
2. Gilovich T. y Medvec V «The experience of regret: What, when, and why.» *Psychological Review*, 1995, 102, págs. 379-395.
3. Josephs R.A. *et al.* «Protecting the self from the negative consequences of risky decisions.» *Journal of Personality and Social Psychology*, 1992, 62, págs. 26-37.
4. Ross M., Wilson A.E. «It feels like yesterday: self-esteem, valence of personal past experiences, and judgments of subjective distance.» *Journal of Personality and Social Psychology*, 2002, 82, págs. 792-803.

39. La acción que nos cambia y transforma el mundo

1. Grant H., Dweck C.S. «Clarifying achievement goals and their impact.» *Journal of Personality and Social Psychology*, 2003, 85, págs. 541-553.
2. Wilson A.E., Ross M. «The frequency of temporal-self and social comparisons in people's personal appraisals.» *Journal of Personality and Social Psychology*, 2000, 78, págs. 928-948.
3. Eibach R.P. *et al.* «When change in the self is mistaken for change in the World.» *Journal of Personality and Social Psychology*, 2003, 84, págs. 917-931.
4. Anderson C. *et al.* «Emocional convergente between people over time.» *Journal of Personality and Social Psychology*, 2003, 84, págs. 1.054-1.068.
5. *Op. cit.*
6. Thoreau H.D. *La Désobéissance civile*. París: Mille et Une Nuits, 2000. [Versión en castellano: *Desobediencia civil y otros escritos*. Madrid: Tecnos. 1987.]
7. Thoreau H.D., *La Vie sans principe*. París: Mille et Une Nuits, 2004. [Versión en castellano: *Una vida sin principios*. León: Universidad de León, 1995.]
8. Thoreau H.D., *Walden ou la Vie dans les bois*. París: Gallimard, 1990. Véase también su *Journal* (1837-1861), publicado en 2005 en éditions Terrail, París. . [Versión en castellano: *Walden o la vida en los bosques*. Barcelona: Star Books, 1976.]

40. "Petit Ours brun est fier de lui"

1. Bour D. *Petit Ours brun est fier de lui*. París: Bayard, 2005.

41. El silencio de la autoestima

1. *Mi vida sin mí*, Isabel Coixet, 2003.
2. Valéry P. *La Soirée avec M. Teste. Oeuvres*, tomo II. París: Gallimard, «La Pléiade», 1960.
3. Los profesionales que tengan interés pueden revisar los artículos que sobre este debate se publicaron en un número de una de las revistas especializadas de la psicología científica: *Psychological Bulletin*, vol. 130, nº 3, mayo de 2004.
4. Ryff C.D., Singer B. «Ironies of the human condition: well-being and health on the way to mortality», en L. G. Aspinwall y U. M. Staudinger, *A psychology of human strengths. Fundamental questions and future directions for a positive psychology*, Washington DC, American Psychological Association, 2003, págs. 271-288.
5. Sheldon K.M. *et al.* «What is satisfaying about satisfaying events? Testing 10 candidate psychological needs», *Journal of Personality and Social Psychology*, 2001, 80: págs. 325-339.

42. Intensificar la concentración en el instante

1. Csikszentmihaly M. *Vivre*. París: Laffont, 2004. [Versión en castellano: *Fluir. Una psicología de la felicidad*. Barcelona: Kairós, 1997.]
2. André C. *Vivre heureux. Psychologie du bonheur*. París: Odile Jacob, 2003. [Versión en castellano: *El placer de vivir*. Barcelona: Kairós, 2004.]
3. Germen C.K. *et al.* (comps.). *Mindfulness and psychotherapy*. Nueva York: Guilford, 2005.
4. Langer E. «Well-being: Mindfulness versus positive evaluation», en Snyder C.R., López S.J. (comps.). *Handbook of positive psychology*. Oxford: Oxford University Press, 2002, págs. 214-230.
5. Lutz A. *et al.* «Long-term meditators self-induce high-amplitude gamma synchony during mental practice.» *Proceedings of the National Academy of Sciences*, 2004, 101(46), págs. 16.369-16.373.
6. Brown K.W. *et al.* «The benefits of being present: Mindfulness and its role in psychological well-being.» *Journal of Personality and Social Psychology*, 2003, 84, págs. 822-848.
7. Fennell M. «Depresión, low self-esteem and mindfulness.» *Behaviour Research and Therapy*, 2004, 42, págs. 1.053-1.067.

8. Thich Nhat Hanh. *Le Miracle de la pleine conscience*. París: L'Espace Blue, 1994. [Versión en castellano: *Cómo lograr el milagro de vivir despierto*. Barcelona: Cedel, 1995.]
9. Castermane J. *La Sagesse exercée*. París: La Table Ronde, 2005.
10. Comte-Sponville A. *De l'autre côté du désespoir*. París: L'Originel, 1997.

43. Desaparecer tras el sentido que otorgamos a lo que hacemos

1. Baumeister R.F., Vohs K.D. «The pursuit of meaningful in life», en Zinder C. R., López S. J. (comps.), *Handbook of positive psychology*, Oxford, Oxford University Press, 2002, págs. 608-618. Véase también Emmons R. E., «Personal goals, life meaning, and virtue: wellsprings of a positive life», en C.L. M. Keyes et Haidt J. *Flourishing. Positive psychology and the life well-lived*. Washington DC: American Psychological Association, 2003, págs. 105-128.
2. Véase, por ejemplo, M.R. Leary y J.P. Tangney (comp.). *Handbook of self and identity*. Nueva York: Guilford, 2003, los capítulos: «Stability and variability in self-concept» (Kernis M. H. y Goldman B.G., págs. 106-127) o «Self-verification, the search for coherence» (Swann W.B. *et al.*, págs. 367-383).
3. Park C.L., Folkman S. «Meaning in the context of stress and doping.» *Review of General Psychology*, 1997, 1, págs. 115-144.
4. Wrzesnieswski A. *et al.* «Working, playing, and eating: making the most of most moments», en C.L. M. Keyes y J. Haidt. *Flourishing. Positive psychology and the life well-lived*. Washington DC: American Psychological Association, 2003, págs. 185-204.
5. Entrevista publicada por el *Nouvel Observateur*, «La Sagesse aujourd'hui», abril-mayo de 2002, pág. 47.
6. Sheldon K.M., Houser-Marko L.H. «Self-concordance, goal-attainment, and the pursuit of happiness: can be there an upward spiral?» *Journal of Personality and Social Psychology*, 2001, 80, págs. 152-165.

44. Humildad: ¿hasta qué punto soltar lastre?

1. Tangey J. P. «Humility», en C.R. Zinder y S.J. Sánchez (comps.). *Handbook of positive psychology*. Oxford: Oxford University Press, 2002, págs. 411-419.
2. Morgan V.G. «Humility and the trascendant». *Faith and Philosophy*, 2001, 18, págs. 307-322.

3. André C. «La folie people.» *Cerveau et Psycho*, noviembre de 2005, 12, págs. 16-19.
4. Exline J.J., Greyer A. *Perceptions of Humility: A Preliminary Study*, Self and Identity 2004, 3, págs. 95-114.
5. Véase el capítulo «Humility and modesty», en Peterson C., Seligman M., *op. cit.*, págs. 461-475.
6. Durante una conferencia debate organizada por la asociación humanitaria Karina en la sala de la Mutualité, en París, el 20 de octubre de 2005.
7. Hermano Denis Hubert, Théotime. *Chroniques de la vie monastique*. París: Karthala, 1998.
8. *Nouvel Observateur* (suplemento), n° 2.008, 3 de mayo de 2003.

45. La autoestima, el sentido de la vida
y el miedo a la muerte

1. Tolstoi, *Souvenirs et Récits*. París: Gallimard, «La Pléiade», 1960.
2. Pyszczynski T. *et al.* «Why do people need self-esteem? A theoretical and empirical review.» *Psychological Bulletin*, 2004, 130, págs. 435-438.
3. Greenberg J. *et al.* «Why do people need self-esteem? Converging evidences that self-esteem serves as an anxiety-buffering function.» *Journal of Personality and Social Psychology,* 1992, 63, págs. 913-922.
4. Harmon-Jones E. *et al.* «Terror menagement theory and self-esteem: evidence that increased self-esteem reduces mortality-salience effect.» *Journal of Personality and Social Psychology*, 1997, 63: págs. 24-36.
5. Pyszczynski T. *et al.* «Why do people need self-esteem? A theoretical and empirical review», *op. cit.*
6. McGregor I. *et al.* «Compensatory conviction in the face of personal uncertainty: going to evidences and being oneself.» *Journal of Personality and Social Psychology*, 2001, 80, págs. 472-488.
7. Taubman Ben-Ari O. *et al.* «The impact of mortality saliente on reckless driving: a test of terror management mechanisms.» *Journal of Personality and Social Psychology*, 1999, 76, págs. 35-45.
8. Mandel N., Heine S.J. «Terror management and marketing: he who is dies with the most toys wins» *Advances in Consumer Research*, 1999, 26, págs. 527-532. Véase también Kasser T., Sheldon K.M., «On wealth and death: materialism, mortality salience, and consumption behaviour.» *Psychological Science*, 2000, 11, págs. 348-351.

9.   Goldenberg J.L *et al*. «The body as source of self-esteem: the effects of mortality saliente on identification with one's body, interest in sex, and appareance monitoring.» *Journal of Personality and Social Psychology*, 2000, 11, págs. 348-351.

10. Jonas E. *et al*. «The scrooge effect: evidences that mortality saliente increases pro-social attitudes and behavior.» *Personality and Social Psychology Bulletin*, 2002, 28, págs. 1.342-1.353.

11. Pyszczynski T. *et al*. «Freedom versus fear: on the defense, growth, and expansion of the self.» *en* Leary y Tanguey (comps.), *op. cit.*, págs. 314-343.

12. Véase Yalom I.D. *Existential Psychotherapy*. NY: Basic Books, 1980 (especialmente «Freud: anxiety without death», págs. 59-74). [Versión en castellano: *Psicoterapia existencial*. Barcelona: Herder, 1984.]

13. Des Forêts R.-L. *Pas à pas jusqu'au dernier*. París: Mercure de France, 2001.

14. Epicteto. *Manuel*. París: Garnier-Flammarion, 1964 (XXI, 3). [Versión en castellano: *Manual*. Madrid: Civitas, 1993.]

15. Yalom I.D. *op. cit.* Véase también André C., *Psychologie de la peur*. París: Odile Jacob, 2004. [Versión en castellano: *Psicología del miedo. Temores, angustias y fobias*. Barcelona: Kairós, 2005.]

16. Violet M., Despleschin M. *La Vie sauve*. París: Senil, 2005.

17. Entrevista concedida a *Psychologies Magazine*, nº 246, noviembre de 2005, págs. 104-105.

18. Dechesne M. *et al*. «Literal and symbolic immortality: the effect of evidence of literal immortality on self-esteem striving in response to mortality salience.» *Journal of Personality and Social Psychology*, 2003, 84, págs. 722-737.

19. Dechesne M. *et al*. «Terror management and the vicisitudes of sports fan affiliation: the effects of mortality salience on optimism and fan identification.» *European Journal of Social Psychology*, 2000, 30, págs. 813-835.

20. Sherman D.A.K. *et al*. «Do messages about health risks threaten the self? Increasing the acceptance of threatening self messages via self-affirmation.» *Personality and Social Psychology Bulletin*, 2000, 26, págs. 1.046-1.058.

21. Veánse especialmente dos obras publicadas por la American Psychological Association: Millar W.R. (comp.). *Integrating Spirituality Into Treatment: Resources fo Practitioners*, 1999, y Sperry L., Sharfranske E.P. (comps.). *Spiritually Oriented Psychoterapy*, 2004.

22. Dalaï Lama y Cutler H. *L'Art du bonheur*. París: Laffont, 1999.
     [Versión en castellano: *El arte de la felicidad*. Barcelona: Grijalbo,
     1999.]
23. Comte-Sponville A. *Dictionnaire philosophique*, *op. cit*. [Versión en
     castellano: *Diccionario filosófico*. Barcelona: Paidós Ibérica, 2003.]

Conclusión

1.   *Pensamientos de Marco Aurelio (*libro décimo, entre 170 y 180 des-
     pués de Cristo), en la traducción de Ramón Bach Pellicer. Madrid:
     Gredos, 1977.